陕西省社会科学基金一般项目资助
陕西省教育厅专项科研计划项目资助
西安建筑科技大学"地域文化与文学研究"创新团队成果

张倩 著

长安文化视野下的杜甫研究

中国社会科学出版社

图书在版编目（CIP）数据

长安文化视野下的杜甫研究／张倩著.—北京：中国社会科学出版社，2019.8

ISBN 978-7-5203-4891-1

Ⅰ.①长… Ⅱ.①张… Ⅲ.①杜甫(712—770)—人物研究 ②杜诗—诗歌研究 Ⅳ.①K825.6②I207.22

中国版本图书馆 CIP 数据核字(2019)第 184123 号

出 版 人	赵剑英
责任编辑	刘志兵
责任校对	李　斌
责任印制	李寡寡

出　　版	中国社会科学出版社
社　　址	北京鼓楼西大街甲 158 号
邮　　编	100720
网　　址	http://www.csspw.cn
发 行 部	010-84083685
门 市 部	010-84029450
经　　销	新华书店及其他书店
印　　刷	北京君升印刷有限公司
装　　订	廊坊市广阳区广增装订厂
版　　次	2019 年 8 月第 1 版
印　　次	2019 年 8 月第 1 次印刷
开　　本	710×1000　1/16
印　　张	17.25
插　　页	2
字　　数	270 千字
定　　价	89.00 元

凡购买中国社会科学出版社图书，如有质量问题请与本社营销中心联系调换
电话：010-84083683
版权所有　侵权必究

序

张倩《长安文化视野下的杜甫研究》即将出版，可喜可贺。

张倩要我为她的书稿写篇序言。其实，就这个论题而言，她的研究比我深入、水平比我高，只因了师生的缘分，且这部书稿又是在她的博士论文的基础上修订而成，所以我愿意写几句话，谈一谈这部论文的产生过程，以及我的一点想法。

张倩2008年来陕西师范大学攻读博士学位。此前一年，陕西师范大学文学院成功申请了教育部211工程3期重点项目，申报的方向为"长安文化与中国文学的演变"。学院鼓励在职教师和在读博士生选报具体的研究课题，并有一定数量的经费资助。在这种背景下，我想到一个问题：杜甫的诗歌之所以成为"诗史"、杜甫之所以成为"诗圣"，其本质性的转变是从长安时期开始的。长安时期的生活与经历，改变了杜甫的创作道路；长安文化，对杜甫的思想和创作有着极其重要的影响。但是，学界似乎还少有从这一角度研究杜诗的系统而深入的专门著作。所以我建议张倩从"长安文化与杜甫的诗歌创作"这一角度来选题。张倩经过认真地考虑，接受了我的建议，开始了论文的写作。

张倩勤奋刻苦，尤其善于自己钻研，读博士之前就有长时间且成功的自学经历。选题确定之后，她查阅资料，读书，思考，经历了所有的博士（尤其是女博士）的艰苦的写作过程，最终完成了博士学位论文《杜诗与长安文化》。论文得到了外审专家和答辩委员们的一致好评，于2011年5月顺利通过答辩。

答辩之后，高兴之余，我个人始终觉得这部论文还有一个美中不足的问题。这一问题就是，论文中的"长安"与"长安文化"两个概念时有混淆，对两个概念的理解和把握时或含混。因在同一城市工作，我与张倩时常见面。每每相见，总会谈及她的论文，我也希望她能进一步地修改完善。

当然，什么是长安文化？长安文化的内涵及外延，以及相关的诸多问题，并不是短时间能够搞清楚的。20 多年前，陕西省文史馆馆长李炳武先生力倡长安文化、长安学的研究，陕西师范大学文学院集体攻关"长安文化与中国文学的演变"。我作为这两个群体的成员，义不容辞地参与了这一研究工作。2009 年 9 月，我受李炳武先生委托主编的《长安学丛书·文学卷》由陕西师范大学出版社、三秦出版社共同出版。在该书的前言中，我写了我们当时对长安文化的认识："长安文化，是地域文化、京都文化、盛世文化。从地域文化的角度讲，它是以古长安为中心的关中地区的文化；而长安又是中国历史上 13 个王朝的古都，因而，长安文化更是一种京都文化；在这众多的朝代中，汉、唐两朝又是中国历史上最为强盛的朝代，国人动辄即言'汉唐雄风'，而汉、唐两朝的都城正是长安。所以，长安文化又是一种盛世文化。因而，长安文化不是单一的文化，是以上诸种文化（又不限于以上诸文化）的复合体。"不过，我们当时的这一认识，一则不一定准确恰当，再则比较笼统抽象，许多具体问题还有待进一步的研究。同样在这篇前言中，我还写道："老实说，什么是长安文化，什么是长安学，我们心目中的概念并不十分明晰，在有些方面还比较模糊。正因为如此，我们需要全面广泛地研究一切与'长安'有关的方方面面，包括政治、经济、军事、历史、地理、文学，等等。而文学艺术的研究，更具体，更形象，更能激发我们的激情。可喜的是，目前关于长安文化与长安学的研究正如火如荼地开展了起来，尤其是长安的学者，研究热情极高，也卓有成效……我们坚信，通过众多学者的共同努力，长安文化、长安学的概念会越来越清晰；中国文学与长安学的关系也会越来越清晰；而随着更多的研究成果的积累，'长安学'会成为一门内容丰富、意义非凡的新的学科。为了这一目的，我们将不懈地努力！"对我的这一看法，有人不同意。在此后不久召开的一次研讨会上，一位行政级别较高的与会者说："长安文化、长安学其实很简单,我三分钟就能说清楚。"而对此,我自己则仍持保守的态度,我总觉得还需要很多人做很多的努力才能基本搞清楚。张倩的这部论文,可以说是这方面的一个努力。她在正式论述之前先用一节的篇幅,对论文涉及的"长安文化"做了界定,认为唐代的长安文化,是一个地域文化和都市文化的概念。然后用两章的篇幅分别从宏观的角度考察了唐代长安文化与唐诗、杜诗的关系,认为杜诗是长安文化精神的凝聚和升华。毕业近十年来,她一直在对论文做修改。虽然我还没读过她的修订稿,但我相信一定会在此前的基础上有所提高。而且,修订后的书稿,题目做了改变,由"杜诗与长安文化"改为"长安文化视野下的杜甫研究"。这样,写起来更为灵活,更便于挥洒。这次能够得到国家级出版社的认可并予以出版,本身就是对她的努力的一种肯定。

从地域文化、都市文化的角度研究杜甫,还有很大的研究空间,近年来学术界也出版了很多的优秀成果(如葛景春等先生都出版了很有份量的学术专著)。希望张倩的这本书能够为长安文化、为杜甫的研究添砖加瓦,也希望得到同行专家和广大读者的批评指正。

刘锋焘
2019 年 7 月于古都西安

目　　录

绪　论 …………………………………………………………………（1）
　第一节　选题理由与研究现状 ………………………………………（1）
　　一　选题理由 ……………………………………………………（1）
　　二　研究现状 ……………………………………………………（2）
　第二节　研究方法和思路 ……………………………………………（13）
　　一　研究方法 ……………………………………………………（13）
　　二　研究思路 ……………………………………………………（14）
　第三节　唐代长安文化概论 …………………………………………（16）
　　一　继承性 ………………………………………………………（17）
　　二　包容性 ………………………………………………………（19）
　　三　多元性 ………………………………………………………（20）

第一章　唐诗与长安文化 ………………………………………………（22）
　第一节　长安文化与唐诗的取材 ……………………………………（23）
　　一　唐诗中的长安景观 …………………………………………（23）
　　二　唐诗中的长安艺术 …………………………………………（27）
　　三　唐诗中的长安生活 …………………………………………（35）
　　四　唐诗中长安文化题材的意义 ………………………………（39）
　第二节　长安文化与唐诗的主题 ……………………………………（41）
　　一　曲江盛世主题 ………………………………………………（41）

二　终南山隐逸主题 …………………………………… (47)
　　三　华清宫讽喻主题 …………………………………… (52)
　第三节　长安文化与唐诗风格基调的形成 ……………… (60)
　　一　南北朝后期长安南北诗风的相互影响 …………… (61)
　　二　隋代长安南北诗风交融的进一步发展 …………… (66)
　　三　唐诗雄深雅健风格基调的确立 …………………… (69)

第二章　杜诗对长安文化的多维透视 ……………………… (73)
　第一节　杜诗对长安文化的透视维度 …………………… (74)
　　一　对长安宫廷文化的透视 …………………………… (75)
　　二　对长安士文化的透视 ……………………………… (79)
　　三　对长安市俗文化的透视 …………………………… (85)
　第二节　杜诗对长安文化多维透视的特征 ……………… (89)
　　一　全面性 ……………………………………………… (89)
　　二　犀利性 ……………………………………………… (91)
　　三　重在对士文化的展现 ……………………………… (95)
　第三节　杜诗对长安文化多维透视的意义 ……………… (96)
　　一　长安文化的精神内涵 ……………………………… (97)
　　二　杜诗：长安文化精神的凝聚与升华 ……………… (102)

第三章　盛唐长安文化与杜诗 ……………………………… (110)
　第一节　盛唐时期长安交游之风与杜诗 ………………… (110)
　　一　文学上与杜甫交游的人物 ………………………… (111)
　　二　政治上与杜甫交游的人物 ………………………… (116)
　　三　其他交游人物 ……………………………………… (122)
　　四　长安交游人物对杜甫诗学思想的影响 …………… (129)
　第二节　盛唐时期长安尚武精神与杜诗 ………………… (137)
　　一　长安尚武之风的渊源 ……………………………… (137)

二　初盛唐长安尚武之风的发展 …………………………… (141)
　　三　长安尚武精神对杜诗的影响 …………………………… (145)
第三节　盛唐时期长安宴乐之风与杜诗 ……………………… (156)
　　一　初盛唐宴乐之风的形成和发展 ………………………… (157)
　　二　杜诗中宴乐的悲美特征 ………………………………… (161)
　　三　宴乐的传统风格与杜甫宴乐诗的创作心态 …………… (164)

第四章　乱世长安文化与杜诗 …………………………………… (182)
　第一节　杜甫"致君"理想的实现 …………………………… (185)
　　一　杜甫授职左拾遗 ………………………………………… (185)
　　二　杜甫对左拾遗一职的心理认同 ………………………… (189)
　　三　杜甫理想实现的原因探析 ……………………………… (196)
　第二节　杜诗"诗史"地位的确立 …………………………… (205)
　　一　"诗史"内涵分析 ……………………………………… (205)
　　二　善陈时事与个人自传的结合 …………………………… (210)

第五章　杜甫晚年诗中的长安情结 ……………………………… (220)
　第一节　对长安风物与交游人物的怀恋 ……………………… (224)
　　一　对长安风物的怀念 ……………………………………… (224)
　　二　对长安交游人物的眷恋 ………………………………… (228)
　第二节　对长安经历的回顾 …………………………………… (231)
　　一　对献赋一事的回味 ……………………………………… (231)
　　二　对干谒之举的反思 ……………………………………… (233)
　　三　对任职左拾遗的留恋与无悔 …………………………… (236)
　第三节　对长安理想的执著 …………………………………… (240)
　　一　对君主的关切 …………………………………………… (240)
　　二　对长安时局的关注 ……………………………………… (245)
　　三　梦回长安 ………………………………………………… (247)

第四节　杜诗中长安情结的意义 ……………………………（249）

结　语 ……………………………………………………………（253）

附　录 ……………………………………………………………（254）

参考文献 …………………………………………………………（259）

后　记 ……………………………………………………………（264）

绪　　论

第一节　选题理由与研究现状

一　选题理由

杜甫是唐代伟大的诗人，杰出的诗歌成就使杜甫获得了"诗圣"的桂冠，使杜诗赢得了"诗史"的美誉。唐代以后诗人，无出其右者。杜甫是现今学界研究的焦点和热点，杜诗成为历代学者挖掘不尽的宝藏。在杜甫取得杰出成就的过程中，长安对杜甫的影响起着非常重要的作用。长安作为唐代国都，人杰地灵之所，国家政治文化中心，杜甫从天宝五载（746）入长安，至乾元二年（759）辞去华州司功参军之职，在长安及其附近生活长达13年，这13年是杜甫35岁至48岁的人生黄金期，其审美观、价值观以及诗歌创作思想、风格特征等等都是在这一时期内形成并且定型的。所以，杜诗成就的获得和长安有着千丝万缕的联系，杜诗与长安关系的研究是一个较为有价值的研究课题。概言之，选择这一课题主要有以下几个原因。

第一，长安时期在杜甫一生中起着极为重要的作用。把杜甫任职前的创作和离开长安后的诗歌创作相比较，可以看出长安生活对其思想、诗歌内容及风格产生了重要影响。杜甫一生所追求的目标是"致君尧舜上，再使风俗淳"。而长安就是其实现理想之地。正是长安数十年生活，使杜甫从一个"裘马颇轻狂"的世宦子弟，转变成"穷年忧黎元"的伟大诗人；在创作方法上也由早期的抒写个人豪情或摹写客观景物转变成赢得"诗史"称誉的现实主义者；诗的风格也从早期的神采飞扬，转为沉郁顿挫。

第二，杜甫一生经历了多个区域：壮年游历的齐赵、求仕时期的长安、晚年漂泊的巴蜀湖湘，每个地方都有鲜明的区域特征，诗人一生在上述每个地域都有较长的生活经历，杜诗的内容、风格当受到所在地多方面的影响。当地长期积淀下的文化思想、独特的审美观都会从不同角度、不同程度渗入杜甫思想之中，在杜甫行为以及杜诗当中都有所反映。故考察这些地域因素与杜甫的关系，对于深入理解杜诗有着重大意义。

第三，从长安地域和都市的角度研究杜甫，目前还没有得到足够的重视，现有研究成果更多把杜甫所经之地作为一个时间限定词来研究。迄今为止，学界尚未有一部从长安文化的角度全方位、多层次、系统的研究杜甫的专著，因此，"长安文化视野下的杜甫研究"是一个有待拓展和深化的领域。

第四，此课题具有可持续性研究的空间。此选题内涵丰富，除了可作为博士论文的研究课题之外，又有较大的可持续研究的空间，可以形成一系列的研究成果。如《杜甫与巴蜀文化研究》。现有的关于杜甫与巴蜀的研究专著只有曾枣庄的《杜甫在四川》。巴蜀之地有着鲜明的地域特色，杜甫晚年大部分时间居住于此地，其独特的风土人情、文化心理等都是研究杜甫崭新的角度。

二 研究现状

相对于现有研究杜甫的专著1000余部，论文3000余篇，杜甫与长安的学术研究专著却只有一部，论文百余篇，尽管此领域已经有了一定的研究成果，但还存有诸多尚未开拓的空间。长安对杜甫的影响，在学界还没有引起足够的重视。以下就杜甫与长安的研究成果作一梳理，以期了解杜甫与长安的研究趋势。本书就作者目力所及，从相关专著和研究论文两大方面进行论述。

（一）研究专著

中华人民共和国成立以前历代关于杜甫的研究多集中于杜诗的注解阐释及对杜甫其人其事某一方面的考证上。专门把长安单列，考察杜甫与长安关系的研究专著，还没有出现。中华人民共和国成立后，学者们逐渐认识到长安十余年生活在杜甫一生中所占的重要地位，专著方面除李志慧的《杜甫与长安》和周君南所编的《杜甫在长安时期的史料》之外，绝大多数成果散见于各家的杜甫评传中（包括海外研究成果）。以下从中国和国外两部分进行梳理。

1. 中国

在大陆，杜甫与长安的研究可以划分为两个时期：

（1）20世纪80年代之前，人民性时期

20世纪六七十年代，由于受到当时政治思想潮流的影响，杜甫研究以是否具有人民性为主要评判标准，这一时期的主要观点是杜甫在长安时期接近了人民，故其思想和创作达到了前所未有的高度。这一时期的代表性专著是：萧涤非《杜甫研究》[①]、冯至《杜甫传》[②]、朱东润《杜甫叙论》[③]。萧涤非认为："这种职业上的政治生涯的失意以及由此带来的物质生活的贫困，却正是杜甫在诗歌上的政治性的加强。因为使他有可能深入现实，接近人民，认识当时政治的罪恶本质，从而在写作大量的投赠诗的同时也陆续地并愈来愈多地写出了像《兵车行》、《丽人行》和《赴奉先咏怀》这一类为人民而歌唱的辉煌的现实主义作品。"冯至所持的观点是：杜甫在长安的经历，使"杜甫无论在思想的进步上或艺术的纯熟上都超越了他同时代的任何一个诗人"。"杜甫有这样的成就，完全由于他接近了人民。""在长安一住十年，他得到的并不是显要的官职，而是对现实的认识，由此他给唐代的诗歌开辟了一片新的国土。"在朱东润《杜甫叙论》中，把杜甫的长安阶段的重要性提到了前所未有的高度，书中论及长安时，曰："在杜甫未入长安以前，他对当时的政治现实还不够理解，甚至还很不理解。他没有接触到人民的思想感情，因此他的作品还无法达到后来的高度。""在他的政治生活不断下降的当中，他的创作生活却以突飞猛进的姿态进入了最高境界，他以前所没有达到的和他数年以后所不能再达到的境界。""他是一个能够急人民所急，痛人民所

[①] 萧涤非：《杜甫研究》，山东人民出版社1956年版。
[②] 冯至：《杜甫传》，人民文学出版社1980年版。
[③] 朱东润：《杜甫叙论》，人民文学出版社1981年版。

痛，对人民怀着满腔热情的人。"

由上可见，本时期基本上把杜甫接近人民、杜诗具有人民性作为评判的主要标准，对杜甫在长安阶段思想和创作给予了极高的评价，认为超越了同时代的其他诗人，甚至也超越了杜甫前期及后期的思想和创作，但此看法并未引起很大的反响。

（2）20 世纪 80 年代之后，奠基性时期

20 世纪 80 年代后，思想解放，研究视野更加开阔，评价杜甫与长安的关系更加客观，主要观点是认为长安时期是杜甫成就的重要奠定期。代表性专著有李志慧《杜甫与长安》、莫砺锋《杜甫评传》、陈贻焮《杜甫评传》、山东大学《杜甫全集》校注组著《访古学诗万里行》。

李志慧《杜甫与长安》[①] 是唯一一部杜甫与长安研究的学术专著，文中认为："如果说，时代造就了杜甫，艰难玉成了诗人，那么，正是长安十年，奠定了杜甫的生活道路和创作道路。"作者表示杜甫经过长安数十年生活，已经从一个"裘马颇轻狂"的世宦子弟，转变成"穷年忧黎元"的伟大诗人；在创作方法上也由早期的抒写个人豪情或摹写客观景物转变成赢得"诗史"称誉的现实主义者；诗的风格也从早期的神采飞扬，转变成沉郁顿挫。另一部专著为龙瑛宗的《杜甫在长安》[②]，此书是以文学作品的形式呈现给大家，而不是一部学术著作。莫砺锋《杜甫评传》[③]更侧重于杜甫思想的研究，认为长安数十年生活使杜甫"从以理性主义和浪漫主义为主要特征的盛唐诗坛上游离出来"。"他开始把自己个人的不幸遭遇与广大人民的痛苦生活及国家的危机灾难在诗歌中有机地结合起来。"陈贻焮《杜甫评传》[④] 是一部杜甫传记著作。此书对杜甫长安时期的活动论述较为详细，旁征博引，且放入唐代社会和诗歌史中进行宏观论述，他认为："'失之东隅，收之桑榆。'京华困顿十年，老杜在功业上一事无成，自觉堕落，但由于他长时期活动于上层社会，与王侯显宦相周旋，熟知种种骄奢淫逸的现状和黑暗政治的内幕，又沦落下层，既

---

① 李志慧：《杜甫与长安》，陕西人民出版社 1985 年版。
② 龙瑛宗：《杜甫在长安》，联经出版社 1995 年版。
③ 莫砺锋：《杜甫评传》，南京大学出版社 1993 年版。
④ 陈贻焮：《杜甫评传》，北京大学出版社 2003 年版。

贫且病，饱经忧患，对社会弊端和民生疾苦体察尤深。因此，在这一时期内开始成功地创作出一些揭露最高统治集团的腐朽，反对穷兵黩武的开边政策，为被压迫被剥削的人民而呼吁的卓越诗篇，为其后现实主义光辉乐章源源不绝的涌现奏响了序曲。"值得一提的是山东大学《杜甫全集》校注组著《访古学诗万里行》，此书作者踏遍杜甫游历之处，并联系地方志，对杜甫所经之处及杜诗所描写的地点作了详细的考察。萧涤非主编《杜甫全集校注》①和谢思炜《杜甫集校注》②两部著作的问世，使杜甫研究得到极大的推进。

另外有金启华、胡问涛《杜甫评传》和邓红梅《乱世流萍——杜甫传》二书，主要以杜诗为切入点，再现杜甫长安的生活经历，但其成就并未超出上述专著。

综上所述，20世纪80年代以来，杜甫与长安研究在大陆逐渐受到重视，普遍认为长安时期是杜甫思想创作的重要转折，为其以后现实主义的创作以及成为"诗圣"奠定了基础，而长安时期成就超越杜甫后期创作的呼声已不再出现。

在台湾，有刘维崇《杜甫评传》、汪中《杜甫》、萧丽华《杜甫——古今诗史第一人》、陈瑶玑《杜工部生平及其诗学渊源和特质》。

关于杜甫与长安的研究存在于这些传记中的某一章节，焦点集中于杜甫在长安的遭遇及困苦生活的论述上，其研究未出大陆专著的樊篱。陈瑶玑《杜工部生平及其诗学渊源和特质》是唯一一部涉及了地理因素的专著，此书第四章杜诗特质的地理因素考，从杜甫平生游踪论其与各地之关涉，包括少壮期的生活环境、长安地区、秦州地区、成都地区、夔州地区、湘潭地区六处，长安一节只是对杜诗中有关长安之地的地名加以梳理，但没有深入研究。

2. 国外

国外杜甫研究主要来自日本，涉及长安的研究同样存在于杜甫传记的章节中。重要成果有以下几部专著：田中克己《杜甫传》、吉川幸次郎

---

① 萧涤非主编：《杜甫全集校注》，人民文学出版社2017年版。
② 谢思炜：《杜甫集校注》，上海古籍出版社2016年版。

《杜甫私记》和《杜甫诗传》、目加田城《杜甫》和《杜甫的诗与生平》、和田利男《杜甫：生平及其文学》。

（二）研究论文

1. 整体研究

杜甫与长安的整体性研究指把杜甫长安生活作为一个整体研究，所涉及的论文类似于杜甫传记中的一部分，不同之处在于研究重点在于杜甫长安时期的不同方面，不似传记中那么全面。突出的有钟树梁《试论杜甫长安十年诗》①、任舸《杜甫长安十年心路历程管窥》②、张春燕《唐代行卷制度对杜甫困居长安十年的影响》③、吴丽君《杜甫困守长安时的经济状况与诗歌创作》④。总体上看，这类研究论文成就并未超过上述专著。

钟树梁《试论杜甫长安十年诗》从感情上和写作艺术上论述杜甫长安时期的诗歌，认为杜甫"眼中有人"，诗歌重在表现各阶层人的状态。任舸《杜甫长安十年心路历程管窥》以杜诗写作时间为序，分析不同时间杜甫的心态，或豪情万丈，或极端偏激，或安命，或重新奋起。杜甫从怀抱"致君尧舜"的英雄之志到"白鸥没浩荡"的归隐南山，从再振起像"胡青骢"一样"猛气犹思战场利"到最后"忧端齐终南"，经历了一个痛苦、矛盾的心路历程。十年的煎熬、十年的思考把杜甫推上了现实主义创作道路，从悲剧中奋起的诗人最终赢得了"诗圣著千秋"的崇高评价，时代与生活折磨了诗人，也造就了诗人。张春燕《唐代行卷制度对杜甫困居长安十年的影响》分析了杜甫长安十年困顿的原因——唐代行卷制度，认为"向礼部投献公卷实际上是一种形式，对于能否被录取，往往不起作用"。"在唐代行卷制度盛行的情况下，只凭自己才学谋取功名的文学之士，在科场上却屡遭失败，杜甫的遭遇是盛唐时代最为典型的例子。""在唐行卷之风影响下，杜甫困居长安求仕长达十年的

---

① 钟树梁：《试论杜甫长安十年诗》，《杜甫研究学刊》1994年第4期。
② 任舸：《杜甫长安十年心路历程管窥》，《杜甫研究学刊》1996年第4期。
③ 张春燕：《唐代行卷制度对杜甫困居长安十年的影响》，《重庆科技学院学报（社会科学版）》2008年第11期。
④ 吴丽君：《杜甫困守长安时的经济状况与诗歌创作》，《安徽文学》2008年第4期。

悲辛生活，对'诗圣'起了重要的'玉成'作用。"吴丽君《杜甫困守长安时的经济状况与诗歌创作》探讨了杜甫每况愈下的经济状况及原因，并认为对杜甫创作产生了很大的影响：第一，沉郁顿挫诗风的形成；第二，现实主义诗歌创作的开端；第三，儒家思想为精神皈依的确立；第四，贫苦的岁月磨炼了他的性格，锻炼了他的意志和品格。

由上述可见，杜甫与长安的整体研究论文，多集中于长安时期杜甫的生活、思想和创作的研究，强调长安时期的奠基作用，此部分研究与专著部分相类似，不同之处在于其研究侧重杜甫的不同方面。

2. 细节研究

杜甫与长安的细节研究，是指杜甫在长安期间个别细节问题的考证和论述。这类成果相对较多，成就比起整体性研究的论文，要有所超越。以下择其突出者加以论述。莫砺锋的《他们并非站在同一高度上——论杜甫等同题共作的登慈恩寺塔诗》[①]一文把杜甫的《登慈恩寺塔》和同时登塔的岑参等人的同题诗作一比较，得出在完全相同的大环境（社会历史背景）和基本相同的小环境（个人生活经历、社会地位等因素）下，四位诗人的"同题共作"在思想倾向上的差别却是非常大的。并认为"长期以来，我们总是不恰当地强调社会背景和作家的阶级属性等外在因素，甚至把它们看作决定作家创作倾向及其成就的唯一原因。其实，这些外在因素固然不能忽视，但是更重要的还是作家的胸襟、品格、个性等内在因素"。安旗《长乐坡前逢杜甫——天宝十二载李杜重逢于长安说》[②]推翻了诸家天宝四载后杜甫与李白再无相逢之说，经过对李白诗《戏赠杜甫》中"饭颗山"的详细考证，得出"天宝十二载（753），即安史之乱前两年，五十三岁的李白与四十二岁的杜甫，曾在西京长安重逢。较之初逢，其意义之重大，有过无不及"。封野《论杜甫任左拾遗前

[①] 莫砺锋：《他们并非站在同一高度上——论杜甫等同题共作的登慈恩寺塔诗》，《名作欣赏》1986年第6期。

[②] 安旗：《长乐坡前逢杜甫——天宝十二载李杜重逢于长安说》，《北京社会科》2001年第2期。

后政治心态的变迁》①认为在担任左拾遗前，杜甫具有强烈的功业意识，此后政治心态发生改变，并最终在乾元二年七月放弃官职，走上一条与自己的初衷相背离的道路。杜甫疏救房琯的实质是对自己的政治理念的信守与捍卫，而房琯罢相则使杜甫感到理想与希望的破灭。理想的追寻与失落导致杜甫政治心态发生了根本改变。

车宝仁《杜甫唐都故居考》②认为古今诸家论其故居，有杜曲、樊川、潏水、杜陵、少陵、杜公祠、下杜城等，这些缺乏根据。杜甫闲居干谒、为官上朝及陷贼皆在城中。居城南指城之南部，其故居在曲江西，雁塔南或西南，长安南城墙之内。辛玉璞《杜甫杜曲故居考》③考证杜曲处于少陵原与樊川结合部，"少陵野老""杜曲诸生""杜陵布衣"均来自里名，实指杜曲一地。从孝道出发，杜甫到长安必先住杜曲。王井南《长安是杜甫的生里籍贯初探》④则认为长安才是杜甫的故居。其另一篇文章《从〈夏日李公见访〉探索杜甫在长安的故居》⑤对《夏日李公见访》一诗进行剖析，得出：杜甫在长安的故居，就在京兆长安杜曲紧东边的少陵畔杜曲东村。何晓毅《杜甫曲江诗思想发微》⑥从杜甫的曲江诗入手，分析了杜甫当时的"思想上的一些细微变化"，或昂扬，或孤独，或矛盾，或痛苦。李炎《独立苍茫自咏诗——杜甫曲江诗述评》⑦则认为杜甫的曲江诗体裁兼备，而有创格，不但反映了不同时期曲江的面貌和诗人的思想情感，而且反映了不同时期的社会重大问题，充满了强烈的爱国精神。谭文兴《杜甫诗中的曲江》⑧把曲江诗和当时社会发生的大事相联系，认为杜甫的每一首曲江诗都反映了当时的社会政治。李小琳

---

① 封野：《论杜甫任左拾遗前后政治心态的变迁》，《新疆师范大学学报（哲学社会科学版）》2004年第1期。
② 车宝仁：《杜甫唐都故居考》，《唐都学刊》1999年第3期。
③ 辛玉璞：《杜甫杜曲故居考》，《杜甫研究学刊》2001年第4期。
④ 王井南：《长安是杜甫的生里籍贯初探》，《西安教育学院学报》2001年第1期。
⑤ 王井南：《从〈夏日李公见访〉探索杜甫在长安的故居》，《西安教育学院学报》2003年第2期。
⑥ 何晓毅：《杜甫曲江诗思想发微》，《陕西师大学报》1983年第2期。
⑦ 李炎：《独立苍茫自咏诗——杜甫曲江诗述评》，《烟台师范学院学报（哲学社会科学版）》1991年第3期。
⑧ 谭文兴：《杜甫诗中的曲江》，《杜甫研究学刊》1994年第1期。

《长安曲江与杜甫曲江诗》① 由曲江诗管窥到诗人在困守长安期间的心路历程。由当初的自负"自谓颇挺出，立登要路津"，一心要走"达则兼济天下"之路，到长安时历经仕途坎坷，生活困顿的现实，诗人除了因政治上的失意而忧伤，感叹自己日渐衰老，同时开始关注国家的前途，为国事而忧虑。另一方面，从中亦能领略到诗人深厚的艺术修养和高度的艺术表现力。

刘明华《干谒与人格：杜甫的困惑之一》② 讨论了杜甫诸多困惑中的一个，即他在干谒谋官过程中表现出的人格矛盾：独立和依附。"杜甫的可贵之处在于，当他作出"独耻事干谒"的反思时，就在独立和依附之间作出了选择，同时，也就超越了时辈。"对杜甫晚年反省干谒之举给予了极高评价。王许林《杜甫的自责精神应受到尊敬——有感于"独耻事干谒"的训释》③ 认为杜甫为自己曾干谒而感到羞耻，是对自己的过去作真诚的自我剖析和反省。赵海霞《从干谒看李白杜甫的入仕心态》④ 一文从李杜之所以走上干谒之途的原因，干谒时间之长短以及他们对干谒结果的不同认识来探讨二人的入仕心态。李白在干谒之事上是积极主动的，是从内心深处发出的一种自主的行为，自觉的行为。忧民爱国思想使杜甫不得不选择士人们普遍走过的路即干谒权贵以达仕途。无论是干谒时间的长或短，干谒的辛酸和委屈都让两位大师级的人物发出不平之鸣。他们的干谒都是以失败告终的。面对这种结果，李杜的表现很不相同，李白是愤激，是对世俗的呵斥，而杜甫却对以前的干谒经历进行了深刻的反思。胡可先《杜甫与安史之乱》⑤ 认为安史之乱的社会背景使杜诗成为"诗史"，认为安史之乱促使杜甫乐府诗题材转变，并对中国乐府诗的发展产生了影响。陈贻焮《杜甫携家避安禄山乱经过——兼谈杜甫在诗

---

① 李小琳：《长安曲江与杜甫曲江诗》，《杜甫研究学刊》2007年第4期。
② 刘明华：《干谒与人格：杜甫的困惑之一》，《西南师范大学学报（哲学社会科学版）》1992年第3期。
③ 王许林：《杜甫的自责精神应受到尊敬——有感于"独耻事干谒"的训释》，《社会科学战线》1997年第6期。
④ 赵海霞：《从干谒看李白杜甫的入仕心态》，《长春师范学院学报》2006年第3期。
⑤ 胡可先：《杜甫与安史之乱》，《杜甫研究学刊》2003年第2期。

歌艺术上的创新》① 是其《杜甫评传》中的一章,此文详细论述了杜甫在安史之乱中的遭遇,并认为安史之乱促使杜甫突破了盛唐诗歌创作中最普遍存在熟境、熟意、熟词、熟字、熟调、熟貌。"他的处境和遭遇促使他另辟蹊径,尝试以破体的笔墨表现反常的生活和心境。"韩成武、韩梦泽《杜甫献赋出身而未能立即得官之原因考》② 认为,杜甫献三大礼赋之后,没有立即得到官职,是唐代铨选制度决定的。制度规定:献赋获得出身者,与制举获得出身者、进士及第者同等待遇,即候选三年,然后参加吏部铨选,获得官职。

韩立平《杜甫"卖药都市"辨》③ 一文分别对杜诗中被用以旁证"卖药"的材料、《进三大礼赋表》进行辨析,考察了"卖药都市"在唐代历史叙述中依然有隐逸话语的功能。唐代诗人咏隐者、处士,亦多用"卖药"之典。由此认为杜诗中"卖药都市"实际是一种隐喻话语,不宜将其坐实。薛天纬《杜甫"陷贼"辨》④ 一文认为自北宋时王洙在《杜工部集记》中提出杜甫"陷贼"之说,至《新唐书·杜甫传》更为明确地表述为"为贼所得",关于杜甫在安史乱中的这段经历成了千年来学界的共识。然而,仅仅凭借诗歌文本及基本史料(比如《资治通鉴》)的细读,仍有可能打破杜甫"陷贼"的传统说法而作出更为切合实际的新叙事。考察当时战局及杜甫"只身奔赴行在"的过程,可知杜甫实无"为贼所得"的可能性。杜甫其实是出于关切时局、心系朝堂的人臣情怀,在确认无性命之虞的情况下"潜回"长安。魏琳《杜甫的京城诗与长安京城文化》⑤ 认为杜甫在京城诗中展现了长安的文化景观、人文环境。同时,长安京城文化又激发了杜甫的创作激情,提高了诗歌的思想价值,这两者相映相生,使其逐渐形成"沉郁顿挫"的诗风。查屏球《微臣、

---

① 陈贻焮:《杜甫携家避安禄山乱经过——兼谈杜甫在诗歌艺术上的创新》,《人文杂志》1982年第2期。
② 韩成武、韩梦泽:《杜甫献赋出身而未能立即得官之原因考》,《杜甫研究学刊》2008年第3期。
③ 韩立平:《杜甫"卖药都市"辨》,《文学遗产》2011年第5期。
④ 薛天纬:《杜甫"陷贼"辨》,《杜甫研究学刊》2017年第4期。
⑤ 魏琳:《杜甫的京城诗与长安京城文化》,《湖南城市学院学报》2011年第2期。

人父与诗人——安史之乱初杜甫行迹考论》①一文比照相关史料与杜诗，认为可对杜甫在战乱初一年的行迹详加说明，订正前人注解之误。认为杜甫逃难至三川为止，没有北上至延州；其赴羌村探亲，直接原因是得到了家人消息，而非肃宗对他的打击。其往羌村全程有十多天，享受了官员待遇，途中所作诸诗是《北征》的前奏，这也是《北征》的构思过程。这一年诗人经历了国家盛衰骤变，也经历了荣辱之变。羌村短憩，诗人苦难的心灵得到安抚，压抑至久的情绪得以释放。其后之诗情更为深沉，表达也益雄浑自然，与其这段经历大有关系。

方瑜《寂寞与超越——试论杜甫长安出游诗四首》、乔长阜《杜甫二入长安时期的几个问题——兼辨杜甫应进士试中的两个问题》等论述了杜甫与长安的不同细节问题。关于杜甫长安时期单篇诗作的研究和赏析，非常之多，不乏有创见者，但更多的是低层次的重复，在此就不再赘述。

3. 硕博论文

关于杜甫与长安的研究，有硕士学位论文三篇，尚无博士论文。关星《杜甫长安陷贼时期诗歌考述》②是大陆唯一一篇杜甫与长安研究相关的硕士论文，此文中，杜甫的地下爱国诗，是指杜甫在安史叛军占领下的长安，采用微言艺术的手法，潜在地表达爱国情感和地下爱国活动的诗歌。认为杜甫的地下爱国诗开创了中国地下爱国诗这一特殊诗歌种类。论文深入探讨杜甫长安陷贼时期诗的艺术造诣、开创、启迪影响。另外两篇是台湾的硕士论文，洪赞《安史之乱对杜甫之影响》③侧重于论述杜甫在安史之乱时期的遭遇，并把时间扩充到安史之乱之前和之后。郑元准《杜甫长安期之诗研究》④对杜甫长安时期生活作一论述，并分析其长安时期诗歌的内容，文中第一章虽然肯定长安作为一个都市对杜甫产生

---

① 查屏球：《微臣、人父与诗人——安史之乱初杜甫行迹考论》，《安徽大学学报（哲学社会科学版）》2018年3期。
② 关星：《杜甫长安陷贼时期诗歌考述》，硕士学位论文，首都师范大学，2006年。
③ 洪赞：《安史之乱对杜甫之影响》，硕士学位论文，台湾政治大学中国文学研究所，1980年。
④ 郑元准：《杜甫长安期之诗研究》，硕士学位论文，台湾高雄师范大学中国文学研究所，1985年。

了重要影响，但只是大略提到，并未展开论述。伍钧钧《杜甫旅食京华研究》[①]和张华《文章憎命　下笔有神——杜甫困守长安时期诗歌创作研究》[②]皆是以杜甫在长安的创作为主要研究对象，尚未过多涉及长安文化。

（三）杜甫与长安的研究现状的反思

从以上专著和论文内容分析中，可看出杜甫与长安的研究随着时间的推移，取得了长足的进步。迄今为止，杜甫与长安研究主要集中于以下几点：

一是杜甫在长安时期的生活。此方面研究多存在于杜甫传记中，杜甫长安十年的艰辛生活是其思想变化和诗歌创作的原动力，这一看法几乎成为共识。

二是长安时期的重要性。20世纪80年代之前，长安时期的重要性提到了前所未有的高度，认为此时期的成就超越了其前期和后期，因为杜甫接近了人民，思想与人民相融合，由此才取得"诗圣"的桂冠，其诗才有"诗史"的美誉。这种研究思想是当时学术研究的主流，和当时社会思想有一定的联系。80年代之后，对杜甫长安时期的评价日趋客观，认为长安时期是杜甫取得重大成就的奠定期，长安遭遇才使杜甫以后走向现实主义的创作道路，这一看法为大多数人所接受。

三是杜甫在长安的居住地点。杜甫在长安居住地的问题，也是历代研究争议的话题，学者们提出了不同的观点，主要有杜曲、杜曲东村、城南、杜陵、樊川等地。

四是干谒与杜甫的人格。存有两种相对的观点：干谒是杜甫人格上的些微瑕疵；杜甫对干谒的反省是难能可贵的，也正是其超越时辈之处。

五是曲江诗。杜诗中涉及长安胜景很多，曲江诗独受研究者青睐。透过曲江诗解读杜甫的思想或心理变化，或痛苦，或孤独，或矛盾；同时曲江诗也是当时发生的政治事件的曲折反映。

---

① 伍钧钧：《杜甫旅食京华研究》，硕士学位论文，复旦大学，2009年。
② 张华：《文章憎命　下笔有神——杜甫困守长安时期诗歌创作研究》，硕士学位论文，湖南师范大学，2009年。

六是安史之乱的作用。使杜诗成为"诗史";使杜甫乐府诗题材发生了转变;促使杜甫改变常见的诗歌表现方法;尝试以破体的笔墨表现反常的生活和心境。

综上所述,杜甫在长安时期的研究极为丰富,对其生活遭遇和思想创作的探讨已经十分深入。但杜甫在长安生活十余年,其受到长安的影响是多方面的、多角度的,以此看来,目前的研究尚存有一定空间。(1)对"长安"概念的界定可进一步扩展。目前为止,"长安"只是作为一个时间概念存在,研究者多把它作为一个时间限定词,主要论述杜甫在"长安时期"的诗歌成就的分析,这种分析大多以杜甫长安的活动为依据,而忽视了把长安作为更广泛的概念进行杜诗解读。长安不仅是一个地域,地处三秦,是关中的一部分,而且还是一个都市,是一个国际性大都市,不同于洛阳、开封、南京。其所独有的地域特征和都市风尚在杜甫思想行为和杜诗中都有所渗透。(2)研究内容过于集中于上述的焦点,而唐代长安民俗、建筑等很多方面也可折射出杜甫的思想和审美观。(3)研究角度仍可拓展。现今对杜甫长安时期思想创作的研究多从社会政治因素入手,而长期积淀下来的文化思想、社会风尚等,亦与杜甫有着不可分割的关系。

由上可见,杜甫与长安的研究尚存有很多的开拓空间。杜甫作为一时代伟人,无论是其人格魅力,还是其诗歌成就,都对后世产生了不可估量的影响,杜甫是一座挖掘不尽的宝藏,应把杜甫放入更广阔的社会文化环境中从多个侧面发掘杜甫及其诗歌的伟大意义。

第二节 研究方法和思路

一 研究方法

本研究重在全面系统考察杜诗与长安文化诸多层面之间的关系,试图把杜诗放入更加开阔的社会背景中来分析杜甫在长安取得的成就以及成因。此选题决定了研究涉及多个学科以及研究方法的多样性。拟采用的研究方法主要有:

考证法。本书力求更为具体真实地再现杜甫在长安的生活,对杜甫在长安十年中所经历的事件作更为具体详尽的考证，以揭示其思想、创作变化的深层因素。

文史结合的方法。本书是从长安的各方面去解读杜甫，唐代长安作为一地域和国际性大都市，考察其当时的历史现状是研究杜甫的前提，唯有如此，才能科学揭示杜甫与长安的关系。

社会文化方法。长安的很多方面属于文化的范畴，将文化与文学相结合，将长安的文化精神与杜甫的思想创作相结合，做科学分析研究。

心理学方法。唐代长安的文化各个层面与杜诗之间的桥梁即是杜甫心理的变化，长安的地域精神、都市风尚对杜甫产生影响，首先要进驻杜甫心中，形诸笔下，表现为诗歌。因此，本书中对长安影响下杜甫的心理结构进行一定的解析。

二 研究思路

本研究主要考察杜诗与长安文化的关系，论述长安文化的诸多层面的内涵对杜诗产生的影响，以及长安文化精神在杜诗发展中的意义。首先有必要对"长安文化"一词作一简单的界定。古代历史上有十三朝皆建都于长安，所形成的长安文化在不同时期所具有的内涵与特征也各不相同。因为杜甫生活于唐代的长安，唐代长安文化之独特性与杜诗有着更加直接的关系，故本研究中的长安文化指"唐代的长安的文化"。

本研究对"长安文化"的分析侧重于地域文化和帝都文化的角度。以地域文化的角度而言，长安文化具有关中文化的特征；以帝都文化的角度而言，长安文化具有古代都城、首府的特征。这种解析与文化地理学和中国古都学研究范围相关。所谓文化地理学，"就是关于人类文化空间组合与地域分布规律的科学，主要研究文化源地与文化传播，文化区域的划置、结构与变迁，阐述文化景观与文化区域、文化精神的历史成因"。[①] 文化地理学的研究早就受到学界关注，丁文江的《中国历史人物与地理的关系》、谭其骧的《中国文化的时代差异与地区差异》、陈寅恪的《天师道与滨海地域的关系》等论文和陈正祥的《中国文化地理》、赵

[①] 康震：《长安文化与初盛唐诗歌》，博士学位论文，陕西师范大学，2000年，第2页。

世瑜的《中国文化地理概说》等专著，皆是这方面的代表作。但 21 世纪之前文化地理学并未成为研究热点，现今逐渐得到重视，有逐渐升温的趋势。而古都学较之文化地理学科更是一门新兴的学科，研究的是古都的形成、发展、萧条或消失，或经过改革成新的城市的科学。史念海的《中国古都与文化》和陈桥驿的《中国七大古都》都是这方面的扛鼎之作。文化地理学和古都学形成的科学的学科体系、研究方法和丰硕的成果，为研究杜诗与长安文化关系的研究提供良好的借鉴。

本书结构安排共分五章，第一、二章属于总论部分，第三、四、五章属于分论部分。第一章论述了长安文化在唐诗中的意义，第二章总论长安文化与杜诗的关系，第三章至第五章具体论述不同时期长安文化的具体内涵对杜诗造成的影响，以见出长安文化的不同精神在杜诗发展中的意义。

第一章论述唐诗与长安文化的关系。唐诗的形成与长安文化息息相关，文中没有面面俱到，主要论述了长安文化对唐诗题材、主题、风格三方面的影响。

第二章主要论述杜诗对长安文化的多维透视。杜诗对长安文化中宫廷文化、士文化、市俗文化的多维透视中，显示出全面性、犀利性和多展现士文化的特征。从中可以看出长安文化的浪漫精神、世俗精神、执著精神在杜诗中得到凝聚和升华。

第三章主要论述盛唐时期长安文化的内涵与杜诗的关系，这一部分主要以杜甫盛唐时期所作诗歌为主要考察对象。文中盛唐时期界定为玄宗朝的开元天宝时期。这一部分主要考察长安文化中的社会风尚——交游之风、尚武精神、宴乐之风对杜诗的影响，从中可见出长安文化的浪漫精神在杜诗中的主导地位，同时也开始向现实主义的写作方式靠拢。

第四章主要论述乱世长安文化与杜诗的关系，这一部分以安史之乱时期杜甫长安诗歌为主要考察对象。这一时期，战乱引起长安文化中儒释道思想格局发生改变，乱前佛道为先、儒家次之，乱后儒学开始跃居首位。儒学入世、救世精神的高涨使杜诗中世俗精神高昂。对杜甫及其诗歌的影响主要表现为：杜甫实现了"致君"的理想；杜甫反映时事的诗篇剧增，确立了"诗史"的地位。

第五章主要论述长安文化的向心力对杜诗的影响，这一部分以杜甫漂泊巴蜀湖湘时期的诗作为主要考察对象。这一时期，杜诗中长安情结主要表现为：对长安风物及人物的怀恋、对长安经历的反思、对长安理想的执著。杜甫长安情结的深挚不仅成为杜甫创作的动力，使杜甫出现创作的辉煌，夔州诗的成就即是一证明，而且更加突出了杜诗的沉郁之风。

文中论述的杜诗与长安文化的几个方面，并不是二者关系的全面论述，本研究只是在人地关系方面对杜甫研究的一个初步尝试。

第三节　唐代长安文化概论

长安，地处三秦，是关中的一部分，有着险要的地理环境。骆天骧《类编长安志》曰："长安，厥壤肥饶，四面险固，被山带河，外有洪河之险，西有汉中、巴、蜀，北有代马之利，所谓天府陆海之地也。"① 因为其优越的地势，古代十三朝建都于此。长安之地在周代为都城时，名曰丰、镐。长安之名，起始只是秦之咸阳附近的一个乡名，汉代建国，"汉高祖有天下，始都长安，实曰西京，欲其子孙长安都于此也"。② 宋敏求的《长安志》详细记载了长安的发展沿革历史："自周、秦历汉、晋、西魏、后周、隋、唐并为帝都。天祐元年，昭宗东迁于洛，降为佑国军。梁开平元年，改府曰大安，二年改军曰永平。后唐同光元年，复为西京府，曰京兆。晋天福元年，改军曰晋昌。汉乾祐元年改军曰永兴，其府名仍旧，本朝因之。"③ 从中可见，长安的繁荣可分为三个时期：周秦时期、汉代和唐代。唐代是长安最为鼎盛的时期，此后，长安只是作为宋元明清各朝的一个地理区域，失去了作为政治文化中心的重要地位，同时，长安文化也就失去了作为全国主流文化的优越性，更多存留的只是作为关中地域文化的特征。

---

① 骆天骧：《类编长安志》卷一，三秦出版社2006年版，第1页。
② 何清谷：《三辅黄图校释·序》，中华书局2005年版，第3页。
③ 宋敏求：《长安志》卷一，《四库全书》本。

唐代的长安文化，继承了前代优秀的文化遗产，同时又具有在唐代才形成的独特性。现从地域文化和都市文化的角度，考察唐代长安的文化具有的特征。

一 继承性

文化的传承在一定程度上在一定时期内具有较强的稳固性，并不因为朝代的更替而消失或频繁改变。一般而言，后世文化都是在继承前代文化遗产的基础上加以改善和创新，使之具有当时代的特征和优势。同样，唐代长安文化继承了唐前优秀的文化遗产。

首先，崇尚武力，重气节。前秦时期，长安地处边陲，"左据函谷、二崤之阻，表以太华、终南之山。右界褒斜、陇首之险，带以洪河、泾、渭之川"①，为防戎狄等少数民族的入侵，长安人民皆修习战备，熟悉鞍马骑射之术成为风俗，这是长安所处之地——关中地区具有尚武精神的缘起。后经过秦孝公的商鞅变法，奖励耕战，使尚武力、重气节之风得到更进一步的巩固和发扬。故"秦人之俗，大抵尚气概，先勇力，忘生轻死"。② 至汉代，尚武之风成为关中突出的地域特征，班固即有"关东出相，关西出将"之说。后历经魏晋南北朝，长安作为少数民族鲜卑人、匈奴人、羯人、氐人的都城或管辖之地，尚武之风得到一定延续。在此风气影响下，秦地歌谣慷慨悲凉，秦诗风格刚健质朴。唐代长安不仅继承了这种尚武之风，而且把它从关中的地域特征发扬为盛世的文化精神。盛唐时期文人投笔从戎、出边入塞的高潮和边塞诗的创作热情即可说明问题的一端。

其次，重农意识。长安之地重农意识的形成与关中的自然环境有一定的关系。"关中自汧、雍以东至河、华，膏壤沃野千里，自虞夏之贡以为上田，而公刘适邠，大王、王季在岐，文王作丰，武王治镐，故其民犹有先王之遗风，好稼穑，殖五谷。"③ 早在舜、禹的时代周人的始祖已

---

① 范晔：《后汉书》卷四〇上，中华书局1965年版，第1335页。
② 朱熹：《朱子全书·诗集传》，上海古籍出版社、安徽教育出版社2002年版，第513页。
③ 司马迁：《史记·货殖传》卷一二九，中华书局1959年版，第3261页。

经在邰（今陕西省武功一带）负责农耕，可视为农耕文化的起源。"周自后稷封于邰，始播百谷，烝民乃粒，万邦作乂，其后公刘立国于豳，复修后稷之业，而风俗以厚。其民勤稼穑。贵家大族，皆力蚕桑。"① 故《诗经》中多言秦地农桑稼穑之事。长安之地的重农意识形成了秦民笃实的性格和自足的心态。"农耕民族与其耕地相连系，胶著而不能移，生于斯，长于斯，老于斯，祖宗子孙世代坟墓安于斯。故彼之心中不求空间之扩张，惟望时间之绵延。绝不想人生有无限向前之一境，而认为当体具足，循环不已。"② 周代农耕文化奠定了中国以农业为本的基础，此后历代逐渐形成了耕稼本业、农德自重的传统。

再次，礼乐精神。先秦时期，面对社会的"礼崩乐坏"，孔子周游列国，试图恢复"周礼"，孔子曰："周监于二代，郁郁乎文哉！吾从周。"③ 周礼，一般而言，指在西周初期确定的一整套的典章、制度、规矩、仪节。而周礼的发源地即是以长安为中心的关中地区。陈来在《古代宗教与伦理——儒家思想的根源》中说："西周文化所造就的中国文化的精神气质是后来儒家思想得以产生的源泉和基体。"④ 《中华全国风俗志》中记载了关中地区人民受西周礼乐教化所呈现的状态。

　　……上下之情交相忠爱，老者慈，幼少者敬老，太王居豳时，犹尚质，文王之时，德化大成，考之二南，男女以正婚姻以时，贤才众多，家室和平，江汉之间，淫俗皆变，女子以礼自守，在位皆节俭正直，此周德之盛，道德一而风俗同，固无疆理之异也。⑤

此段记载不仅肯定了关中地区的耕稼本业，而且强调了西周礼乐文化之盛。直至几千年后清代的《长安县志》中仍有长安之地"士尚气节，

---

① 胡朴安：《中华全国风俗志》，河北人民出版社1986年版，第203页。
② 钱穆：《中国文化史导论·弁言》，商务印书馆1996年版，第3页。
③ 杨伯峻：《论语译注》，中华书局1980年版，第28页。
④ 陈来：《古代宗教与伦理——儒家思想的根源》，生活·读书·新知三联书店1996年版，第8页。
⑤ 胡朴安：《中华全国风俗志》，河北人民出版社1986年版，第203页。

人多醇朴。市交不欺，多集商贾。衣履多布素，屋宇质陋，器惟瓦甓。冠婚丧祭，悉遵《会典》、《家礼》。昔人所谓以善导之，则易兴起，而笃于仁义，谅矣"①的记载。

长安文化中重农意识和礼乐精神是儒家思想的重要组成部分，为儒学精神在关中的发扬提供了一定的基础。

二 包容性

唐代的长安文化一方面继承了前代优秀的文化遗产，一方面融汇贯通形成了自己的独有的特征，具有睥睨一切的气度，具有包容一切的涵养，具体而言，主要体现在两个方面：儒释道思想的兼容和中外文化的高度融合。

儒释道思想的兼容。相较于汉代长安儒家思想的独尊，唐代长安更重在儒释道三种思想的并存。在整个封建王朝中，儒释道思想并存融合的程度，没有任何一个朝代能和唐代相比。唐代建国之初，唐太宗下诏编定了《五经正义》，兼采南北朝经学的成说，定为国家科举考试的标准教材。道教在唐代受到空前的荣宠，李唐王朝尊老子李耳为祖，唐太宗崇道抑佛，唐玄宗亲注老子《道德经》，对长安道家思想的发展起到积极的推动作用。佛教在长安拥有的势利更大，在武则天和唐宪宗等统治者极端崇佛的影响下，长安城内名称可考的寺院161所，另有更多不知名的兰若、经坊、佛堂等遍布市内。不仅皇城、宫城内有许多寺庙，而且长安城郊也是佛寺林立，知名的如终南山的草堂寺、丰德寺、清源寺，京郊的兴教寺、章敬寺、香积寺、华严寺等。三教合一是唐代长安发展的总趋势，但"三教的势利并不相符，三教中佛教的影响最大，其次是道教，儒教影响最小"。②唐代统治者出于对国家统治的有利因素考虑，"有时抬高某一宗教，有时打击某一宗教，但唐朝的宗教政策是一贯的，对三教都要利用，认为三教都是劝人尽忠尽孝，奉公守法，对国家统治秩序有利。国家每逢遇到重大节日或隆重庆典，即诏三教推派代表，在宫

---

① 胡朴安：《中华全国风俗志》引《长安县志》，河北人民出版社1986年版，第204页。
② 任继愈：《中国哲学发展史·隋唐卷·绪论》，人民出版社1994年版，第19页。

廷开展辩论。代表三教参加辩论的都是三教当中最有影响的人物"。① 在多种思想并存，思想开放的影响下，所以在唐人个体思想中，可以看到不同的思想并存于一身。

中外文化的高度融合。唐太宗"自古皆贵中华，贱夷狄，朕独爱之如一"②的思想为唐代长安的多民族融合提供了官方支持。唐代中外文化的交流体现于很多方面。从距离较近的日本、高丽，远至欧洲、非洲诸国，都不断有使者往来长安。长安城中胡汉杂居，当时"胡客留长安久者，或四十余年，皆有妻子，买田宅，举质取利，命检括胡客，有田宅者停其给，凡得四千人，将停其给。胡客皆诣政府诉之，（李）泌曰：'此皆从来宰相之过，岂有外国朝贡使者留京师数十年不听归乎！今当假道于回纥，或自海道各遣归国。有不愿归，当于鸿胪自陈，授以职位，给俸禄为唐臣，岂可终身客死邪！'于是胡客无一人愿归者"。③ 此种胡汉杂居融合与汉代的长安城中仅留一条街道供城外使人居住相比，唐代长安的中外文化融合的程度不言而喻。繁多的外族之人往来于长安，不仅带来了新奇的域外文化，同时，亦将唐代长安文化传播至海外。长安城中，襟袖窄小的胡服、回雪飘飘的胡旋舞、铿锵有力的十部乐、笑颜如花的胡姬、惊世骇俗的泼寒胡戏，等等，成为唐代长安文化中的一大胜景。

三 多元性

多元性的特征不仅仅指长安文化在历代不同历史阶段呈现出不同的特征，而且也指在特定的历史时期，长安文化在经济、政治、道德、宗教、艺术等方面呈现出不同的特征。余英时在《士与中国文化》中说："与西方文化相比较，中国文化几乎在每一方面都表现出它的独特形态。因此观察者从任何角度着眼，都可以捕捉到这种独特形态的一个面相。"④

---

① 任继愈：《中国哲学发展史·隋唐卷·绪论》，人民出版社1994年版，第18页。
② 司马光：《资治通鉴》卷一九八，中华书局1956年版，第6274页。
③ 司马光：《资治通鉴》卷二三二，中华书局1956年版，第7493页。
④ 余英时：《士与中国文化——士在中国文化史上的地位》，上海人民出版社2003年版，引言，第1页。

这不仅是中国文化的特征，也是唐代长安文化的特征，同时也是现在学界在解读长安文化时"一人一义，十人十义"的原因所在。

唐代长安寺庙中佛像雕塑从北朝的秀骨清相变为唐代的亲切慈祥，寺中维摩诘壁画也从六朝的清瘦的容颜变为健壮的老头，带有青春热力的李白诗歌，痛快淋漓的张旭狂草，优雅娴静的西凉乐，即使是杜甫"朱门酒肉臭，路有冻死骨"（《自京赴奉先县咏怀五百字》）的悲叹，都代表着盛世唐代长安文化的神韵。唐代长安文化不仅具有大一统盛世的特征，在其微观领域同样是异彩纷呈。表现在文学上，即是名家流派众多，风格各异，手法多变，意境圆融。

综上所言，唐代社会的盛世开放和自周代以来积淀的精神底蕴不仅形成了唐代长安文化的独特特征，更是造就了唐代长安文化非凡的精神特质：浪漫精神、世俗精神、执著精神。

第一章

唐诗与长安文化

长安作为唐代的国都,是全国政治文化中心,唐代文人云集于此。唐代科举制度的实行,更是极大地刺激了文人对长安的向往。韩愈在《论今年权停选举状》中指出,当时在长安参加考试的人数在五千至七千之间。不仅应考士子,而且还有全国优秀的艺术家,他们或求仕,或为官,或游历,都在长安有过短暂的停留,甚至长期居住。"如画家阎立本和李思训,曾分别住在延寿坊和通义坊,白居易先后在新昌、宣平、昭国、常乐、永崇等坊居住。……杜甫家住在城南少陵原下,陈子昂住在宣阳坊,柳宗元住在亲仁坊,杜牧住在安仁坊,书法家褚遂良和欧阳询分别住在平康坊和敦化坊,医学家孙思邈住在光德坊。诗人贾岛、韩愈、刘禹锡,曾分别住在延寿、靖安、光福各坊。"[①]

唐代长安多诗人,前代遗留的丰富的诗歌创作经验和以诗赋为主要内容的科举考试,刺激了诗人的创作热情,也促使了唐代诗歌的繁荣。他们相互交游,切磋诗艺,不仅在长安留下大量的诗作,而且多以长安作为抒写的对象,长安的"每一地区,每一名胜,每一古迹,每一节日,每一习俗,每一政治问题,每一历史事件,每一社会现象,甚至一花一木,都同时、先后有多人歌咏"。[②]

马凌诺斯基在《文化论》中认为文化可分为三个层面:物质文化、精神文化、制度文化。以此为依据,长安文化的物质层面包括山川景观、

[①] 武伯伦、武复兴:《西安史话》,陕西人民出版社1981年版,第133页。
[②] 霍松林:《历代咏陕诗述评》,李炳武、刘锋焘主编《长安学丛书·文学卷》,陕西师范大学出版社、三秦出版社2009年版,第6页。

宫廷建筑等，精神层面包括人文景观、艺术、文学风气等，制度层面包括节日、科举等，皆与唐诗的形成息息相关。以下分别从长安文化对唐诗的题材、主题、风格三方面的影响进行论述。

第一节 长安文化与唐诗的取材

一 唐诗中的长安景观

唐代的长安城是在隋代大兴城的基础上有所扩建而成，"其地在汉故城之东南，属杜县，周之京兆郡万年县界，南值终南山子午谷，北据渭水，东临灞浐，北枕龙首原"。[①] 长安所处之地不仅拥有秀美的终南山、险峻的华山、绵延的秦岭，更有纵横交错的长安八水：渭、泾、沣、涝、潏、滈、浐、灞。长安的山清水秀不仅滋养了长安人民，更是孕育出臻至化境的田园诗。同时，南北习俗的交融，中外文化的碰撞，唐代文人的云集，使都城长安又产生了许多为人熟知的人文景观，如曲江、雁塔、杏园，等等。这些自然景观和人文景观成为唐诗中为人熟知的题材。

唐诗对长安整体风貌的展现是多角度、多侧面的。远眺长安，"皇居帝里崤函谷，鹑野龙山侯甸服。五纬连影集星躔，八水分流横地轴"[②]；雨中望长安，"云里帝城双凤阙，雨中春树万人家"[③]；俯瞰长安，"泾灞徒络绎，漆沮虚会同。东流滔滔去，沃野飞秋蓬"[④]。春天的长安，"天街小雨润如酥，草色遥看近却无"[⑤]，"花明夹城道，柳暗曲江头"[⑥]；秋季的长安，"云雾凄凉拂曙流，汉家宫阙动高秋。残星几点雁横塞，长笛一

---

① 骆天骧：《类编长安志》，三秦出版社2006年版，第41页。
② 骆宾王：《帝京篇》，彭定求编《全唐诗》卷七七，中华书局1999年版，第834页。以下凡引此书仅标明书名、卷次、页数。
③ 王维：《奉和圣制从蓬莱向兴庆阁道中留春雨中春望之作应制》，《全唐诗》卷一二八，第1295页。
④ 吕温：《登少陵原望秦中诸川太原王至德妙用有水术因用有感》，《全唐诗》卷三七一，第4178页。
⑤ 韩愈：《早春呈水部张十八员外二首》，《全唐诗》卷三四四，第3872页。
⑥ 沈亚之：《春色满皇州》，《全唐诗》卷四九三，第5621页。

声人倚楼"①;雪景中的长安,"乐游春苑望鹅毛,宫殿如星树似毫。漫漫一川横渭水,太阳初出五陵高"②。随着空间的转换、时间的推移,长安在唐诗中呈现出不同的面貌。唐代诗人以整个心灵去感受长安景物,营造的诗境不仅具有雄壮的帝京气象,亦给人一种灵透而愉悦的美感。

同时,唐代诗人对终南山、华山、秦岭情有独钟,写出了大量以此为吟咏对象的诗作。在长安山水题材中,由于终南山诗歌占据首位。由于终南山秀美的景色以及与长安相对的空间位置,唐代诗人赋予此山特殊的情感。因下节有论述,此不重复。秦岭、华山也多进入诗人的视野。司空曙登秦岭,抒发思乡之情:"南登秦岭头,回首始堪忧。汉阙青门远,商山蓝水流。三湘迁客去,九陌故人游。从此思乡泪,双垂不复收。"③ 孟贯过秦岭,为其高峻而感叹:"古今传此岭,高下势峥嵘。安得青山路,化为平地行。苍苍留虎迹,碧树障溪声。欲过一回首,踟蹰无限情。"④ 雨中的秦岭,自有一番景象,钱起曰:"屏翳忽腾气,浮阳惨无晖。千峰挂飞雨,百尺摇翠微。震电闪云径,奔流翻石矶。倚岩假松盖,临水羡荷衣。"⑤ 被誉为西岳的华山,其特点即在于奇崛、险峻,孟郊言其有灵秀之气:"华岳独灵异,草木恒新鲜。山尽五色石,水无一色泉。"⑥ 张乔夸其有压倒众山之势:"青苍河一隅,气状杳难图。卓杰三峰出,高奇四岳无。力疑擎上界,势独压中区。"⑦

长安的人文景观很多,大雁塔、曲江池、杏园、芙蓉园、灞桥、樊川、潏水、韦曲、杜曲,等等,都是长安的名胜所在,每至节日更是游人云集,而长安文人活动给这些景观增加了人文特征,其中雁塔、杏园、曲江池尤其为人关注。

大雁塔。骆天骧《类编长安志》记载:"《唐会要》:'雁塔,乃慈恩

---

① 赵嘏:《长安晚秋》,《全唐诗》卷五四九,第6399页。
② 司空曙:《雪二首》其一,《全唐诗》卷二九三,第3333页。
③ 司空曙:《登秦岭》,《全唐诗》卷二九三,第3332页。
④ 孟贯:《过秦岭》,《全唐诗》卷七五六,第8709页。
⑤ 钱起:《登秦岭半岩遇雨》,《全唐诗》卷二三六,第2607页。
⑥ 孟郊:《游华山云台观》,《全唐诗》卷三七五,第4225页。
⑦ 张乔:《华山》,《全唐诗》卷六三九,第7373页。

寺西浮图院也，沙门玄奘先起五层，永徽中，天后与王公舍钱，重加营造至七层，四周有缠腰。'唐新进士同榜，题名于塔上，有行次之列。唐韦、杜、裴、柳之家，兄弟同登，亦有雁行之列。故名雁塔。"① 长安城中多佛寺，大雁塔是其中之冠，自然此地游览名动一时。唐景龙二年（708），崇佛的唐中宗开始了大量的游宴活动，九月九日，大学士李峤、宗楚客、赵彦昭、韦嗣立，学士李适、刘宪、崔湜、郑愔、卢藏用、李乂、岑羲、刘子玄，直学士薛稷、马怀素、宋之问、武平一、杜审言、沈佺期、阎朝隐等，随从中宗游览大雁塔，以"奉和九月九日登慈恩寺浮图应制"为题，写下大量的雁塔诗。这些应制诗总的创作水平虽不是上乘之作，但也不乏精巧之句，如"凤刹侵云半，虹旌倚日边"②，"城端刹柱见，云表露盘新"③。贾晋华对景龙间的宫廷诗有过评论，说："总的看来，景龙宫廷诗人的作品巧联多而完篇少。在他们众多的律诗中，首联和尾联由于需要叙述游宴场合、应制缘由及感恩之情，时常显得平板乏味，重复雷同，但中间二联却往往音调谐美，意象新巧，对偶精工，句法复杂，耐人寻味。"④ 这一组雁塔诗显示出唐长安的盛世与和平，同时也代表了唐代宫廷诗人在诗歌形式方面做出的贡献。天宝十一载（752），杜甫、储光羲、岑参、高适、薛据同游大雁塔，写下著名的一组《同诸公登慈恩寺塔》诗，其中杜诗雄视千古，悲壮峥嵘，预示战乱将至，"秦山忽破碎，泾渭不可求"之句更是写出了安史之乱即将爆发前的忧患心理。其后，欧阳詹《早秋登慈恩寺塔》中"因高欲有赋，远意惨生悲"⑤，表现的则是安史之乱中的满目疮痍。唐末战乱频仍，杨玢登塔，感到"莫上慈恩最高处，不堪看又不堪听"。⑥ 由上可见，唐代雁塔诗，不仅抒发游览之情，展现佛教义理，而且和社会兴衰息息相关。

杏园。骆天骧《类编长安志》记载："《谭实录》：'杏园，与慈恩寺

---

① 骆天骧：《类编长安志》，三秦出版社2006年版，第279页。
② 宋之问：《奉和九月九日登慈恩寺浮图应制》，《全唐诗》卷五二，第631页。
③ 刘宪：《阆九月九日幸总持寺登浮图应制》，《全唐诗》卷七一，第780页。
④ 贾晋华：《唐代集会总集与诗人群研究》，北京大学出版社2001年版，第72页。
⑤ 欧阳詹：《早秋登慈恩寺塔》，《全唐诗》卷三四九，第3917页。
⑥ 杨玢：《登慈恩寺塔》，《全唐诗》卷七六〇，第8722页。

南北直焉,唐新进士放榜,锡(赐)宴于此。唐人尤贵进士第,开元、天宝为盛,新进士以泥金帖子附家书中为报喜信,乡曲亲戚以声乐相庆。大中元年正月,放进士榜,依旧宴杏园。'"① 刘禹锡诗曰:"礼闱新榜动长安,九陌人人走马看。一日声名遍天下,满城桃李属春官。"② 皮日休登第后,参加杏园之宴,有诗曰:"雨洗清明万象鲜,满城车马簇红筵。恩荣虽得陪高会,科禁惟忧犯列仙。当醉不知开火日,正贫那似看花年。纵来恐被青娥笑,未纳春风一宴钱。"③ 这些诗歌表现了士子登第后的荣耀。而同写杏园之宴的曹邺的《杏园即席上同年》更多抒发的是考进士的艰难酸辛。

    岐路不在天,十年行不至。一旦公道开,青云在平地。枕上数声鼓,衡门已如市。白日探得珠,不待骊龙睡。匆匆出九衢,僮仆颜色异。故衣未及换,尚有去年泪。晴阳照花影,落絮浮野翠。对酒时忽惊,犹疑梦中事。自怜孤飞鸟,得接鸾凤翅。永怀共济心,莫起胡越意。④

诗中"衡门已如市"的喧闹与"尚有去年泪"的故衣形成强烈的对比,考中前"十年行不至",如今青云直上,面对艰难后的成功,"对酒时忽惊,犹疑梦中事",形象真切地表达出考中进士的不易以及考中之后恍在梦中的心理。杏园诗多展现的是唐代长安士子与科举考试的相关生活,考进士的荣辱都在诗歌中都有所寄托,同时,也说明了唐代诗人与政治的紧密相连。

  曲江池。骆天骧《类编长安志》记载:"《剧谈录》:'曲江,本秦隑州。其地屈曲,唐开元中,疏凿为池,引黄渠水灌为曲江。池岸有紫云

---

① 骆天骧:《类编长安志》,三秦出版社2006年版,第279页。
② 刘禹锡:《宣上人远寄和礼部王侍郎放榜后诗因而继和》,《全唐诗》卷三五九,第4058页。
③ 皮日休:《登第后寒食杏园有宴,因寄录事宋垂文同年》,《全唐诗》卷六一三,第7118—7119页。
④ 曹邺:《杏园即席上同年》,《全唐诗》卷五九二,第6920页。

楼、綵霞亭,竹木花卉环绕,都人泛舟游赏,盛于上巳、中和。'"① 曲江,作为唐代最为繁盛的游览胜地,成为唐代诗人争相表现的对象。曲江诗概括的范围较为广泛,从纯描写景物,到借景抒情,极大程度地表现了长安诗人的情感生活。下有论述,此不赘述。

从幽静的"人闲桂花落,夜静春山空"②的长安山间,到喧闹的"翠黛红妆画舸中,共惊云色带微风"③的曲江池畔,从"百千家似围棋局,十二街如种菜畦"④的长安街道,到"青青一树伤心色,曾入几人离恨中"⑤的青门灞桥,长安景观尽入唐诗。

二 唐诗中的长安艺术

音乐、舞蹈、书法、绘画、雕塑等艺术发展至唐代,极为繁荣,特别是开元天宝年间,是唐代艺术发展的巅峰期。唐代艺术家众多,就音乐而言,即使在国势衰微的大中年间,仍有"太常乐工五千余人,俗乐一千五百余人"。⑥长安地区是艺术家的集中地,据费省《唐代艺术家籍贯的地理分布》考证,"艺术家的分布是不均匀的。从全国看来,关内道最多,其次是河南、江南、河北及河东道,另外几道的人数则很少"。⑦以天宝年间的关中地区为例,长安及其附近是艺术家分布的中心,"关中各府、州天宝年间(742—756)共有41县,只有15县有艺术家,其中长安、万年两县(含隶籍京兆府者)就有97人,占整个关内道人数的7/10,特别集中"。⑧即使不是隶籍长安地区的艺术家也多游历长安,并留下大量的艺术作品。以下就书画、乐舞方面,分析唐诗中的长安艺术题材诗歌。

---

① 骆天骧:《类编长安志》,三秦出版社2006年版,第278页。
② 王维:《鸟鸣涧》,《全唐诗》卷一二八,第1301页。
③ 卢纶:《曲江春望》,《全唐诗》卷二七九,第3166页。
④ 白居易:《登观音台望城》,《全唐诗》卷四四八,第5064页。
⑤ 白居易:《青门柳》,《全唐诗》卷四四二,第4965页。
⑥ 欧阳修等:《新唐书》卷二二,中华书局1999年版,第316页。
⑦ 费省:《唐代艺术家籍贯的地理分布》,《唐诗论丛》第4期,三秦出版社1988年版,第114页。
⑧ 同上书,第117页。

（一）唐诗中的长安书法和绘画

唐初书法四大家欧阳询、虞世南、褚遂良、薛稷，前三人在唐太宗时分别在长安任职给事中、弘文馆学士、散骑常侍，薛稷在武后时任中书舍人，睿宗时累迁太子少保，此四人基本是长期居住长安。欧阳询"八体尽能，笔力劲险，篆体尤精"①，堪称全能。薛稷，诗、书、画兼善，尤善画鹤。

草书名家张旭在京任职左率府长史之前，亦在长安与多人交游，史书中记载其目睹公主与担夫争道，受到启发，书法功力大增。蔡希综《法书论》云："迩来率府长史张旭，卓然孤立，声被寰中，意象之奇，不能不全其古制。就王之内弥更减省，或有百字五十字，字所未形，雄逸气象，是为天纵。"②皎然作《张伯英草书歌》，曰：

> 伯英死后生伯高，朝看手把山中毫。先贤草律我草狂，风云阵发愁钟王。须臾变态皆自我，象形类物无不可。阆风游云千万朵，惊龙蹴踏飞欲堕。更睹邓林花落朝，狂风乱搅何飘飘。有时凝然笔空握，情在寥天独飞鹤。有时取势气更高，忆在春江千里涛。张生草绝难再遇，草罢临风展轻素。阴惨阳舒如有道，鬼状魑容若可惧。黄公酒垆兴偏入，阮籍不嗔嵇亦顾。长安酒榜醉后书，此日骋君千里步。③

诗中赞颂张旭草书的狂逸，其书如"惊龙蹴踏""狂风乱搅"，忽"阴惨阳舒如有道"，忽"鬼状魑容若可惧"，变化万端，只有"以头濡墨"的张旭才能有此癫狂之作，张旭狂草正代表着唐代的盛世气象。

另一草书名家怀素，自幼出家，有"狂僧"之称。怀素二十多岁即游历访学，入长安后，名动京师。任华《怀素上人草书歌》曰：

---

① 张怀瓘：《书断》卷中，《四库全书》本。
② 朱关田：《中国书法史·隋唐五代卷》，江苏教育出版社1999年版，第111页。
③ 皎然：《张伯英草书歌》，《全唐诗》卷八二一，第9340页。

狂僧前日动京华，朝骑王公大人马，暮宿王公大人家。谁不造素屏？谁不涂粉壁？粉壁摇晴光，素屏凝晓霜，待君挥洒兮不可弥忘。骏马迎来坐堂中，金盆盛酒竹叶香。十杯五杯不解意，百杯已后始颠狂。一颠一狂多意气，大叫一声起攘臂。挥毫倏忽千万字，有时一字两字长丈二。翕若长鲸泼刺动海岛，欻若长蛇戎律透深草。回环缭绕相拘连，千变万化在眼前。飘风骤雨相击射，速禄飒拉动檐隙。掷华山巨石以为点，掣衡山阵云以为画。……狂僧狂僧，尔虽有绝艺，犹当假良媒。不因礼部张公将尔来，如何得声名一旦喧九垓。①

因为怀素交游时贤众多，故在唐诗中咏怀素草书诗歌众多，有李白《草书歌行》、鲁收《怀素上人草书歌》、许瑶《题怀素上人草书》等几十首。

唐代诗人，多属于诗、书、画兼通之人，书法造诣很深，此中体会看法自然形诸诗中。李白赞李阳冰篆书"落笔洒篆文，崩云使人惊"。②长安的书法家多，画家更多，张彦远《历代名画记》记载唐初至会昌年间的画家共有207人。其中吴道子尤擅长佛教绘画，曹霸、韩干善画马，周昉善人物仕女，李思训、王维善山水。

顾云《苏君厅观韩干马障歌》曰：

屹然六幅古屏上，欻见胡人牵入天厩之神龙。麟鬐凤臆真相似，秋竹惨惨披两耳。轻匀杏蕊糁皮毛，细捻银丝插鬃尾。思量动步应千里，谁见初离渥洼水？眼前只欠燕雪飞，蹄下如闻朔风起。③

此诗以横绝之笔，把画中之马刻画得筋脉灵动，神骏雄健，充分展现画家的高超的画艺。王维是诗画兼善之人，被誉为"诗中有画，画中有

---

① 任华：《怀素上人草书歌》，《全唐诗》卷二六一，第2897页。
② 李白：《献从叔当涂宰阳冰》，王琦注《李太白全集》，中华书局1977年版，第641页。
③ 顾云：《苏君厅观韩干马障歌》，《全唐诗》卷六三七，第7354页。

诗"，山水之景再现于王维诗中画中，皎然有《观王右丞维沧洲图歌》：

> 沧洲误是真，萋萋忽盈视。便有春渚情，褰裳掇芳芷。飒然风至草不动，始悟丹青得如此。丹青变化不可寻，翻空作有移人心。犹言雨色斜拂座，乍似水凉来入襟。沧洲说近三湘口，谁知卷得在君手。披图拥褐临水时，儵然不异沧洲叟。①

通篇强调画中沧洲山水之"真"，画图之逼真以"飒然风至草不动"和"乍似水凉来入襟"来形容，甚至有"翻空作有移人心"的作用。

唐代壁画盛极一时，寺院、庭壁、中堂、宫殿之上绘之彩画，成为风尚。长安佛教极盛，佛院寺庙的壁画更是成为长安绘画的一大特色。段成式在《酉阳杂俎》中《寺塔记》一节记载了长安佛寺壁画之盛，《南部新书》亦称"西明、慈恩多名画，慈恩塔前壁有湿耳师子跌心花，时所重也"。② 吴道子、韩干、王维、周昉等众多画家在长安佛寺中都留有画作。佛寺是中外文化、雅俗文化、宗教与世俗文化融通交流的场所，因而成为文人游览胜地，甚至有人专为欣赏壁画而来，同时，佛寺壁画也较多进入唐代诗人的视野。温庭筠《题西明寺僧院》云："曾识匡山远法师，低松片石对前墀。为寻名画来过院，因访闲人得看棋。"③ 崔国辅《宿法华寺》曰："壁画感灵迹，龛经传异香。"④

诗人相邀登寺游览，留下大量的诗作。段成式、张希复、郑符一行游长安诸寺写下了一组柏梁体诗歌《游长安诸寺联句》，其中两首是壁画题材。《崇仁坊资圣寺·诸画联句》所咏是资圣寺中诸画，曰：

> 吴生画勇矛戟攒（成式），出变奇势千万端（希复）。苍苍鬼怪层壁宽（符），睹之忽忽毛发寒（成式）。棱伽之力所疲殚（成式），李真周昉优劣难（符）。活禽生卉推边鸾（成式），花房嫩彩犹未干

---

① 皎然：《观王右丞维沧洲图歌》，《全唐诗》卷八二一，第9346页。
② 钱易：《南部新书·壬》，中华书局2002年版，第154页。
③ 温庭筠：《题西明寺僧院》，《全唐诗》卷五七八，第6773页。
④ 崔国辅：《宿法华寺》，《全唐诗》卷一一九，第1199页。

（希复）。韩干变态如激湍（符），惜哉壁画世未殚（成式）。后人新画何汗漫（希复）。①

从诗中可见，资圣寺中作画之人众多，其中提到有吴道子、李真、周昉、韩干，内容丰富，有鬼怪、神佛、禽鸟、花卉，形象逼真、变化多端，是其共同的特征。在佛寺壁画创作中，吴道子是领军人物。《唐朝名画录》所云："凡画人物、佛像、神鬼、禽兽、山水、台殿、草木皆冠绝于世，国朝第一。"②《唐朝名画录》记载吴道子事迹："《两京耆旧传》云：'寺观之中图画墙壁凡三百余间，变相人物，奇踪异状，无有同者。上都唐兴寺御注金刚经院妙迹为多，兼自题经。慈恩寺塔前《文殊》、《普贤》，西面庑下《降魔》、《盘龙》等壁及诸道寺院，不可胜纪，皆妙绝一时。'"③段成式、张希复、郑符、升上人所作《常乐坊赵景公寺·吴画联句》，表现的就是"吴带当风"的绝妙。

惨澹十堵内，吴生纵狂迹。风云将逼人，神鬼如脱壁。成式其中龙最怪，张甲方汗栗。黑云夜窸窣，焉知不霹雳。希复此际忽仙子，猎猎衣舄奕。妙瞚乍疑生，参差夺人魄。符往乘猛虎，冲梁耸奇石。苍峭束高泉，角膝惊敧侧。成式冥狱不可视，毛戴腋流液。苟能水成河，刹那沈火宅。（升上人）④

吴道子生活在开元、天宝盛世，浪漫时代造就了他的纵横天才，佛教中超出世俗的神佛鬼怪形象，给予他最大的自由创作空间。赵景公寺中吴绘壁画，神鬼欲脱壁而出，神龙欲张甲而飞，"笔力劲怒，变

---

① 段成式等：《游长安诸寺联句·崇仁坊资圣寺·诸画联句》，《全唐诗》卷七九二，第9016页。
② 朱景玄撰，温肇桐注：《唐朝名画录》，四川美术出版社1985年版，第3页。
③ 张彦远：《历代名画记》，江苏美术出版社、凤凰出版传媒集团2007年版，第224页。
④ 段成式等：《游长安诸寺联句·常乐坊赵景公寺·吴画联句》，《全唐诗》卷七九二，第9010—9011页。

状阴怪,睹之不觉毛戴,吴画中得意处"。① 而所绘执炉天女,却是"窈眸欲语"。② 虽然绘之佛寺的壁画最主要的目的并不在纯粹的观赏,而是教化众生,但在唐代诗人笔下则更重在高超的绘画艺术。

(二) 唐诗中的长安乐舞

唐代是乐舞极度繁盛的时代,唐代帝王的提倡和身体力行,促进了乐舞的繁荣。外族音乐的大量传入,使其焕发出新的光彩。长安作为一国最为繁华之处,是具有娱乐作用的乐舞滋生的最佳温床,是唐代乐舞的发源地和集中地。其中宫廷乐舞占有重要的地位,起到引导潮流风尚的作用。崔令钦《教坊记》记载:"西京右教坊在光宅坊,左教坊在延政坊,右多善歌,左多工舞,盖相因成习。"③ 由于乐人出宫表演以及战乱等各种原因,具有较高水平的宫廷乐舞传播至民间。处于长安的诗人交游唱和,游赏宴乐,有机会接触各种乐舞表演,不仅所作诗歌多作为乐工演唱的曲词,而且亦诞生大量专门以乐舞为写作对象的诗歌。

琵琶曲在唐诗中出现的频率较高。白居易的《琵琶行》即是一首描写音乐的名篇,诗中表现了一位漂流江州的长安歌伎高超的琵琶演奏艺术。

> 轻拢慢捻抹复挑,初为霓裳后六幺。大弦嘈嘈如急雨,小弦切切如私语。嘈嘈切切错杂弹,大珠小珠落玉盘。间关莺语花底滑,幽咽泉流冰下难。冰泉冷涩弦凝绝,凝绝不通声暂歇。别有幽愁暗恨生,此时无声胜有声。银瓶乍破水浆迸,铁骑突出刀枪鸣。曲终收拨当心画,四弦一声如裂帛。东船西舫悄无言,唯见江心秋月白。④

---

① 段成式:《酉阳杂俎》续集卷五《寺塔记上》,《唐五代笔记小说大观》,上海古籍出版社2000年版,第754页。
② 同上。
③ 崔令钦:《教坊记》,《唐五代笔记小说大观》,上海古籍出版社2000年版,第123页。
④ 白居易:《琵琶行》,《全唐诗》卷四三五,第4831页。

此段写琵琶音乐，曲尽其妙，用连续的比喻形容乐曲的曲折婉转，凄凉激昂。"唯见江心秋月白"更见琵琶乐曲的余韵悠长。白居易《听曹刚琵琶兼示重莲》、韩愈《听颖师弹琴》、牛殳《琵琶行》、李群玉《王内人琵琶引》等，皆是唐诗中摹写音乐的优秀之作。

卢纶形容姚美人弹筝"忽然高张应繁节，玉指回旋若飞雪"①；李贺赞扬李凭演奏箜篌，"昆山玉碎凤凰叫，芙蓉泣露香兰笑"，"女娲炼石补天处，石破天惊逗秋雨"②；李颀听安万善吹觱篥，是"龙吟虎啸一时发，万籁百泉相与秋。忽然更作渔阳掺，黄云萧条白日暗。变调如闻杨柳春，上林繁花照眼新"③。唐诗中摹写音乐的作品为数众多，运用通感，把音乐艺术转化为诗歌艺术。白居易的《琵琶行》、韩愈《听颖诗弹琴》、李贺《李凭箜篌引》是唐诗中较为优秀的摹写音乐的诗歌。

乐舞相连，音乐普遍，舞蹈亦随之发达。唐代不仅有《秦王破阵乐》《圣寿乐舞》《狮子舞》等大型的乐舞，亦有风格各异的独舞。唐段安节在《乐府杂录》中指出唐代的舞蹈有健舞、软舞、字舞、花舞、马舞之分。其中健舞有《稜大》《阿连》《柘枝》《剑器》《胡旋》《胡腾》，软舞曲有《凉州》《绿腰》《苏和香》《屈柘》《团圆旋》《甘州》等。

首先，唐诗中有对大型舞蹈的记述，如《秦王破阵乐》《圣寿乐舞》。《秦王破阵乐》是一首表现李世民战功的舞蹈，参演人员有120人之多，他们身披铠甲，手执长矛，变换队形做出各种击刺的舞蹈动作。乐曲声韵慷慨，观之使人扼腕踊跃，凛然震竦。元稹《和李校书新题乐府十二首·立部伎》中的"太宗庙乐传子孙，取类群凶阵初破。戢戢攒枪霜雪耀，腾腾击鼓风雷磨"④，即是对这一舞蹈的传神描绘。《圣寿乐舞》诞生于武后时期，属于字舞，参加人数百余人，皆着五色衣歌舞之。《旧唐书·音乐志》记载："若《圣寿乐》，则回身换衣，作字如画。"⑤ 身着斑斓舞衣的舞者，随着队形的变化，相继组成"圣超千古，道泰百王，

---

① 卢纶：《宴席赋得姚美人拍筝歌》，《全唐诗》卷二七七，第3145页。
② 李贺：《李凭箜篌引》，《全唐诗》卷三九〇，第4405页。
③ 李颀：《听安万善吹觱篥歌》，《全唐诗》卷一三三，第1354页。
④ 元稹：《立部伎》，《全唐诗》卷四一九，第4629页。
⑤ 刘昫：《旧唐书》卷二八，中华书局1975年版，第1051页。

皇帝万岁，宝祚弥昌"十六字。另外，还能组成"太平万岁"等表示吉祥、祝贺的字样。王建《宫词》中的"罗衫叶叶绣重重，金凤银鹅各一丛。每遇舞头分两向，太平万岁字当中"①，即是针对圣寿乐舞而发。

其次是唐诗中的独舞，如《霓裳羽衣舞》和《剑器舞》。

《霓裳羽衣舞》相传是河西节度使杨敬述将印度传来的《婆罗门曲》带到长安而成，而且还出现了玄宗编舞的美好传说。史书记载杨贵妃善舞《霓裳羽衣舞》，玄宗观之，大为赞赏。唐代诗人展现此舞蹈的优美，"虹裳霞帔步摇冠，钿璎累累佩珊珊。娉婷似不任罗绮，顾听乐悬行复止。磬箫筝笛递相搀，击擪弹吹声逦迤。散序六奏未动衣，阳台宿云慵不飞。中序擘騞初入拍，秋竹竿裂春冰拆。飘然转旋回雪轻，嫣然纵送游龙惊。小垂手后柳无力，斜曳裾时云欲生。烟蛾敛略不胜态，风袖低昂如有情"②，对此乐舞的描绘形神兼备。同时，唐代诗人亦借霓裳羽衣舞对玄宗沉溺声色进行批判，"玉树长飘云外曲，霓裳闲舞月中歌。只今惟有温泉水，呜咽声中感慨多"③，"霓裳一曲千门锁，白尽梨园弟子头"④。

《剑器舞》属于健舞，女子多着戎装，手持宝剑而舞。杜甫曰："昔者吴人张旭，善草书书帖，数尝于邺县见公孙大娘舞西河剑器，自此草书长进。豪荡感激，即公孙可知矣。"（《观公孙大娘弟子舞剑器行》序）⑤从中可见此舞劲健之风。而姚合的《剑器行三首》则表现的是剑器舞的另一种表演方式："昼渡黄河水，将军险用师。雪光偏著甲，风力不禁旗。阵变龙蛇活，军雄鼓角知。今朝重起舞，记得战酣时。"⑥描绘的是舞者持武器、旗帜、火炬，配合着鼓角与吼声，表现战阵杀敌的场景。

---

① 王建：《宫词一百首》其一，《全唐诗》卷三〇三，第3437页。
② 白居易：《霓裳羽衣舞歌》，《全唐诗》卷四四四，第4991页。
③ 张继：《华清宫》，《全唐诗》卷二四二，第2715页。
④ 赵嘏：《冷日过骊山》，《全唐诗》卷五五〇，第6423页。
⑤ 仇兆鳌：《杜诗详注》卷二〇，中华书局1979年版，第1815页。
⑥ 姚合：《剑器词三首》其二，《全唐诗》卷五〇二，第5751页。

从"抽弦促柱听秦筝,无限秦人悲怨声"①的古筝声,到"弦鼓一声双袖举,回雪飘飖转蓬舞"②的胡旋舞,唐代诗人把长安的乐舞灵魂带到了诗中。以上论述只是唐诗中表现长安乐舞的一部分,管中窥豹,亦可见出长安乐舞成为唐诗题材中一个重要类别。

三 唐诗中的长安生活

唐诗中言及长安生活的对象较为广泛,上至帝王将相,下至平民百姓,皆有记述,涉及内容既有日常生活,亦有节日庆典。总之,大至百官的元日朝贺,小到平民的悠闲品茗,唐诗再现了长安人生活百相。其中一种群体——士子的生活与唐诗的关系较之其他人,更能说明唐诗与长安生活之间关系的密切,傅璇琮《唐代科举与文学》一书中论述尤为详尽。下面以长安士子为例,分为若干方面,考察唐诗中长安生活题材。

其一,科考的失意与得意。唐代科举制度的实行,给予了广大士子实现个人价值的机会,"三百年来,科第之设,草泽望之起家,簪绂望之继世。孤寒失之,其族馁矣;世禄失去,其族绝矣"③,可见科举的重要性。故唐代士子云集长安参加科举考试,几乎是每个人必有的经历。唐代科举名目繁多,进士第尤为人所重。但每年进士录取不过二三十人而已,较之参加人数的两千至七千,更多的士子备尝落第的痛苦。唐诗中标题含有"落第"或"下第"的就有二百多首,其中孟郊的落第诗可作为代表,《下第东归留别长安知己》曰:"共照日月影,独为愁思人。岂知鹓鹭鸣,瑶草不得春。"④ 表现了落第的痛苦,而屡试不第,给他造成的打击更大。正如葛立方在《韵语阳秋》中所言:"孟郊《落第诗》曰:'弃置复弃置,情如刀刃伤。'《再下第诗》曰:'一夕九起嗟,梦短不到家。'《下第东南行》曰:'江蓠伴我泣,海月投人惊。'愁有余矣。"⑤ 萦

---

① 柳中庸:《听筝》,《全唐诗》卷二五七,第 2869 页。
② 白居易:《胡旋女》,《全唐诗》卷四二六,第 4704—4705 页。
③ 王定保:《唐摭言》卷九,《唐五代笔记小说大观》,上海古籍出版社 2000 年版,第 1654 页。
④ 孟郊:《下第东归留别长安知己》,《全唐诗》卷三七四,第 4217 页。
⑤ 葛立方:《韵语阳秋》卷一八,上海古籍出版社 1984 年版,第 244 页。

毋潜落第还乡，王维赠诗"圣代无隐者，英灵尽来归。遂令东山客，不得顾采薇"①；钱起落第，自言"花繁柳暗九门深，对饮悲歌泪满襟"②；曹邺下第，心情是"忧人此时心，冷若松上雪"③。当然，科考登第者的诗作中则另是一番景象。孟郊年近五十终得一第，作《登科后》曰："昔日龌龊不足夸，今朝放荡思无涯。春风得意马蹄疾，一日看尽长安花。"④岑参亦有"称意人皆羡，还家马若飞"⑤形容登第后的薛彦伟，此中可见考中后的得意与狂喜。登第后，不仅个人仕途无量，而且个人的价值得到社会的认可，郑谷有《贺进士骆用锡登第》曰："苦辛垂二纪，擢第却沾裳。春榜到春晚，一家荣一乡。题名登塔喜，醵宴为花忙。好是东归日，高槐蕊半黄。"⑥士子落第后，或长安羁旅，或黯然回乡；登科后，或留京候任，或别任它官，虽然此中经历对诗人来说是一种心灵的磨难，但却成为诗人创作的动力，促进了诗歌的创作。

其二，干谒的悲辛与生活的艰难。唐科举考试实行不糊名制，士子的名声、德行与达官名望的结交等，都是主考官录取的考虑因素，故形成了干谒之风。士子在参加考试之前，写下诗文，多结交名望之人、权贵之家。费冠卿《久居京师感怀诗》曰："茕独不为苦，求名始辛酸。上国无交亲，请谒多少难。"⑦士子旅居长安，长期不中举，生活艰难可知，孟郊在《长安羁旅行》中描绘了自己屡试不第在长安的狼狈生活："十日一理发，每梳飞旅尘。三旬九过饮，每食唯旧贫。万物皆及时，独余不觉春。失名谁肯访，得意争相亲。"⑧长安士子寄食长安，不仅要忍受生活的困苦、下第的失意，还要忍受世俗的白眼。长安士子在物质、精神两方面都受到磨练和煎熬，但这些却成为诗歌创作的动力。

---

① 王维：《送綦毋潜落第还乡》，《全唐诗》卷一二五，第1244页。
② 钱起：《长安落第》，《全唐诗》卷二三九，第2682页。
③ 曹邺：《下第寄知己》，《全唐诗》卷五九二，第6925页。
④ 孟郊：《登科后》，《全唐诗》卷三七四，第4219页。
⑤ 岑参：《送薛彦伟擢第东归》，陈铁民、侯忠义《岑参集校注》，上海古籍出版社1981年版，第34页。
⑥ 郑谷：《贺进士骆用锡登第》，《全唐诗》卷六七四，第7778页。
⑦ 费冠卿：《久居京师感怀诗》，《全唐诗》卷四九五，第5660页。
⑧ 孟郊：《长安羁旅行》，《全唐诗》卷三七二，第4192页。

其三，为官的惬意与仕途的艰难。长安，既是地狱，又是天堂。唐诗中一面充满落第士子不如意的哀叹，一面又萦绕着为官者的荣宠与惬意。长安之官谓之京官，不仅有作为近臣的荣宠，而且亦有身居高位的众星捧月之感。这些反映在唐诗中，以宫廷诗和为官者上下朝之作为代表。大量应制诗的诞生，虽然质量不是上乘，但为长安的歌舞升平起到润饰之功，而早朝诗和退朝诗，相对来说，包含有更多的个人真实情感。贾至的《早朝大明宫呈两省僚友》是其中较为突出者。肃宗时，贾至为中书舍人，官居高位，早朝写下此诗："银烛熏天紫陌长，禁城春色晓苍苍。千条弱柳垂青琐，百啭流莺绕建章。剑佩声随玉墀步，衣冠身惹御炉香。共沐恩波凤池上，朝朝染翰侍君王。"① 此诗一出，和者甚众，有王维、杜甫、岑参，皆是名家。《诗法家数》评之曰："荣遇之诗，要富贵尊严，典雅温厚。写意要闲雅，美丽清细，如王维、贾至诸公《早朝》之作，气格雄深，句意严整，如宫商迭奏，意韵铿锵，真麟游灵沼，凤鸣朝阳也。"② 此外，王建、许浑、戴叔伦、张籍、白居易等皆有早朝诗，从中可见为官士子的精神状态。虽然此种荣遇心态是长安为官士子的精神主流，但政治是复杂多变的，其中为官的艰难，在唐诗中也时有可见。李商隐处于牛李党争的夹缝中，与令狐绹关系复杂难名，使其用隐晦之诗慨叹自己心迹："不辞鹈鴂妒年芳，但惜流尘暗烛房。昨夜西池凉露满，桂花吹断月中香。"③ 走向仕途是长安士子所追求的目标，仕途生活是其生活重心，诗歌就成了表现此中情事的最佳方式。

唐诗中的长安题材，从长安的景观，到长安的艺术，再到长安的生活，以上所论不过是其中九牛一毛，但从中亦可窥见长安文化的各个层面皆成为唐诗的题材。下面引用骆宾王的《帝京篇》作结，以见唐诗中的长安百相：

山河千里国，城阙九重门。不睹皇居壮，安知天子尊。皇居帝

---

① 贾至：《早朝大明宫呈两省僚友》，《全唐诗》卷二三五，第2592页。
② 杨载：《诗法家数》，何文焕《历代诗话》，中华书局1981年版，第732页。
③ 李商隐：《昨夜》，《全唐诗》卷五四〇，第6251页。

里崤函谷,鹑野龙山侯甸服。五纬连影集星躔,八水分流横地轴。秦塞重关一百二,汉家离宫三十六。桂殿嶔岑对玉楼,椒房窈窕连金屋。三条九陌丽城隈,万户千门平旦开。复道斜通鸤鹊观,交衢直指凤皇台。剑履南宫入,簪缨北阙来。声名冠寰宇,文物象昭回。钩陈肃兰戺,璧沼浮槐市。铜羽应风回,金茎承露起。校文天禄阁,习战昆明水。朱邸抗平台,黄扉通戚里。平台戚里带崇墉,炊金馔玉待鸣钟。小堂绮帐三千户,大道青楼十二重。宝盖雕鞍金络马,兰窗绣柱玉盘龙。绣柱璇题粉壁映,锵金鸣玉王侯盛。王侯贵人多近臣,朝游北里暮南邻。陆贾分金将宴喜,陈遵投辖正留宾。赵李经过密,萧朱交结亲。丹凤朱城白日暮,青牛绀幰红尘度。侠客珠弹垂杨道,倡妇银钩采桑路。倡家桃李自芳菲,京华游侠盛轻肥。延年女弟双凤入,罗敷使君千骑归。同心结缕带,连理织成衣。春朝桂尊尊百味,秋夜兰灯灯九微。翠幌珠帘不独映,清歌宝瑟自相依。且论三万六千是,宁知四十九年非。古来荣利若浮云,人生倚伏信难分。始见田窦相移夺,俄闻卫霍有功勋。未厌金陵气,先开石椁文。朱门无复张公子,灞亭谁畏李将军。相顾百龄皆有待,居然万化咸应改。桂枝芳气已销亡,柏梁高宴今何在。春去春来苦自驰,争名争利徒尔为。久留郎署终难遇,空扫相门谁见知。当时一旦擅豪华,自言千载长骄奢。倏忽抟风生羽翼,须臾失浪委泥沙。黄雀徒巢桂,青门遂种瓜。黄金销铄素丝变,一贵一贱交情见。红颜宿昔白头新,脱粟布衣轻故人。故人有湮沦,新知无意气。灰死韩安国,罗伤翟廷尉。已矣哉,归去来。马卿辞蜀多文藻,扬雄仕汉乏良媒。三冬自矜诚足用,十年不调几遭回。汲黯薪逾积,孙弘阁未开。谁惜长沙傅,独负洛阳才。①

此诗是唐代长安的百相图,《而庵说唐诗》评之曰:"宾王此篇,最有体裁,节节相生,又井然不乱。首望出帝居得局;次及星躔山川、城阙离宫;次及诸侯王贵人之邸第,衣冠文物之盛、车马饮馔之乐,乃至游侠

---

① 骆宾王:《帝京篇》,《全唐诗》卷七七,第833—834页。

倡妇,描写殆尽;后半言祸福倚伏,交情变迁。总见帝京之大,无所不有,所举仕宦皆在京师者,尤见细密处。"①

四 唐诗中长安文化题材的意义

从以上论述可以看出,唐诗中长安题材诗歌为数众多,据霍松林《历代咏陕诗述评》所言唐代咏陕诗达4000多首,尽管此文中咏陕诗范围是以陕西为界,但咏陕诗的90%都是以长安及其附近地区为主。通过考察这些诗歌,发现长安题材的唐诗具有以下几个特点。

其一,长安诗歌题材的广泛。

刘文性在《唐诗题材类论》序言中写道:"唐诗之所以耀眼璀璨,就在于它题材丰富广泛。它像一幅绚丽的画卷,涵盖了社会的各个角落,影响着生活的方方面面。大凡国家的兴衰安危、历史的沧桑演变、百姓的辛劳疾苦、官场的勾心斗角、商贾的尔虞我诈、边塞的狼烟烽火、深宫的忧愁哀伤、战争的腥风血雨、沙场的刀光剑影、将军的金戈铁马、士卒的白骨弃荒、友朋的迎来送往、亲眷的悲欢离合、仕途的升降浮沉、市井的冷暖炎凉、庶民的婚丧嫁娶、僧侣的参禅修炼、山川的壮丽秀美、田畴的耕耘收获、园林的亭台楼阁、屋宇的雕梁画栋等等,无一不是唐代诗人反复吟咏的创作题材。"② 这段话也可作为长安题材诗歌的阐释,并且长安诗歌涉及的题材有其他地点所不具备之处,如皇室题材、落第题材等。总之,长安题材范围之广涉及唐代社会的各个层面。

其二,长安题材诗歌较全面地反映了唐代长安的社会状态。

唐代长安的社会状态在史书中多有记载,但正史中只有冰冷的数字和枯燥的叙述,笔记小说中的记载只是街谈巷语。而长安诗歌,不仅涉及长安的帝王、贵戚、贫民、士子、僧尼、乐人,而且包括长安的一草一木。不仅再现了当时的历史事实,而且融合了当时的人物情感,给予人的是更加直观的感受和心灵的震撼。与西汉《西京赋》《上林赋》等摹

---

① 徐增:《而庵说唐诗》,清康熙九诰堂刻本,陈伯海编《唐诗汇评》,浙江教育出版社1995年版,第150页。

② 刘洁:《唐诗题材类论》,民族出版社2005年版,序言第1页。

写汉代长安大一统气象的作品相比,唐诗中长安更是多面性的,不仅有盛世的辉煌,亦有社会阴暗面的揭露和冷静的思考。

其三,长安题材诗歌多是唐诗中的精品。

长安题材的诗歌不仅在数量上达到一定的高度,而且很多诗篇在质量上也是上乘之作。这些优秀作品不仅可以使诗人一举成名,成为个人成就的代表,而且往往也是某一流派作品中的名篇。如王维的《奉和圣制从蓬莱向兴庆阁道中留春雨中春望之作应制》被称为"字字冠冕,字字轻隽,此应制中第一乘也。真'诗天子'也,伏倒李、杜矣"[1]。赵嘏因《长安晚秋》中"残星几点雁横塞,长笛一声人倚楼"一联,杜紫薇"吟咏不已,因目为嘏赵倚楼"。[2] 韦庄有《秦妇吟》一诗,《北梦琐言》曰:"蜀相韦庄应举时,遇黄寇犯阙,著《秦妇吟》一篇,内一联云:'内库烧为锦绣灰,天街踏尽公卿骨。'尔后公卿亦多垂讶,庄乃讳之。时人号'《秦妇吟》秀才'"[3]。

由以上分析可以看出,首先,长安文化使唐诗题材得到极大的拓展和深化。长安文化的一切给予了诗人诗歌创作的灵感,以长安为抒写对象的诗歌极大地拓展了唐诗的题材。同时,长安所具有的政治文化意义使唐诗的内涵得到不断深化。其次,诗歌是表现唐代长安文化的主要文学样式。唐代是诗、文、词各体兼善的时代,盛唐时期是诗歌的巅峰期,中唐的古文运动使古文崛起,晚唐诞生的《花间集》成为词的鼻祖。但纵观唐代文学,与长安联系最为密切的是诗歌,诗歌是表现长安的主要的文学样式。洪亮吉《北江诗话》云:"有唐一代,诗文兼擅者,唯韩、柳、小杜三家。"[4] 韩愈不但是中唐韩孟诗派的主要代表诗人,同时又是古文运动的倡导者,以韩愈的创作为例,即可说明这一问题。韩集共有

---

[1] 焦袁熹辑:《此木轩五言七言律诗选读本》,《此木轩全集》本,陈伯海编《唐诗汇评》,浙江教育出版社 1995 年版,第 327 页。

[2] 王定保:《唐摭言》卷七,《唐五代笔记小说大观》,上海古籍出版社 2000 年版,第 1641 页。

[3] 孙光宪:《北梦琐言》卷六,《唐五代笔记小说大观》,上海古籍出版社 2000 年版,第 1856 页。

[4] 洪亮吉:《北江诗话》卷二,人民文学出版社 1983 年版,第 27 页。

诗316题，约360首，文323篇，其中长安题材诗歌约40余篇，文只有10篇左右。① 唐代文人较倾向于使用诗歌这一文学样式表现长安。再次，确立了"长安"一词在古代文学中作为盛世和理想的象征。如果说汉代赋体文学中的长安是作为盛世代名词的发端，那么唐诗中长安的繁盛确立了"长安"一词在古代文学中象征"盛世"的地位。另外，唐代的科举制度与汉代的察举制大不相同，前者更为无数寒门士子提供了实现个人价值的机会，相对而言，广大士子能够拥有更多的进身仕途的机会，从而长安自唐代始就更加容易作为一个实现理想的"天堂"出现在文人作品中。所以，长安在后世心目中成为盛世和理想的象征，唐诗在其中所起的作用功不可没。

第二节　长安文化与唐诗的主题

唐代诗人对长安文化进行了各个层面的展现，长安文化也成为唐代诗人丰富情感的载体。纵观长安诗歌，可发现诗人当表现某种相似的情感时总是把眼光倾注在相同的事物上，或者面对同一事物，诗人总是涌起相似的情感，由此而形成对某一事物反复的吟咏，而这一事物也成为唐人某种情感的固定承载者。这种创作倾向使唐诗中出现了不同的创作主题，也形成了固定的诗歌主题模式。每一种主题在唐代诗人的反复摹写中具有的文化意义已经远远超出其在地理上所代表的内涵，如曲江主题、终南山主题、华清宫主题等。长安文化人文景观主题的唐诗众多，现以这三种为例试加以分析。

一　曲江盛世主题

曲江，秦代称之为隑洲，其义是曲折婉转的水岸。汉代，始有曲江之名，《史记》引张揖曰："隑，长也。苑中有曲江之象，中有长洲，又有宫阁路，谓之曲江。"② 此苑指汉代的宜春下苑，曲江处于其中。至隋

---

① 据钱仲联、马茂元校点《韩愈全集》（上海古籍出版社1997年版）统计。
② 司马迁：《史记·司马相如列传·索隐》，卷一一七，中华书局1959年版，第3055页。

朝，因隋文帝恶其名曲，改为芙蓉，取其水盛而多芙蓉。唐开元中疏凿为胜境，"江故有泉，俗谓之汉武泉。又引黄渠之水以涨之"①，改名曰曲江。历经秦汉至唐，曲江之名的变迁，可简言之，"其名在秦为隑洲，在汉为宜春下苑曲江之泉，在隋为芙蓉池，所在地为芙蓉园，在唐为曲江"。② 黄渠是曲江的重要水源，注入曲江池，后流经多个坊市，婉转屈曲，故谓之曲江。曲江贵在天然，唐人欧阳詹《曲江池记》曰："苑之沼，囿之池，力垦而成则多，天然而有则寡。兹池者其天然欤！循原北峙，回冈旁转，圆环四匝，中成坎窞，窣窅港洞，生泉噏源，东西三里近。当天邑别卜，缭垣空山之泺，旷野之湫。"③

曲江经过唐代的修建，成为长安一大游赏胜景。曲江池为南北长东西短的不规则形状，面积为70万平方米，水深不见底。其四周皆有亭台楼阁，风景秀丽。康骈《剧谈录》记载：

> 其南有紫云楼、芙蓉苑，其西有杏园、慈恩寺。花卉环周，烟水明媚。都人游玩，盛于中和、上巳之节。彩幄翠帱，匝于堤岸。鲜车健马，比肩击毂。上巳即赐宴臣僚，京兆府大陈筵席，长安、万年两县以雄盛相较，锦绣珍玩无所不施。百辟会于山亭，恩赐太常及教坊声乐。池中备彩舟数只，唯宰相、三使、北省官与翰林学士登焉。每岁倾动皇州，以为盛观。入夏则菰蒲葱翠，柳阴四合；碧波红蕖，湛然可爱。好事者赏芳辰，玩清景，联骑携觞，亹亹不绝。④

事实如同记载，曲江不只是帝王赐宴及第进士、庆祝寿诞之所，亦是士子平民游览之地；不但中和、上巳等节日，都人齐聚曲江，而且四时变化，长安之人皆至其地观赏。

---

① 张礼撰，史念海、曹尔琴校注：《游城南记校注》，三秦出版社2006年版，第42页。
② 同上书，第44页。
③ 骆天骧：《类编长安志》引欧阳詹《曲江池记》，三秦出版社2006年版，第85页。
④ 康骈：《剧谈录》卷下，《唐五代笔记小说大观》，上海古籍出版社2000年版，第1495页。

钟嵘《诗品序》曰："若乃春风春鸟，秋月秋蝉，夏云暑雨，冬月祁寒，斯四候之感诸诗者也。嘉会寄诗以亲，离群托诗以怨。至于楚臣去境，汉妾辞宫。或骨横朔野，或魂逐飞蓬；或负戈外戍，杀气雄边；塞客衣单，孀闺泪尽；或士有解佩出朝，一去忘返；女有扬蛾入宠，再盼倾国。凡斯种种，感荡心灵，非陈诗何以展其义，非长歌何以骋其情？"①此种诗论亦可付诸曲江，诗人欣赏曲江之景，目睹曲江之事，感荡心灵，毕陈于诗，从而促成曲江诗歌的繁荣。以《全唐诗》为据，诗题中有"曲江"二字的有125首，"曲池"的有9首，诗句中有"曲江"的有161首，"曲池"的30首，计325首。其内容大致可分为以下几类：表现盛世的繁华；对曲江凋零的哀悼；抒发人生不遇的慨叹。

（一）表现长安的盛世繁华

曲江诗中的盛世繁华主要体现于三个方面：首先是诗中对曲江之景的赞美。曲江景色优美是游人聚集的首要因素，即使夜中曲江，也是"鼓声将绝月斜痕，园外闲坊半掩门。池里红莲凝白露，苑中青草伴黄昏。林塘阒寂偏宜夜，烟火稀疏便似村。大抵世间幽独景，最关诗思与离魂"②，"春来有色暗融融，先到诗情酒思中"③，曲江美景触发诗人诗兴，引起诗人诗思。

其次，诗中描绘曲江游人之盛。春天是游赏的最佳季节，曲江诗大部分也都是诞生于此时，诗中记述再现了曲江春游之盛。

> 曲江初碧草初青，万毂千蹄匝岸行。倾国妖姬云鬓重，薄徒公子雪衫轻。琼镌狒□绕觥舞，金鏒辟邪拏拨鸣。柳絮杏花留不得，随风处处逐歌声。（林宽《曲江》）④
>
> 日照香尘逐马蹄，风吹浪溅几回堤。无穷罗绮填花径，大半笙歌占麦畦。落絮却笼他树白，娇莺更学别禽啼。只缘频燕蓬洲客，

---

① 钟嵘：《诗品·序》，何文焕《历代诗话》，中华书局1981年版，第3页。
② 韩偓：《曲江夜思》，《全唐诗》卷六八二，第7884页。
③ 白居易：《和钱员外答卢员外早春独游曲江见寄长句》，《全唐诗》卷四三五，第4823页。
④ 林宽：《曲江》，《全唐诗》卷六〇六，第7059页。

引得游人去似迷。(章碣《曲江》)①

　　每至节日,曲江更是成为游人齐集之处,其中最盛于中和、上巳之节,中和节即二月二日,上巳节即三月三日。李绰《秦中岁时记》记载:"二月二日曲江拾菜,士民极盛。又唐上巳日,赐宴曲江,都人于曲江头禊饮,践踏青草,谓之踏青。"②曲江诗中尤重上巳节:"长堤十里转香车,两岸烟花锦不如。欲问神仙在何处,紫云楼阁向空虚。"③"上巳曲江滨,喧于市朝路。相寻不见者,此地皆相遇。"④"三月三日天气新,长安水边多丽人。"皆是曲江节日游赏盛况的写照。

　　再次,诗写帝王、群臣、进士宴饮曲江。曲江诗中加入帝王、百官、进士的身影,使其具有了更深一层的含义。新进士及第,要宴饮曲江,以示荣耀。王定保《唐摭言》卷一:"(进士)既捷,列名于慈恩寺塔谓之'题名'。大燕于曲江亭子谓之'曲江会'。曲江大会在关试后,亦谓之关宴,宴后同年各有所之,亦谓之离会。"⑤"曲江之宴,行市罗列,长安几于半空。公卿家率以其日拣选东床,车马阗塞,莫可殚述。"⑥可见当时盛况。刘沧《及第后宴曲江》曰:"及第新春选胜游,杏园初宴曲江头。紫毫粉壁题仙籍,柳色箫声拂御楼。霁景露光明远岸,晚空山翠坠芳洲。归时不省花间醉,绮陌香车似水流。"铺排的诗句,表露出进士及第的得意与狂喜,多年的苦读、屈辱的干谒、不尽的焦虑,及第之日,在曲江的紫毫题壁、柳色箫声里得到了最彻底的释放。

　　帝王群臣的曲江宴饮,更加显示了长安作为帝都的威仪和盛世气象。在史书中,帝王赐宴曲江的记载比比皆是。不仅节日,而且帝王生辰皆宴饮曲江。德宗群臣不仅宴饮曲江,而且写下了大量的曲江应制诗,在

---

①　章碣:《曲江》,《全唐诗》卷六六九,第7713页。
②　张礼:《游城南记校注》引李绰《秦中岁时记》,三秦出版社2006年版,第69页。
③　赵璜:《曲江上巳》,《全唐诗》卷五四二,第6317页。
④　刘驾:《上巳日》,《全唐诗》卷五八五,第6831页。
⑤　王定保:《唐摭言》卷一,《唐五代笔记小说大观》,上海古籍出版社2000年版,第1578页。
⑥　王定保:《唐摭言》卷三,《唐五代笔记小说大观》,上海古籍出版社2000年版,第1595页。

贞元十三年（797），"九月辛卯日，宴宰臣百官于曲江"。此次宴会，德宗有诗《重阳日赐宴曲江亭赋六韵诗用清字》，诗末注云："因诏曰：'卿等重阳会宴，朕想欢洽，欣慰良多，情发于中，因制诗序。今赐卿等一本，可中书门下简定文词士三五十人应制，同用'清'字，明日内于延英门进来。'"① 于是宰臣李泌考群臣诗歌质量，定为三等以进。帝王群臣宴饮曲江时，产生了大量曲江应制诗。如王维《三月三日曲江侍宴应制》：

万乘亲斋祭，千官喜豫游。奉迎从上苑，被禊向中流。草树连容卫，山河对冕旒。画旗摇浦溆，春服满汀洲。仙籞龙媒下，神皋凤跸留。从今亿万岁，天宝纪春秋。②

铺排的诗句烘托出天宝年间曲江的雍容华贵的气象，虽然不是唐诗中的上乘之作，但是更能显示出唐代的盛世太平。

（二）对曲江凋零的哀悼

曲江的兴衰凋零象征着长安的兴废。唐代长安遭受战乱主要是两个时期：安史之乱和唐末藩镇对长安的劫掠和焚毁。唐末的长安，"大乱之后，宫观焚惨，园陵皆发掘，鞠为丘莽"。③ 覆巢之下无完卵，曲江也不再有昔日的繁华。羊士谔和王驾所作极为相似的两首诗，突出了曲江人去楼空的凄凉和破败。

忆昔曾游曲水滨，春来长有探春人。游春人静空地在，直至春深不似春。（羊士谔《乱后曲江》）④

忆昔争游曲水滨，未春长有探春人。游春人尽空池在，直至春深不似春。（王驾《乱后曲江》）⑤

---

① 刘昫：《旧唐书》卷一三七，中华书局1975年版，第3763页。
② 王维：《三月三日曲江侍宴应制》，《全唐诗》卷一二七，第1285页。
③ 欧阳修、宋祁：《新唐书》卷一八五，中华书局1997年版。
④ 羊士谔：《乱后曲江》，《全唐诗》卷三三二，第3715页。
⑤ 王驾：《乱后曲江》，《全唐诗》卷六九〇，第7989页。

杜甫在安史乱后曾写"城上春云覆苑墙,江亭晚色静年芳。林花著雨燕支落,水荇牵风翠带长。龙武新军深驻辇,芙蓉别殿漫焚香。何时诏此金钱会,暂醉佳人锦瑟旁",如果说此诗是杜甫"离乱初复,追思极盛,悄然悲慨,无限深情。后四句一气滚出,仍望有承平之乐"①,那么李商隐《曲江》诗"望断平时翠辇过,空闻子夜鬼悲歌。金舆不返倾城色,玉殿犹分下苑波。死忆华亭闻唳鹤,老忧王室泣铜驼。天荒地变心虽折,若比阳春意未多"②,有的只是对曲江繁华不再的痛惜,荒凉中显出凄厉。

(三) 抒发人生不遇的慨叹

曲江寄托着诗人复杂的情感。如"杏艳桃光夺晚霞,乐游无庙有年华。汉朝冠盖皆陵墓,十里宜春汉苑花"中的怀古③,"晦日同携手,临流一望春。可怜杨柳陌,愁杀故乡人"④中的思乡,"君与田苏即旧游,我于交分亦绸缪。二年隔绝黄泉下,尽日悲凉曲水头"⑤中的念友,等等。诗人游赏曲江,感物伤怀,复杂的思绪付诸诗中,其中尤为人注意的是诗人对人生不遇的慨叹。

可以说,云集长安的诗人最大的目的即是求仕,曲江进士及第宴是士子成功的象征。但是,进士录取人数的极少与考试人数的极多形成巨大的反差,曲江池边徘徊的更多是落第举子,姹紫嫣红的曲江美景因诗人的失意而带上了感伤的色彩。李山甫《下第卧疾卢员外召游曲江》曰:"眼前何事不伤神,忍向江头更弄春。桂树既能欺贱子,杏花争肯采闲人。麻衣未掉浑身雪,皂盖难遮满面尘。珍重列星相借问,嵇康慵病也天真。"⑥长安生活的艰难、前途的渺茫与身着麻衣的耻辱,在诗中表露无遗,而莺歌燕舞、春花烂漫的曲江丽景却更加衬托出诗人的哀情之深。

---

① 清高宗弘历敕编:《唐宋诗醇》,清光绪七年浙江巡抚谭钟麟刻本,陈伯海编《唐诗汇评》,浙江教育出版社1995年版,第1105页。
② 李商隐:《曲江》,《全唐诗》卷五四一,第6278页。
③ 唐彦谦:《曲江春望》,《全唐诗》卷六七二,第7746页。
④ 李端:《晦日同苗员外游曲江》,《全唐诗》卷二八六,第3273页。
⑤ 罗隐:《清明日曲江怀友》,《全唐诗》卷六五六,第7596页。
⑥ 李山甫:《下第卧疾卢员外召游曲江》,《全唐诗》卷六四三,第7417页。

即使后来位居高官的白居易在回忆起初在长安求仕，亦是"忆昔羁贫应举年，脱衣典酒曲江边"①，"明月春风三五夜，万人行乐一人愁"。② "三春车马客，一代繁华地"③ 的曲江寄托着诗人的理想和希望，尽管求仕之途如此艰辛，诗人却坚信会有成功之日，"自古身荣者，多非年少时"④、"明年相贺日，应到曲江滨"⑤，昭示着唐代诗人渴望建功立业、实现自我价值的积极心态。

由上可见，唐人曲江诗再现了唐代曲江的繁华昌盛，寄托了士人的追求和希望，即使是对曲江衰落的哀悼、仕途坎坷的失意，曲江仍代表着诗人对有血有肉的人间现实的肯定与感受，憧憬与执著。在诗人对曲江美景的描绘中，对曲江繁华的摹写中，对帝王功绩的颂扬中，曲江就被赋予了一种象征意义：是长安繁荣的象征，是唐代盛世的象征，是唐人热爱生活、昂扬进取精神的象征。这是长安文化中光明的一面，也是主要的一面。

二 终南山隐逸主题

关于终南山命名之由，"《关中记》曰：'终南山，一名中南，言在天中，居都之南也'"。⑥ 此山之名在文献记载中有数十个称谓，一名中南山，一名地肺山，一名南山，一名太一，太一亦作太乙，等等。在唐诗中，终南山往往与"太乙""南山"互相通用。《关中记》曰："终南，南山之总名，太一，山之别号。"⑦ 关于终南山的范围，在古籍中有不同的看法。狭义的终南山，《长安志》记载："在县（万年县）南五十里，东自蓝田县界，西入县界石鳖谷，以谷水与长安县为界，东西四十里。"⑧ 广义的终南山，《雍录》记载："终南山横亘关中南面，西起秦、陇，东

---

① 白居易：《府酒五绝·自劝》，《全唐诗》卷四五一，第 5127 页。
② 白居易：《长安正月十五日》，《全唐诗》卷四三六，第 4848 页。
③ 刘禹锡：《曲江春望》，《全唐诗》卷三五七，第 4034 页。
④ 贯休：《送叶蒙赴举》，《全唐诗》卷八三一，第 9447 页。
⑤ 贯休：《送李铏赴举》，《全唐诗》卷八三三，第 9477 页。
⑥ 宋敏求：《长安志》卷一一，《四库全书》本。
⑦ 程大昌撰，黄永年点校：《雍录》，中华书局 2002 年版，第 106 页。
⑧ 宋敏求：《长安志》卷一一，《四库全本》书。

彻蓝田，凡雍、歧、郿、鄠、长安、万年，相去且八百里，而连绵峙据其南者，皆此之一山也。既高且广，多出物产，故《禹贡》曰'终南厚物'也。"① 唐代，"终南山北面，直下是长安"②，终南山与长安遥相呼应的空间位置，赋予了此山特别的意义。《全唐诗》中终南山诗约300多首，唐人笔下的终南山诗不仅具有壮阔秀丽的景色，而且也是抒发隐逸之思的载体，同时，诗人与终南山的若即若离，显示出唐代隐逸之风的独特性。

唐代诗人对终南山景色的描绘是多视角多侧面的。以局部代整体，采取意大于象的手法创作的名篇——王维的《终南山》，是终南山诗的代表作。

太乙近天都，连山到海隅。白云回望合，青霭入看无。分野中峰变，阴晴众壑殊。欲投人处宿，隔水问樵夫。③

诗歌在描绘终南山壮阔的同时写景极为细腻，"近天都"言其高，"到海隅"言其远，"分野中峰变，阴晴众壑殊"，更是再现了终南山的阔大。整首诗"屈注天潢，倒连沧海，而俯视一气，尽化烟云"。④ 而韩愈的《南山诗》则是采用赋体铺叙的方式，精致细密地刻画了终南山之景，虽然不免有人评其曼冗繁复，但对此山摹写之细腻上，无出其右者，《昌黎先生诗集注》评之曰："此等长篇，亦从骚赋化出。然却与《焦仲卿妻》、杜陵《北征》诸长篇不同者，彼则实叙事情，此则虚摹物状。公以画家之笔，写得南山灵异缥缈，光怪陆离，中间连用五十一'或'字，复用十四叠字，正如骏马下冈，手中脱辔。忽用'大哉立天地'数语作收，

---

① 程大昌撰，黄永年点校：《雍录》，中华书局2002年版，第105页。
② 齐己：《题终南山隐者室》，《全唐诗》卷八三九，第9534页。
③ 王维：《终南山》，《全唐诗》卷一二六，第1277页。
④ 李因培选评，凌应曾注：《唐诗观澜集》，清乾隆二十四年刻本，陈伯海编《唐诗汇评》，浙江教育出版社1995年版，第318页。

又如柝声忽惊,万籁皆寂。"① 李贺《南山田中行》曰:"秋野明,秋风白,塘水漻漻虫啧啧。云根苔藓山上石,冷红泣露娇啼色。荒畦九月稻叉牙,蛰萤低飞陇径斜。石脉水流泉滴沙,鬼灯如漆点松花。"② 此诗以鬼仙之笔刻画出月色下南山田野的景色。"桂魄皎然,野风爽朗,水静蛩吟,苔深花湿,芳蕙低垂,流萤历乱,石泉声细,磷火光微。陇上行吟,情思清绝。"③ 雪景中的终南山"带雪复衔春,横天占半秦"④,黄昏的终南山"青猿吟岭际,白鹤坐松梢。天外浮烟远,山根野水交"⑤,描绘了山中的幽远与闲静。

终南山景色奇丽幽雅,物产丰富,为隐居其中提供了客观条件。秦汉时期商山四皓先隐居商山,后隐居终南山。汉代张亮功成身退,隐居终南山南麓的紫柏山。前代所遗留的终南山隐逸传统则给唐人提供了隐逸的文化氛围。无论是暂时一游的士子,还是长安城中远望山景的仕宦之人,在所作终南山诗歌中都不免抒发出世之思。

> 南山塞天地,日月石上生。高峰夜留景,深谷昼未明。山中人自正,路险心亦平。长风驱松柏,声拂万壑清。到此悔读书,朝朝近浮名。(孟郊《游终南山》)⑥
>
> 眷言怀隐逸,辍驾践幽丛。白云飞夏雨,碧岭横春虹。草绿长杨路,花疏五柞宫。登临日将晚,兰桂起香风。(杨师道《赋终南山用风字韵应诏》)⑦

孟郊早年在长安屡试不第,年五十始中进士,仕途之路充满辛酸,但身

---

① 顾嗣立注:《昌黎先生诗集注》,清光绪九年广州翰墨园三色套印本,陈伯海编《唐诗汇评》,浙江教育出版社1995年版,第1613页。
② 李贺:《南山田中行》,《全唐诗》卷三九一,第4419页。
③ 姚文燮注:《昌谷集注》,《李贺诗歌集注》本,陈伯海编《唐诗汇评》,浙江教育出版社1995年版,第1964页。
④ 张乔:《终南山》,《全唐诗》卷六三九,第7384页。
⑤ 姚合:《游终南山》,《全唐诗》卷五〇〇,第5728页。
⑥ 孟郊:《游终南山》,《全唐诗》卷三七五,第4224页。
⑦ 杨师道:《赋终南山用风字韵应诏》,《全唐诗》卷三四,第460页。

处终南山,却抒发"到此悔读书,朝朝近浮名"的感叹。杨师道一生显达,其诗尤为唐代宗所赏,面对终南山的清幽,亦是"眷言怀隐逸"。钱起自终南晚归曰,"逍遥不外求,尘虑从兹泯"①,吴筠远望终南,"窃慕隐沦道,所欢岩穴居"②,岑参在终南山双峰草堂中,"缅怀郑生谷,颇忆严子濑"③。终南山在唐代诗人笔下成为隐逸的代名词,成为荡涤心灵的沧州。无论写景,还是抒发隐逸之情,唐代终南山诗歌都呈现出独有的特征。

一是诗人与终南山景色的疏离。从诗人对终南之景的描绘可见,诗人在尽情观赏的同时,与景之间是存有一定距离的。诗中,诗人是以一位旁观者的角度对景物进行摹写,而没有达到物我合一。景色只是作为一个能陶冶人心灵的客观外物出现,而没有完全融入作者内心,成为诗人灵魂的一部分。岑参《终南东谿中作》曰:"溪水碧于草,潺潺花底流。沙平堪濯足,石浅不胜舟。洗药朝与暮,钓鱼春复秋。兴来从所适,还欲向沧洲。"④岑参把终南之景描绘得鲜秀可挹,但此处只是兴来所适之处,而不是心灵的释放之地。把唐代的南山诗与陶渊明的田园诗做一比较,就很容易见出二者之间的区别。王维是其中的例外,但也只限于其晚年耽于佛学时所写的南山诗,如《终南别业》。

二是终南山作为长安的衬托而存在。"太乙近天都,连山到海隅"⑤,暗示着终南山与长安相对应的空间位置。"标奇耸峻壮长安,影入千门万户寒"⑥,诗中终南山的高大,衬托出长安的壮观。"惟有终南山色在,晴明依旧满长安"⑦,"终朝异五岳,列翠满长安"⑧,终南之景的优美,烘

---

① 钱起:《自终南山晚归》,《全唐诗》卷二三六,第 2605 页。
② 吴筠:《翰林院望终南山》,《全唐诗》卷八八八,第 10110 页。
③ 岑参:《终南山双峰草堂作》,陈铁民、侯忠义《岑参集校注》,上海古籍出版社 1981 年版,第 117 页。
④ 岑参:《终南东谿中作》,陈铁民、侯忠义《岑参集校注》,上海古籍出版社 1981 年版,第 121 页。
⑤ 王维:《终南山》,《全唐诗》卷一二六,第 1277 页。
⑥ 林宽:《终南山》,《全唐诗》卷六〇六,第 7057 页。
⑦ 李拯:《退朝望终南山》,《全唐诗》卷六〇〇,第 7001 页。
⑧ 王贞白:《终南山》,《全唐诗》卷七〇一,第 8138 页。

托出长安的辉煌。这里终南山不是作为与长安的对立面存在,反而是作为名利场的长安纳终南山为己有,终南山成为诗人抒发对长安热情的凭借物。终南山成为长安的后花园,成为长安盛世的装点,终南山的幽静深邃与国都的喧嚣繁荣相映成趣。所以,唐人一边积极追求现世中个人价值的实现,一边抒发对终南山的欣赏与喜爱。

三是以退为进——心灵暂时的休憩与调适。唐代自建国之始,帝王对隐士的推崇,征辟隐士做官的行为,如"高宗天后,访道山林,飞书岩穴,屡造幽人之宅,坚回隐士之车"①,促成了以隐逸为尚的社会风气,隐逸也成为仕宦的一种手段,一种积极进取生活的精神调剂。"终南捷径"由此产生。《大唐新语》云:"卢藏用始隐于终南山中,中宗朝累居要职。有道士司马承祯者,睿宗迎至京。将还,藏用指终南山谓之曰:'此中大有佳处,何必在远!'承祯徐答曰:'以仆所观,乃仕宦快捷方式耳。'藏用有惭色。"② 虽然此典故有嘲讽之意,但透露出唐人在仕宦与隐逸上所持的心态,"置身青山,俯饮白水,饱于道义,然后谒王公大人以希大遇"③ 是唐人尤其是盛唐人普遍的心态。孟郊久试不遇,游终南山,曰:"到此悔读书,朝朝近浮名"④,李白春归终南山,云"且复命酒樽,独酌陶永夕"⑤。落第失意的诗人在面对终南山时抒发隐逸之思,并不代表与仕宦的决裂,相反,终南山与长安的相对应的地理位置、清幽的景色、山中众多的佛寺道观,都为士子隐居或攻读提供了最佳环境,身处其中,士子反而是一种待时而出、待价而沽的心态。正如陈贻焮所言,"这种'隐居'的心情是'幽雅'的,它充满了幻想和期望而无萧瑟之

---

① 刘昫:《旧唐书》卷一九二,中华书局 1975 年版,第 5116 页。
② 刘肃:《大唐新语》卷一〇,《唐五代笔记小说大观》,上海古籍出版社 2000 年版,第 309 页。
③ 王昌龄:《上李侍御书》,董诰等编《全唐文》卷三三一,中华书局 1983 年版,第 3353 页。
④ 孟郊:《游终南山》,《全唐诗》卷三七五,第 4224 页。
⑤ 李白:《春归终南山松龛旧隐》,王琦注《李太白全集》卷二三,中华书局 1977 年版,第 1065 页。

感"。① 终南山隐逸使在正途科举中失意的士子心理上得到暂时的休憩与调适，但最终的目的是更荣耀地走向仕途之路。

四是无奈的退避——人生的失意与忧愤。当一生无法进入仕途，或国家遭受战乱，国势衰微，隐居终南就成了唐人无奈的退避。但这种隐逸不是对时事的漠不关心，而是一种身在终南、心在魏阙的无奈，或是借终南山抒发人生失意的无奈。"七十未成事，终南苍鬓翁。老来诗兴苦，贫去酒肠空"②，"高阳酒徒半凋落，终南山色空崔嵬"③，面对国家的衰败、理想的破灭，唐代终南山诗中的诗人以一种痛苦而热切的目光关注着长安。

唐代的终南山诗歌，呈现出唐代隐逸与仕宦相结合的特征，同时，也显示出终南山与长安互为表里、相辅相成的关系。盛唐人隐逸，"全无消沉颓废之情，即使偶尔流露出伤感，也只不过是说给别人听听罢了，其骨子里并未丧失希望，并非真正要遗世独立，隐逸终身，也并未与政治仕宦彻底握手作别，而是以退为进，待机而动，这一点既与魏晋为了全身远祸的隐逸不同，也与六朝时附庸风雅的隐逸有别"④，故其南山诗充满了积极昂扬的精神；中唐的南山诗则显示出中唐人穿梭于终南山幽境与长安宫殿之间的从容；晚唐人的终南山诗歌则包含着对长安痛苦而热切的关注。无论是何种方式，都深藏着对长安的眷恋与渴望。究其原因，唐代盛世所形成的高昂的精神、进取的心态、对现实的肯定与热情，都是形成这种特征不可缺少的因素。

三 华清宫讽喻主题

华清宫，地处长安城东的骊山脚下，面对渭水，尽取山水之胜。因其地有温泉，故起初名曰汤泉宫，《雍录》载："《十道志》曰：'泉有三

---

① 陈贻焮：《谈孟浩然的"隐逸"》，《唐诗论丛》，湖南人民文学出版社1980年版，第66页。
② 姚合：《赠终南山傅山人》，《全唐诗》卷四九七，第5700页。
③ 罗隐：《曲江春感》，《全唐诗》卷六五五，第7588页。
④ 李红霞：《唐代士人的社会心态与隐逸的嬗变》，《北京大学学报（哲学社会科学版）》2004年第3期。

所，其一处即皇堂石井，后周宇文护所造。隋文帝又修屋宇，并植松柏千余株。贞观十八年，诏阎立德营建宫殿、御汤，各（名）汤泉宫。太宗临幸制碑。咸亨三年，名温泉宫。天宝六载，改为华清宫，于骊山上益治汤井为池，台殿环列山谷。'"① 华清宫，名取"温泉毖涌而自浪，华清荡邪而难老"②之意，是玄宗时最大的离宫，正门曰津阳门，内有著名的长生殿、朝元阁等，宫内汤池称为华清池。

华清宫的闻名，不仅因为"汤井殊名，殿阁异制，园林洞壑之美，殆非人境"③，更重要的是此地乃玄宗与杨贵妃欢宴享乐的极胜之处，甚至安史之乱爆发之时仍是霓裳舞曲飘扬。"玄宗每年十月幸华清宫，国忠姊妹五家扈从，每家为一队，着一色衣，五家合队，照映如百花之焕发，而遗钿坠舃，瑟瑟珠翠，灿烂芳馥于路。"④ "自秦、汉、隋、唐人主皆尝游幸，惟元（玄）宗特侈。盖即山建宫，百司庶府皆行，各有寓止，自十月往，至岁尽乃还。宫又缘杨妃之故，其奢汤特为章著。大抵宫殿包裹丽山一山，而缭墙周徧其外，观风楼下，又有夹城可通禁中。"⑤ 华清宫内布置华丽。"玄宗幸华清宫，新广汤池，制作宏丽。安禄山于范阳以白玉石为鱼龙凫雁，仍为石梁及石莲花以献，雕镂巧妙，殆非人功。上大悦，命陈于汤中，又以石梁横亘汤上，而莲花才出于水际。……又尝于宫中置长汤屋数十间，环回甃以文石，为银镂漆船及白香木船，置于其中，至于楫橹，皆饰以珠玉。又于汤中垒瑟瑟及丁香为山，以状瀛洲、方丈。"⑥ 在玄宗执政的开元天宝年间，约幸华清宫36次，甚至有一年去两次的情况。

天宝十四载（755）十月玄宗幸华清宫，十一月安禄山举兵之时，华清宫内"乐动殷胶葛"（《自京赴奉先县咏怀五百字》）。玄宗平日待安禄

---

① 程大昌撰，黄永年点校：《雍录》，中华书局2002年版，第81—82页。
② 左思：《魏都赋》，萧统编，李善注《文选》卷六，中华书局1977年版，第97页。
③ 乾隆：《临潼县志》卷二《纪事》，《四库全书》本。
④ 刘昫：《旧唐书》卷五一，中华书局1975年版，第2179页。
⑤ 程大昌撰，黄永年点校：《雍录》，中华书局2002年版，第83页。
⑥ 郑处诲：《明皇杂录》卷下，《唐五代笔记小说大观》，上海古籍出版社2000年版，第963页。

山甚厚,消息传至骊山,"上(玄宗)犹以为恶禄山者诈为之,未之信也"。① 安史之乱的爆发,打断了玄宗与杨妃的享乐,也结束了唐代的盛世,此后华清宫就成了君主荒淫误国的象征,"禄山乱后,天子罕复游幸,唐末遂皆隳废"。②

华清宫的盛极而衰成为唐王朝由强大走向衰落的标志。唐代吟咏华清宫的诗歌多为中晚唐诗歌,约130首左右,这和初盛唐诗歌多以温泉宫为题不同,这些诗歌一定意义上讲,属于咏史怀古诗,是对当朝历史的评判和思考。当诗人处于日渐衰微的国势之下,每至骊山,目睹河山依旧与华清宫的破败不堪,都不禁勾起对昔日盛世繁华的怀念,从而引起诗人对国家政治兴衰的深刻思考。诗歌或是对玄宗荒淫误国的批判,或是对杨妃红颜祸水的鞭挞,寄予了作者对当今帝王的讽谏之意,或期望国家中兴,或表达盛世不再的失望与哀怨。不论作者对玄宗题材如何剪辑,都显示出诗人对现实的关注,对国家的责任感和使命感。

(一)对盛世的怀念

华清宫中歌舞升平在诗人心中记忆犹新,安史之乱的伤痛让诗人心有余悸,"华清宫"成为诗人感慨的触发"点"。面对华清宫的凄凉,对盛世的怀念就成为诗歌必不可少的情感因素之一。诗中对盛世繁华的追念的表现手法是多样的,或在抒写今日华清宫的荒凉破败中见出对昔日的追思,或直接表现往日的繁盛,更多的是在简短的诗句中通过今昔巨大反差的对比显示对盛世不再的哀叹。

华清宫的山河依旧,但宫室破败,蓬蒿丛生,此种景象对诗人造成直接的视觉冲击。

> 草遮回磴绝鸣銮,云树深深碧殿寒。明月自来还自去,更无人倚玉栏干。
>
> 障掩金鸡蓄祸机,翠华西拂蜀云飞。珠帘一闭朝元阁,不见人归见燕归。

---

① 司马光:《资治通鉴》卷二一七,中华书局1956年版,第6935页。
② 程大昌撰,黄永年点校:《雍录》,中华书局2002年版,第83页。

门横金锁悄无人,落日秋声渭水滨。红叶下山寒寂寂,湿云如梦雨如尘。(崔橹《华清宫三首》》)①

行尽江南数十程,晓星残月入华清。朝元阁上西风急,都入长杨作雨声。(杜常《华清宫》)②

此类诗歌重在对今日华清宫的描绘上,"绝鸣銮""碧殿寒""落日""残月"等意象的使用,烘托出悲凉的氛围,其中寄托着作者深沉的悲叹和惋惜,暗含着对盛世繁华的怀念。

如果说通过对华清宫凄凉之景的描绘表现盛世的追念是间接的,那么遥想当年的繁盛可以说是怀念盛世的直接表现。这类诗歌一般是长韵抒写之作,诗中有大量对玄宗时期盛世状况的摹写。

昔帝登封后,中原自古强。一千年际会,三万里农桑。几席延尧舜,轩墀接禹汤。雷霆驰号令,星斗焕文章。钓筑乘时用,芝兰在处芳。北扉闲木索,南面富循良。至道思玄圃,平居厌未央。钩陈裹岩谷,文陛压青苍。(杜牧《华清宫三十韵》)③

地灵蒸水暖,天气待宸游。岳拱莲花秀,峰高玉蕊秋。朝元雕翠阁,乞巧绣琼楼。碧海供骊岭,黄金络马头。五王更入帐,七贵迭封侯。夕雨鸣鸳瓦,朝阳晔柘裘。伊皋争负鼎,舜禹让垂旒。堕珥闲应拾,遗钗醉不收。(徐夤《依御史温飞卿华清宫二十二韵》)④

忆昔开元日,承平事胜游。贵妃专宠幸,天子富春秋。月白霓裳殿,风干羯鼓楼。斗鸡花蔽膝,骑马玉搔头。绣毂千门妓,金鞍万户侯。薄云欹雀扇,轻雪犯貂裘。过客闻韶濩,居人识冕旒。气和春不觉,烟暖雾难收。涩浪和琼甃,晴阳上彩斿。卷衣轻鬓懒,

---

① 崔橹:《华清宫三首》,《全唐诗》卷五六七,第 6624 页。
② 杜常:《华清宫》,《全唐诗》卷七三一,第 8450 页。
③ 杜牧:《华清宫三十韵》,《全唐诗》卷五二一,第 5993 页。
④ 徐夤:《依御史温飞卿华清宫二十二韵》,《全唐诗》卷七一一,第 8265 页。

窥镜澹蛾羞。屏掩芙蓉帐，帘褰玳瑁钩。（温庭筠《过华清宫二十二韵》）①

从上引诗歌可以看出，诗人不仅着眼于昔日华清宫的繁华，更多是对玄宗执政期间太平盛世的描绘。这些诗都具有叙事的成分，对盛世景象进行了铺排叙述。杜牧、温庭筠诗歌都对开元盛世气象进行了直接的抒写，冯班评温庭筠诗曰："此篇著意只在开元盛时，禄山乱后便略，与《华清》、《长恨》不同。"②而徐夤更重在对华清宫繁华的表现。

在简短的诗句中运用今昔对比的手法展示盛世的怀念，使感情的表达更为强烈。

天宝承平奈乐何，华清宫殿郁嵯峨。朝元阁峻临秦岭，羯鼓楼高俯渭河。玉树长飘云外曲，霓裳闲舞月中歌。只今惟有温泉水，呜咽声中感慨多。（张继《华清宫》）③

闻说先皇醉碧桃，日华浮动郁金袍。风随玉辇笙歌迥，云卷珠帘剑佩高。凤驾北归山寂寂，龙旗西幸水滔滔。贵妃没后巡游少，瓦落宫墙见野蒿。（许浑《骊山》）④

昔日飘于云外的霓裳舞曲与今日呜咽的温泉水流、先皇醉碧桃郁金袍与长满野蒿的宫墙形成强烈的反差，而对今日破败的惋惜和对曾经繁华的怀念自然寓于其中。

（二）对玄宗荒淫误国的批判

诗人不仅感叹世事的无常，而且由此对国家政治兴衰进行了深刻思考。尽管面对的是当代的帝王，但是大部分作者还是把批判的矛头指向了唐玄宗，对其荒淫误国的行为进行了理智的评价。

---

① 温庭筠：《过华清宫二十二韵》，《全唐诗》卷五八〇，第6791页。
② 杜诏、杜庭珠辑：《中晚唐诗叩弹集》，北京中国书店1984年影印本，陈伯海编《唐诗汇评》，浙江教育出版社1995年版，第2632页。
③ 张继：《华清宫》，《全唐诗》卷二四二，第2715页。
④ 许浑：《骊山》，《全唐诗》卷五三三，第6129—6130页。

新丰绿树起黄埃，数骑渔阳探使回。霓裳一曲千峰上，舞破中原始下来。(杜牧《过华清宫绝句三首》其二)①

渔阳烽火照函关，玉辇匆匆下此山。一曲羽衣听不尽，至今遗恨水潺潺。(吴融《华清宫四首》其二)②

因杨妃善舞霓裳羽衣，故"霓裳羽衣曲"在诗中成为杨妃的专利，而玄宗"一曲羽衣听不尽"，造成了"舞破中原始下来"的悲惨后果，"霓裳"一词也就成为玄宗荒淫误国的见证。《唐诗绝句类选》评吴融之诗曰："如此诗提拟霓裳一曲，可见禄山之乱、剑阁之行，皆原于此。而明皇曾无悔过之意，良可哀也。"③ 从玄宗幸蜀归来对杨妃的思念和对张九龄预言叛乱之言的悔悟上看来，玄宗把过失归咎于任人不当，而不是与杨妃的宴游享乐，以此角度，吴融之语也道出了几分真意。

对玄宗的批判是华清宫诗歌的主要思想倾向，此类作品甚多，而"张祜素以诗名，而《华清宫诗》尤为世所称"④，其《华清宫四首》其三如下：

红树萧萧阁半开，上皇曾幸此宫来。至今风俗骊山下，村笛犹吹阿滥堆。

唐玄宗善乐，平日耽于音律的行为就成为诗人批判所在，诗中"阿滥堆"即是明皇所创的曲名，葛立方把陈后主的亡国之曲《后庭花》与之并提，《韵语阳秋》中曰："《后庭花》，陈后主之所作也。主与倖臣各制歌辞，极于轻荡。男女唱和，其音甚哀，故杜牧之诗云：'烟笼寒水月笼沙，夜泊秦淮近酒家。商女不知亡国恨，隔江犹唱《后庭花》。'《阿滥堆》，唐

---

① 杜牧：《过华清宫绝句三首》其二，《全唐诗》卷五二一，第5997页。
② 吴融：《华清宫四首》其二，《全唐诗》卷六八五，第7942页。
③ 敖英辑评，凌云补辑：《唐诗绝句类选》，明吴兴凌氏刻三色套印本，陈伯海编《唐诗汇评》，浙江教育出版社1995年版，第2897页。
④ 何汶撰，常振国、绛云点校：《竹庄诗话》，中华书局1984年版，第251页。

明皇之所作也。骊山有禽名'阿滥堆',明皇御玉笛,将其声翻为曲,左右皆能传唱。故张祜诗云:'红叶萧萧阁半开,玉皇曾幸此宫来。至今风俗骊山下,村笛犹吹阿滥堆。'二君骄淫侈靡,耽嗜歌曲,以至于亡乱。世代虽异,声音犹存,故诗人怀古,皆有'犹唱''犹吹'之句。呜呼,声音之入人深矣!"① 而储光羲和罗隐则是采用辛辣的讽刺批判玄宗,曰:

  上在蓬莱宫,莫若居华清。朝朝礼玄阁,日日闻体轻。(储光羲《述华清宫五首》)②

  楼殿层层佳气多,开元时节好笙歌。也知道德胜尧舜,争奈杨妃解笑何。(罗隐《华清宫》)③

  虽然安史之乱最后得到平息,唐王朝依然延续了上百年,但是太平盛世已经成为过去,所以很多诗人都把安史之乱作为亡国的象征,在华清宫诗中多把玄宗比为亡国之君。《彦周诗话》评杜牧《华清宫三十韵》,曰:"'雨露偏金穴,乾坤入醉乡。'如此天下,焉得不乱?"④《注解选唐诗》评吴融诗"四郊飞雪暗云端,唯此宫中落旋干。绿树碧檐相掩映,无人知道外边寒"(《华清宫二首》其一),曰:"知华清宫之暖,不知外边之寒,士怨、民怨、军怨皆不暇问之,如之何不亡!"⑤《唐诗选脉会通评林》曰:"吴子《华清宫》三诗俱讥明皇恣欲宴游,俾全盛世业召祸一朝而莫悟。如此篇言独乐而不恤其民,以致怨恨之意见于言外。"⑥

(三) 红颜祸水论

  虽然在华清宫诗中,诗人大多数把批判的矛头指向唐玄宗,但是也

---

① 葛立方:《韵语阳秋》卷一五,上海古籍出版社 1984 年版,第 205 页。
② 储光羲:《述华清宫五首》,《全唐诗》卷一三六,第 1375 页。
③ 罗隐:《华清宫》,《全唐诗》卷六六四,第 7665 页。
④ 许顗:《彦周诗话》,何文焕《历代诗话》,中华书局 1981 年版,第 390 页。
⑤ (宋)赵蕃、韩淲辑,谢枋得、胡次焱注:《注解选唐诗》,《谢叠山先生评注四种合刻》本,陈伯海编《唐诗汇评》,浙江教育出版社 1995 年版,第 2896 页。
⑥ (明)周敬、周珽辑,陈继儒等评点:《唐诗选脉会通评林》,明崇祯八年毂采斋刻本,陈伯海编《唐诗汇评》,浙江教育出版社 1995 年版,第 2896 页。

有持红颜祸水论者，把杨妃狐媚惑主作为批判的靶子。著名的杜牧《过华清宫绝句》："长安回望绣成堆，山顶千门次第开。一骑红尘妃子笑，无人知是荔枝来。"①《注解选唐诗》曰："明皇天宝间，涪州贡荔枝，到长安，色香不变，贵妃乃喜。州县以邮传疾走称上意，人马僵毙，相望于道。'一骑红尘妃子笑，无人知是荔枝来'，形容走传之神速如飞，人不见其何物也。又见明皇致远物以悦妇人，穷人之力，绝人之命，有所不顾。如之何不亡？"②此番论述很容易让人想到为博褒姒一笑而烽火戏诸侯的周幽王。周幽王因此身死亡国，而褒姒也成了历史上女人祸国的魁首，杜牧诗中显然把杨妃当做了褒姒的后继者。

另一位对杨妃批判的是李商隐，诗曰：

华清恩幸古无伦，犹恐蛾眉不胜人。未免被他褒女笑，只教天子暂蒙尘。（李商隐《华清宫》）③
朝元阁迥羽衣新，首按昭阳第一人。当日不来高处舞，可能天下有胡尘？（李商隐《华清宫》）④

在李商隐诗中把杨妃直接与褒姒相提并论，对于安史之乱之由，直接归咎于杨妃的歌舞升平，批判的力度较之杜牧更加直接，更加强烈。虽然李商隐站在爱情的角度，对杨妃表示过同情，"此日六军同驻马，当时七夕笑牵牛。如何四纪为天子，不及卢家有莫愁"，但是在面对华清宫时，杨妃却依然成了亡国的祸首。

纵观唐代华清宫诗歌，古体诗较少，律诗、绝句占有明显优势。华清宫所代表的玄宗与杨妃的典故，使"讽"多成为诗人创作出发点，而不同于初盛唐时期的"颂美"或"不遇"。诗中今昔的强烈对比、情与景的巧妙融合、意与象的完美统一，代表着唐代咏史怀古诗创作的成熟。

---

① 杜牧：《过华清宫绝句》，《全唐诗》卷五二一，第5997页。
② （宋）赵蕃、韩淲辑，谢枋得、胡次焱注：《注解选唐诗》，《谢叠山先生评注四种合刻》本，陈伯海编《唐诗汇评》，浙江教育出版社1995年版，第2347—2348页。
③ 李商隐：《华清宫》，《全唐诗》卷五三九，第6197页。
④ 同上书，第6224页。

华清宫诗中不论是对盛世的怀念,还是暗含讽谏,都是以儒家经世思想为主导,体现了唐代诗人强烈的干政意识,其中"既看不到道家的潇洒飘逸和清静无为,也看不到佛家的清心寡欲和淡泊宁静,它反映出来的是唐代诗人关心国计民生的强烈忧患意识"。①

唐诗中的曲江盛世主题、终南山隐逸主题、华清宫讽喻主题可代表长安文化的不同侧面。如果把长安定位为帝都文化,其进则为曲江,其退则为终南山,而华清宫可视为对其冷静的思考。从以上对这三种主题的分析可以见出,唐人不管是积极入世,还是走向隐逸、评价政治,表现的都是对长安的向往、对长安的靠拢,充分体现出长安文化的凝聚力与向心力。

第三节 长安文化与唐诗风格基调的形成

唐人创造了诗歌的辉煌,王国维不仅把唐诗作为唐朝"一代之文学",而且鲁迅对唐诗也有"一切好诗到唐代已被做完"的至高称誉。文质并重、声律风骨兼备是唐诗的主要艺术特征,而这种特征即是在南北诗风逐渐融合的基础上形成的。开元十五年(727)后,诗歌兴寄风骨兼备标志着唐诗艺术的成熟,在此之前诗坛一直存在南北不同的两种诗风,因为地域的差别,南方诗歌辞采华靡,强调声律等诗歌艺术技巧的表达,而北地诗歌质朴刚健,重在真挚情感的诗歌内容的抒发。南北朝后期,庾信等南人入北,文学创作发生巨大的改变,是南北诗风初步显著融合的起点,经过隋和初唐国家的统一,南北诗风交融的进一步发展,至盛唐开元天宝之际,王维、李白、杜甫等文质并重诗歌的出现,标志着南北诗风的完全融合和唐诗风格基调的确立。

从南北朝后期至初唐,南北诗风交融的主要途径是南人入北,而所入之北地主要指国都"长安"。在长安,来自各地的诗人切磋诗艺、唱和交流、相互影响,南方诗歌的柔婉明媚与北地诗歌的雄奇壮阔相结合,使诗歌具有了健康的精神、充实的内容、浑融的意境和纯熟的表现技巧,

---

① 杨恩成:《论唐代咏史诗》,《陕西师范大学学报(社会科学版)》1990年第1期。

并逐渐形成了唐诗雄深雅健的风格基调。同时，长安以其国都的优势，再把这种诗风传播至全国，于是长安就成了唐诗的主要形成地和发源地。故长安文化中的文学风气对唐诗风格的形成起着决定作用，现试加以分析。

一　南北朝后期长安南北诗风的相互影响

东晋灭亡后，从公元420年至588年，南方历经宋、齐、梁、陈四个朝代，在历史上被称为南朝，都城皆在建康。与此同时，北方经历了北魏、东魏、西魏、北齐、北周几个政权，称为北朝，其中西魏、北周建都长安，东魏、北齐建都邺城。北周灭北齐之后，公元581年，大臣杨坚篡位北周，建立隋朝，589年，南下灭陈，完成了政治上的南北统一。

南北朝时期，诗坛是以南朝诗歌为主导。南朝诗歌并没有继承《诗经》以来的言志系统，更多是言情，而所言之情主要是风花雪月和应酬娱情，风骨不振，诗风纤秾艳丽，以宫体诗为代表，但是齐梁时期在声韵、对偶等诗歌表现技巧方面的探索为唐诗格律的成熟打下了基础。北朝诗歌更多抒发建功立业和豪侠之情，感情真挚，诗风质朴、刚健。南北朝诗风的差异，从地理环境层面探究，"江左宫商发越，贵于清绮，河朔词义贞刚，重乎气质"①，南朝的秀丽造就了诗歌的柔婉，北朝的壮阔形成了诗歌的劲健。社会文化对诗风的影响更深，南朝士族阶层经济政治的特权和玄学的盛行使诗人重在对诗歌审美艺术特征的追求，而缺少刚健昂扬的精神。北朝没有士族霸权的垄断，故诗中多有建功立业的追求，对汉代儒学的直接继承使诗风素朴典雅，但艺术审美水平远低于南朝。

南北诗风开始有显著的交融是在南北朝后期，即梁末以后，其融合的主要方式是南人因为政治等因素被迫入北，虽然也存在书籍的流通和使者互聘的方式，但较之前者，影响十分有限。梁末侯景之乱和西魏攻破江陵造成大批南人北迁。由南入北齐邺下的一流文士有：颜之推、徐陵、萧悫、萧放、萧退、萧泰、诸葛颖、明少遐等，其中颜之推、徐陵、

---

①　魏征：《隋书》卷七六，中华书局1973年版，第1730页。

萧悫最为著名，后徐陵放归南朝。由于西魏攻破江陵，南人入长安者尤其众多，其中不乏著名的文学之士。"台城陷后，（庾）信奔于江陵。梁元帝承制，除御史中丞。及即位，转右卫将军，封武康县侯，加散骑常侍，来聘于我。属大军南讨，遂留长安。"①"（王）褒与王克、刘毂、宗懔、殷不害等数十人，俱至长安。太祖喜曰：'昔平吴之利，二陆而已。今定楚之功，群贤毕至。可谓过之矣。'"② 因为北周君主尤其赏识南士，后放归陈朝的唯王克、殷不害等，而庾信、王褒一直羁留长安，不得南返。

公元581年，北周灭北齐，长安成为北方唯一的国都，加之"邺下文人学习齐梁诗，纯从辞采华艳着眼，对于南朝的好诗并不能欣赏"，"只能掇拾梁诗的余沥入诗，拙劣生硬自不必言，就连北方的本色一并丢失"。③ 由此，北齐诗坛并未出现南北诗风融合的局面，相反，只是一味对南朝诗歌的模仿。而北周的长安诗坛开始展现出南北交融的趋势，由于北方统治阶级以及文人普遍具有崇尚南朝文化艺术的心理和南人对北朝艺术的轻视，故南北朝诗风融合的倾向是北人自觉主动地学习和南人不自觉的被动的接受。

西魏北周所占据的以长安为中心的关陇地区，本来在文化艺术方面较为落后，但"及克定鄢、郢，俊异毕集"④，具有较高文化素养的南人的到来给长安诗坛增加了新鲜的动力。北周帝王对庾信、王褒等都极为推崇，《周书·庾信传》记载："（周）世宗、高祖并雅好文学，信特蒙恩礼。至于赵、滕诸王，周旋款至，有若布衣之交。"⑤ 明帝时，"褒与庾信才名最高，特加亲待。帝每游宴，命褒等赋诗谈论，常在左右"。⑥ 在庾信等南人影响下，"朝廷之人，闾阎之士，莫不忘味于遗韵，眩精于末光。犹丘陵之仰嵩岱，川流之宗溟渤也"⑦，北地诗人开始积极主动地学

---

① 令狐德棻：《周书》卷四一，中华书局1971年版，第733—734页。
② 同上书，第731页。
③ 葛晓音：《八代诗史》，陕西人民出版社1989年版，第288页。
④ 令狐德棻：《周书》卷四七，中华书局1971年版，第837页。
⑤ 令狐德棻：《周书》卷四一，中华书局1971年版，第734页。
⑥ 同上书，第731页。
⑦ 同上书，第744页。

习南朝诗歌,如宇文毓《和王褒咏摘花》曰:"玉椀承花落,花落椀中芳。酒浮花不没,花含酒更香"①,此诗在清空诗境的营造、诗思情感的细腻方面,显示出典型的齐梁体的特征。宇文泰第七子赵王宇文招"博涉群书,好属文。学庾信体,词多轻艳"。②李昶与庾信、王褒常有唱和之作,其《陪驾幸终南山诗》曰:

> 尧盖临河颖,汉跸践华嵩。日旗廻北凤,星旆转南鸿。青云过宣曲,先驱背射熊。金桴拂泉底,玉琯吹云中。古辙称难极,新途或易穷。烟生山欲尽,潭净水恒空。交松上连雾,脩竹下来风。仙才道无别,灵气法能同。东枣羞朝座,西桃献夜宫。诏令王子晋,出对浮丘公。③

此诗有着应制诗的颂美,但其中终南山景物的描绘"烟生山欲尽,潭净水恒空。交松上连雾,脩竹下来风",使诗歌呈现出典雅清丽的风格。当其与《入重阳阁》《荆州大乘寺》《宜阳石像碑》传至南朝,被徐陵称为"铿锵并奏,能惊赵轙之魂,辉映相华,时瞬安丰之眼"。④北地本土诗歌"秋潭渍晚菊,寒井落疏桐"⑤、"紫庭生绿草,丹墀染碧苔"⑥、"岭松千仞直,崖泉百丈飞"⑦等诗句中清丽的景物描写、工稳的对仗,可看出北人学习南朝诗歌的痕迹。同时,亦可看出,处于长安的北人,

---

① 宇文毓:《和王褒咏摘花》,逯钦立《先秦汉魏晋南北朝诗·北周诗》卷一,中华书局1983年版,第2324页。
② 令狐德棻:《周书》卷一三,中华书局1971年版,第202页。
③ 李昶:《陪驾幸终南山诗》,逯钦立《先秦汉魏晋南北朝诗·北周诗》卷一,中华书局1983年版,第2325页。
④ 徐陵:《与李那(昶)书》,严可均《全陈文》卷一〇,商务印书馆1999年版,第371页。
⑤ 宇文毓:《过旧宫诗》,逯钦立《先秦汉魏晋南北朝诗·北周诗》卷一,中华书局1983年版,第2324页。
⑥ 李昶:《和奉重适阳关》,逯钦立《先秦汉魏晋南北朝诗·北周诗》卷一,中华书局1983年版,第2325页。
⑦ 宇文毓:《贻韦居士诗》,逯钦立《先秦汉魏晋南北朝诗·北周诗》卷一,中华书局1983年版,第2323页。

不但积极仿效南朝诗歌的辞采、声律，而且也能注意到对南人的艺术境界和审美观的学习。与邺下文人不同的是，长安诗人对南朝诗歌积极学习的同时，也保留有北地本土的特色——境界阔大，风格凝重，语言质朴。如以诗风轻艳闻名的宇文招，亦有《从军行》一诗："辽东烽火照甘泉，蓟北亭障接燕然。水冻菖蒲未生节，关寒榆荚不成钱。"① 表现北地的苦寒而毫无轻艳之色。

和北人相比较，南人在南北诗风交融方面取得的成就更大。雄奇壮丽的山川、淳朴刚强的民风、羁留北朝的痛苦与尴尬的处境，使北上长安的南朝诗人诗风发生转变。他们在与帝王文人宴游唱和时所作之诗，仍旧保留南朝风格，能代表受北地影响的诗作是一些抒发乡关之思和尚武边塞的诗歌。周弘正天嘉元年（560）出使北周，在长安只居住三年，仍有《陇头送征客诗》《于长安咏雁诗》类似北朝诗风的作品留世。

在南北朝后期诗风融合成就卓著者是庾信。庾信在入长安之前，是南朝梁"徐庾体"的代表人物，《周书》曰："子山之文，发源于宋末，盛行于梁季。其体以淫放为本，其词以轻险为宗。故能夸目侈于红紫，荡心逾于郑、卫。"② 虽然庾信在南朝时的轻艳诗歌遭受到此种严厉指责，但他在声律、辞藻、意境方面的成就仍就得到了肯定，刘熙载曰："庾子山《燕歌行》开唐初七古，《乌夜啼》开唐七律，其他体为唐五绝、五律、五排所本者，尤不可胜举。"③ "至信北迁以后，阅历既久，学问弥深，所作皆华实相扶，情文兼至。抽黄对白之中，灏气舒卷，变化自如，则断非陵之所能矣。"④ 杜甫亦有"庾信文章老更成，凌云健笔意纵横"（《戏为六绝句》）之誉。庾信和北周王室应酬之作仍多为南朝绮丽风格，如《奉和赵王美人春日诗》《和赵王看伎》等，但言及乡关之思和述怀之作，诗风即变为苍凉劲拔，《拟咏怀》二十七首可视为其在南北诗风融合

---

① 宇文招：《从军行》，逯钦立《前秦汉魏晋南北朝诗·北周诗》卷一，中华书局1983年版，第2344页

② 令狐德棻：《周书》卷四一，中华书局1971年版，第744页。

③ 刘熙载：《艺概·诗概》，上海古籍出版社1978年版，第57页。

④ 吴兆宜：《庾开府集笺注》，纪昀等《四库全书总目》卷一四八，中华书局1997年版，第1988页。

的代表作，如：

> 俎豆非所习，帷幄复无谋。不言班定远，应为万里侯。燕客思辽水，秦人望陇头。倡家遭强娉，质子值仍留。自怜才智尽，空伤年鬓秋。（其三）
>
> 楚材称晋用，秦臣即赵冠。离宫延子产，羁旅接陈完。寓卫非所寓，安齐独未安。雪泣悲去鲁，凄然忆相韩。唯彼穷途恸，知余行路难。（其四）
>
> 寻思万户侯，中夜忽然愁。琴声遍屋里，书卷满床头。虽言梦蝴蝶，定自非庄周。残月如初月，新秋似旧秋。露泣连珠下，萤飘碎火流。乐天乃知命，何时能不忧？（其十八）

诗中充满悲怨之情，"倡家遭强娉，质子值仍留"和"楚材称晋用，秦臣即赵冠"充满羁留长安的无奈，"燕客思辽水，秦人望陇头"和"雪泣悲去鲁，凄然忆相韩"，充满对南方的乡关之思。庾信以凌云健笔抒写了羁留北地的哀思和愤懑，诗风沉郁苍凉，含蓄蕴藉，不仅具有苍劲的风骨，而且具备了齐梁诗声律精细的艺术特征，是浑厚与精致的统一。故杨慎《升庵诗话》曰："庾信之诗，为梁之冠绝，启唐之先鞭。……子山之诗，绮而有质，艳而有骨，清而不薄，新而不尖，所以为'老成'也。"[①] 庾信其他诗作如《郊行值雪》《同卢记室从军诗》《伏闻游猎诗》更是明显带有北诗的苍凉雄健之风。

由南入北的经历，使庾信的诗歌达到"穷南北之胜"的高度，在齐梁文学声律、对偶等修辞技巧的基础上接受了北朝文学的浑厚劲健之风，从而开拓了审美意境，成为唐诗的先启。

总之，南北朝后期，北方诗人虽然积极学习南朝诗歌，但成就不大。进入长安的南朝诗人开始创作出融合南北之长的作品，但仍有大量作品沿袭南朝旧习，吟咏歌舞宴乐，诗风浮靡轻艳，诗风之变化不是根本性的，能做到南北融合之人还是少数。

[①] 杨慎：《升庵诗话》卷九，丁福保《历代诗话续编》，中华书局2006年版，第815页。

二 隋代长安南北诗风交融的进一步发展

隋文帝篡位北周,建立隋朝,都城依旧在长安。开皇九年(589),隋灭陈朝,完成了地理和政治意义上的统一,南北诗风的完全融合还没有出现,但相对南北朝时期,却有了很大的进展。如果说南北朝后期诗坛存在南北截然不同的两种诗风,能融二者之长的只见于极个别诗人,那么隋代诗坛南北的交融,地域的界限不那么明显,是一种混合状态,是融而未合。长安依旧是南北诗风的主要交汇之地,和南朝不同的是,由于消除了地域的限制,隋代的南人入北是积极的而不是被迫的,对北地诗风的接受也由被动变为主动,而北地诗人对南方诗风的学习仍然保持高昂的热情。

隋文帝出身关陇贵族集团,在治国之策上坚守"关中本位政策",文化上则是厚古薄今,重实际轻文艺。杨坚"不悦诗书,废除学校"[1],自然对南方绮丽的诗歌采取抵制的态度。所以隋初诗坛,南北诗风交融非但没有发展,反而受到一定程度的遏制。南北诗风交融得到进一步发展是在隋炀帝执政期间,杨广采取一系列的行为措施对两地诗风的交融起到重要的促进作用。首先是科举制度的实施。虽然设立科举制度的功劳应归于隋文帝,但真正实行始于隋文帝执政末年,至隋炀帝即位,科举制度的实施逐渐走向了正规。此举促进了全国士子,无论南北,齐聚长安,对诗风的交流融合起到了一定的促进作用。其次,招引大批南方诗人进入长安。《隋书》记载,隋炀帝好文雅,招引才学之士诸葛颖、虞世南、王胄、朱玚等百余人以充学士。隋炀帝杨广为晋王时就广交南人,对南朝艺术的迷恋使其延揽大批南朝诗人进入王府,这些人随着杨广即位都进入长安。再次,对南方诗歌艺术的推崇和学习。隋炀帝是隋代诗坛一位重要的诗人,隶籍长安华阴,但对南朝文化极为推崇,在诗歌创作上积极学习南方诗歌艺术,所以其诗颇兼南北之长。隋炀帝正确对待诗歌的态度对南北诗风的交融以及诗歌朝正确方向发展起到良好的引导作用。

---

[1] 魏征:《隋书》卷二,中华书局1973年版,第54页。

隋代诗坛，创作群体南人居多，南方诗人约占总数的2/3，主要有王胄、王衡、萧琮、刘庄、刘巧言、庾绰、虞世南、虞世基、庾自直、徐仪、诸葛颖、许善心、何妥等。创作题材仍以宫廷宴饮、奉和应制、写景咏物为主，但其中边塞诗歌的增多和功名意识的增强则是受北地影响的主要表现。北地诗人中以隋炀帝杨广、卢思道、薛道衡、杨素等为主，风格以质朴刚劲为主，情思浓烈真挚，但其对仗的工整、辞才绮丽、描景的细腻方面显示出南方的特点。

隋代南北诗风融合中，成就以隋炀帝杨广、薛道衡和虞世基较为显著。隋炀帝现存诗43首，其作为北地诗人，初以南方诗风为主，后转为南北融合的典丽雅正。《隋书·柳䛒传》曰："初，（晋）王属文，为庾信体。"① 可知隋炀帝早年的诗风是以南方诗风为主，其《东宫春》《江都夏》曰：

> 洛阳城边朝日晖，天渊池前春燕归。含露桃花开未飞，临风杨柳自依依。小苑花红洛水绿，清歌宛转繁弦促。长袖逶迤动珠玉，千年万岁阳春曲。②
> 梅黄雨细麦秋轻，枫树萧萧江水平。飞楼绮观轩若惊，花簟罗帷当夏清。菱潭落日双凫舫，绿水红妆两摇漾。还似浮桑碧海上，谁肯空歌采莲唱。③

以上两首诗都显示出典型的宫体诗的特征，"长袖逶迤动珠玉"写女子之态；"洛阳城边朝日晖，天渊池前春燕归"对仗工整，辞藻雕琢，而《江都夏》中写景的"梅黄雨细麦秋轻，枫树萧萧江水平"萧散疏放，"菱潭落日双凫舫，绿水红妆两摇漾"清丽明媚，显示出清丽的风格。隋炀帝一些乐府诗带有着江南民歌的特点，如《江陵女歌》：

---

① 魏征：《隋书》卷五八，中华书局1973年版，第1423页。
② 杨广：《东宫春》，李昉《文苑英华》卷一九三，中华书局1966年版，第950页。
③ 杨广：《江都夏》，李昉《文苑英华》卷一九三，中华书局1966年版，第950页。

> 雨从天上落,水从桥下流。拾得娘裙带,同心结两头。①

此诗情感天真、自然,对爱情的追求大胆、直接,甚至带有山野村姑的质朴。后隋炀帝在长安即位后,诗风发生变化,《隋书·文学传序》曰:"炀帝初习艺文,有非轻侧之论,暨乎即位,一变其风。其《与越公书》、《建东都诏》、《东至受朝诗》及《拟饮马长城窟》,并存雅体,归于典则。"② 隋炀帝《春江花月夜》是融合南北诗风的代表作。

> 暮江平不动,春花满正开。流波将月去,潮水带星来。夜露含花气,春潭漾月晖。汉水逢游女,湘川值两妃。③

诗中"江""月""花"意象相组合,营造出优美的意境,并且情思蕴藉,同时,"流波将月去,潮水带星来"开阔的境界,暗示着北地诗人阔达的胸襟,此诗体现了隋代南北诗风交融的成就。

薛道衡《出塞诗二首》④ 劲健、挺拔,不仅有"绝漠三秋暮,穷阴万里生"的苍凉,亦有"寒夜哀笛曲,霜天断雁声"的悲怆,而其《昔昔盐》:

> 垂柳覆金堤,蘼芜叶复齐。水溢芙蓉沼,花飞桃李蹊。采桑秦氏女,织锦窦家妻。关山别荡子,风月守空闺。恒敛千金笑,长垂双玉啼。盘龙随镜隐,彩凤逐帷低。飞魂同夜鹊,倦寝忆晨鸡。暗牖悬蛛网,空梁落燕泥。前年过代北,今岁往辽西。一去无消息,那能惜马蹄。⑤

诗歌形式工整,辞藻绮丽,铺叙较为细致,但感情真挚不足,可见南方

---

① 杨广:《江陵女歌》,郭茂倩《乐府诗集》卷四七,中华书局1979年版,第683页。
② 魏征:《隋书》卷七六,中华书局1973年版,第1730页。
③ 杨广:《春江花月夜》,郭茂倩《乐府诗集》卷四七,中华书局1979年版,第678页。
④ 薛道衡:《出塞诗二首》,郭茂倩《乐府诗集》卷二一,中华书局1979年版,第319页。
⑤ 薛道衡:《昔昔盐》,郭茂倩《乐府诗集》卷七九,中华书局1979年版,第1109页。

诗歌的痕迹。

对于隋朝长安诗坛的南北诗风的融合,可用隋炀帝之言形容:"气高致远,归之于胄;词清体润,其在世基。意密理新,推庾自直。"① 虽然隋炀帝所推崇的王胄、虞世基、庾自直三人都是南人,但"气高致远""词清体润""意密理新"的评价却是融合南北诗歌之长的艺术特征,但这种融合只是个别人,是局部,而不是整个诗坛。就诗歌主流而言,是融而未合,隋代仍然是存在南北不同的两种诗风。"南北文学在有隋一代处于混合状态,而并未融合为一统一之文学进程。因之,也就没能形成一种反映它自己的时代特征的共同创作特色。"②

三 唐诗雄深雅健风格基调的确立

唐代科举制度的延续和漫游之风的盛行,对南北诗风的融合又推进一步。殷璠《河岳英灵集·序》云:"武德初,微波尚在。贞观末,标格渐高。景云中,颇通远调。开元十五年后,声律风骨始备矣。"③ 由此可见,从武德至开元初期,诗歌的南北融合并未完成,直至开元天宝时期才"声律风骨始备"。长安依然是南北诗风的主要交汇地,而且比前代拥有更加重要的地位,如赵昌平所言:"长安是唐王朝政治、经济、文化艺术的中心,唐诗之趋赏,尤其在安史之乱'多士奔吴'前,均以长安为转移,各地诗人要想产生影响,都必须先在长安一显身手,尤其是进士得第,往往成为脱颖而出的阶梯。今存唐人各家诗,登第或入长安前留存既少,其行事亦晦,此后则相反,原因即在于此。"④

唐初,高祖李渊的"关中本位政策"和对南方、山东之人的压制,如同隋高祖杨坚,使诗歌并未得到健康的发展。而唐太宗对南方诗歌的推崇,造成了整个诗坛弥漫绮丽诗风,而刚健不闻。虽然魏征在诗歌理论上明确提出融合南北诗风的要求,曰:"江左宫商发越,贵于清绮,河

---

① 魏征:《隋书》卷七六,中华书局1973年版,第1741—1742页。
② 罗宗强:《隋唐五代文学思想史》,中华书局2003年版,第7页。
③ 殷璠撰,王克让注:《河岳英灵集注》,巴蜀书社2006年版,第1页。
④ 赵昌平:《赵昌平自选集·开元十五年前后》,广西师范大学出版社1997年版,第63—64页。

朔词义贞刚，重乎气质。气质则理胜其词，清绮则文过其意，理深者便于时用，文华者宜于咏歌，此其南北词人得失之大较也。若能掇彼清音，简兹累句，各去所短，合其两长，则文质斌斌，尽善尽美矣。"① 但初唐诗歌的实际创作中并未形成"文质斌斌"的诗歌潮流。太宗时稍有成就的是虞世南，是由隋入唐的南人，跟随李世民出征的亲身经历和在长安的长期生活，使其诗歌能将北地的刚健豪侠之风融入诗中，《从军行二首》《拟饮马长城窟》《出塞》《结客少年场行》是其代表作。高宗武后时期，士族遭到抑制，庶族抬头，进士录取人数的增加，使南北诗人云集长安，对南北诗风交融于长安起到重要的促进作用，但由于武后统治的专制，诗坛以宫廷诗人创作为主流，诗人普遍缺乏骨鲠之气，因而诗歌风骨不振。

南北诗风的完全交融是在开元天宝时期。开明的政治，健康的文化氛围，为文质兼有盛唐诗歌的到来提供了社会文化基础。开元十五年（727）前后，长安诗坛代表人物有张说、张九龄、王湾、王翰、贺知章、王维、孟浩然、王昌龄、储光羲、常建、綦毋潜、李颀、王之涣、崔国辅等，其中王维、孟浩然擅长清丽明秀的田园诗，王昌龄、王之涣，更多是劲健的豪侠之风，张说、王湾则是二者兼而有之。此时的长安诗坛创作走向了南北融合的发展道路，至天宝年间，李、杜、高、岑的出现标志着唐诗的大盛。李白、高适、岑参在开元年间已经漫游长安，且有诗名。李白开元十八年初游长安，天宝元年（742）应诏再赴长安，被贺知章称为"谪仙人"；高适，开元十一年初至长安，在开元二十六年作《燕歌行》时已经成名；岑参，开元二十二年至长安献书求仕，杜甫从天宝五载至长安参加制举，居住长安十年，与岑参交往甚密。

开元天宝诗坛的创作，虽然诗风上各有千秋，但雄深雅健是其根本的风格基调。以《河岳英灵集》对诗人的评价为例，可说明这个问题，曰：

> 建诗似处发通庄，却寻野径百里之外，方归大道。所以其旨远，

---

① 魏征：《隋书》卷七六，中华书局1973年版，第1730页。

其兴僻,佳句辄来,唯论意表。至如"松际露微月,清光犹为君",又"山光悦鸟性,潭影空人心",此例十数句,并可称警策。然一篇尽善者,"战余落日黄,军败鼓声死。今与山鬼邻,残兵哭辽水",属思既苦,词亦警绝。(评常建)

维诗词秀调雅,意新理惬,在泉成珠,着壁成绘,一句一字皆出常境,至如"落日山水好,漾舟信归风",又"涧芳袭人衣,山月暎石壁","天寒远山净,日暮长河急","日暮沙漠陲,战声烟尘里",讵肯惭于古人也。(评王维)

储公诗格高调逸,趣远情深,削尽常言,挟风雅之迹,浩然之气。(评储光羲)

白性嗜酒,志不拘检,常林栖十数载,故其为文章率皆纵逸,至如《蜀道难》等篇,可谓奇之又奇,然自骚人以还,鲜有此体调也。(评李白)

参诗语奇体峻,意亦造奇,至如"长风吹白茅,野火烧古桑",可谓逸才,又"山风吹空林,飒飒如有人",宜称幽致也。(评岑参)

常侍性拓落,不拘小节,耻预常科,隐迹博徒,才名自远,然适诗多胸臆语,兼有气骨,故朝野通赏其文,至如《燕歌行》等篇,甚有奇句,且余所最深爱者,未知"肝胆向谁是,令人却忆平原君"。(评高适)

浩然诗文彩丰茸,经纬绵密,半遵雅调,全削凡体。至如"众山遥对酒,孤屿共题诗",无论兴象,兼复故实。又"气蒸云梦泽,波撼岳阳城",亦为高唱。(评孟浩然)

由上可见,开元天宝年间的诗歌艺术具有以下几点特征:格高、词秀、情深、意奇,不仅有风雅之迹,且具有浩然之气。所以,殷璠以"既闲新声,复晓古体。文质半取,风骚两挟。言气骨则建安为传,论宫商则太康不逮"[1]来评价盛唐诗歌。初唐以来讲究声律辞藻的近体,与抒

---

[1] 殷璠撰,王克让注:《河岳英灵集注》,巴蜀书社2006年版,第4页。

写慷慨情怀的古体汇而为一,诗人作诗笔参造化,韵律与抒情相辅相成,气协律而出,情因韵而显,如殷璠所说的"神来、气来、情来"[1],达到了声律风骨兼备的完美境界,同时也意味着唐诗雄深雅健风格基调的确立。

---

[1] 殷璠撰,王克让注:《河岳英灵集注》,巴蜀书社2006年版,第1页。

第二章

杜诗对长安文化的多维透视

关于杜诗在唐诗中的地位,言者众多,今且引叶嘉莹之论言之:"谈到我国旧诗演进发展的历史,无疑唐代是一个足可称为集大成的时代,只根据《全唐诗》一书来统计,所收的作者,就有二千二百余人之众,而所收的作品,则更有四万八千九百余首之多。在如此众多的作家与作品中,其名家之辈出、风格之多采,自属一种时势所趋的必然之现象。面对如此缤纷绚烂的集大成之唐代诗苑,如果站在主观的观点来欣赏,则摩诘之高妙,太白之俊逸,昌黎之奇崛,义山之窈眇,固然各有其足以令人倾倒赏爱之处,即使降而求之,如郊之寒,如岛之瘦,如卢仝之怪诞,如李贺之诡奇,也都无害其为点缀于大成之诗苑中的一些奇花异草。然而如果站在客观的观点来评量,想要从这种种缤纷与歧异的风格中,推选出一位足以称为集大成的代表作者,则除杜甫而外,实无足以当之者。"①

就风格而论,杜诗包罗万象,集众家之长。王安石曾说:"白之歌诗,豪放飘逸,人固莫及;然其格止于此而已,不知变也。至于甫,则悲欢穷泰,发敛抑扬,疾徐纵横,无施不可。故其诗有平淡简易者,有绮丽精确者,有严重威武若三军之帅者,有奋迅驰骤若泛驾之马者,有淡泊闲静若山谷隐士者,有风流蕴藉若贵介公子者。盖其诗绪密而思深,观者苟不能臻其阃奥,未易识其妙处,夫岂浅近者所能窥哉!此甫所以

---

① 叶嘉莹:《杜甫秋兴八首集说·论杜甫七律之演进及其承先启后之成就》,北京大学出版社 2008 年版,第 1 页。

光掩前人，而后来无继也。"① 杜甫不但汲取前人诗歌精华，而且开启了后人的诗歌创作，在古代诗歌史上起到承前启后的作用。"杜甫之诗，包源流，综正变。自甫以前，如汉魏之浑朴古雅，六朝之藻丽秾纤、澹远韶秀，甫诗无一不备。然出于甫，皆甫之诗，无一字句为前人之诗也。自甫以后，在唐如韩愈、李贺之奇矞，刘禹锡、杜牧之雄杰，刘长卿之流利，温庭筠、李商隐之轻艳，以至宋、金、元、明之诗家，称巨擘者，无虑数十百人，各自炫奇翻异，而甫无一不为之开先。"② 就诗歌感情倾向而论，杜诗兼有初唐的朝气蓬勃，盛唐的自信执著，中唐的忧患苦闷，晚唐的哀伤喟叹。故杜诗为唐一代之诗的精华所在。

　　杜甫长安生活十几年，集大成的杜诗与长安有着密切的关系。不仅长安文化的主要面都表现在杜诗之中，并呈现出全面性、犀利性、重在对士文化的展现等特征，而且，杜诗是长安文化精神的凝聚与升华，长安文化浪漫、世俗、执著精神不仅对杜诗具有积极浪漫主义、深沉的忧患意识、深挚的长安情结有着重要作用，而且是杜甫两次创作高峰（安史之乱时期与夔州时期）的主要创作动力。

第一节　杜诗对长安文化的透视维度

　　"文化"一词具有无限延伸的外延，其定义的解读现在也有百种之多，这就给唐代长安文化的界定带来许多困难。《易·贲》曰："文明以止，人文也。观乎天文以察时变。观乎人文以化成天下。"③ 作为人文化成的长安文化，以其创造主体而言，可分为：以皇室贵族为主体的宫廷文化、以普通士阶层为主体的士文化、以一般民众为主体的市俗文化。宫廷文化包括宫廷建筑、宫廷礼仪、游宴、乐舞，等等；士文化包括交游、送别、书法、绘画、经学，等等；市俗文化包括节序、服饰、民间

---

① 胡仔：《苕溪渔隐丛话》前集卷六引《遯斋闲览》，人民文学出版社1962年版，第37页。
② 叶燮：《原诗》，郭绍虞主编《原诗　一瓢诗话　说诗晬语》，人民出版社1979年版，第8页。
③ 周振甫译注：《周易译注》，中华书局1991年版，第81页。

娱乐、宗教信仰，等等。这三种文化圈的划分，是就文化主要创造主体而言，三者并不是完全隔绝，而是相互传播、影响和接受，共同构成长安文化整体，但同时又各自拥有自己的独立性。以上这些长安文化的主要面，在杜诗中都有所表现。

一 对长安宫廷文化的透视

长安作为唐代的国都，其为人所重，首先在于它是国家最高权力机构所在地。在长安，以帝王为首的封建政治体系是唐代政治结构的缩影，以帝王贵族为主体的宫廷贵族生活也就成了长安文化的重要组成部分。因为皇室贵族政治上的至高地位，宫廷文化在一定意义上对长安文化的发展起到导向作用，并且在展现唐代盛世气象中更具有代表性。杜诗对宫廷建筑、宫廷礼仪、宫廷游宴、宫廷乐舞等宫廷文化的主要层面都有所表现。

（一）宫廷建筑

隋唐长安城的建筑是中国古代建筑史上的辉煌，坊市整齐划一，以宫城为中心所形成的众星拱月之势充分显示出皇权独尊的思想和唐代雍容的气度。皇城、宫城是帝王为首的皇权机构所在地，在杜甫授予右卫率府胄曹参军之前，杜诗对长安的宫廷建筑的表现只停留在杜甫远远观望的视野中。《乐游园歌》曰："阊阖晴开昳荡荡，曲江翠幙排银榜。"是杜甫在曲江观望宫殿所见，展现的是帝王游幸乐游园之景。乾元元年（758），杜甫在长安任职左拾遗，平日行走宫廷，随行皇帝左右，杜诗对皇宫建筑的表现更为具体。早朝大明宫，所见是"五夜漏声催晓箭，九重春色醉仙桃。旌旗日暖龙蛇动，宫殿风微燕雀高"（《奉和贾至舍人早朝大明宫》）。退朝时的宣政殿，是"天门日射黄金榜，春殿晴曛赤羽旗。宫草霏霏承委珮，炉烟细细驻游丝"（《宣政殿退朝晚出左掖》）。"日暖""风微""宫草霏霏""炉烟细细"，皆是赞宫中雍容气象。对于平日办公之处门下省，杜诗亦有描述，曰：

掖垣竹埤梧十寻，洞门对霤常阴阴。落花游丝白日静，鸣鸠乳燕青春深。腐儒衰晚谬通籍，退食迟回违寸心。衮职曾无一字补，

许身愧比双南金。(《题省中壁》)

"此篇八句俱拗，而律吕铿锵。试以微吟，或以长歌；其实文从字顺也。"① 其中"落花游丝白日静，鸣鸠乳燕青春深"一联最得宫中富贵气，受到诸家称赞。刘辰翁曰："次联老健有情，此非'旌旗日暖''宫殿风微'两句比。"② 虞集亦称："次联之景，两句富丽浑成。"③

杜诗中不仅有长安宫廷的富丽雄伟，亦有遭受战乱时的荒凉破败。安史之乱中杜甫被俘，押往长安，当其再至曲江时，昔日繁华的曲江边的宫殿一片凄凉，《哀江头》曰："江头宫殿锁千门，细柳新蒲为谁绿。"诗中眼前宫殿的寂寞与昔日的繁华形成强烈的对比。

(二) 宫廷礼仪

宫中礼仪制度是皇室贵族活动的重要组成部分，它的存在不仅体现了封建等级秩序，而且起到维护皇家威严和地位的作用。对此，杜甫在任左拾遗期间在诗中有所描述，《紫宸殿退朝口号》曰：

> 户外昭容紫袖垂，双瞻御座引朝仪。香飘合殿春风转，花覆千官淑景移。昼漏稀闻高阁报，天颜有喜近臣知。宫中每出归东省，会送夔龙集凤池。

此诗再现了臣子上朝时的礼仪，"昭容"为引导朝仪的女官，"户外昭容紫袖垂，双瞻御座引朝仪"，上朝"情景宛然，似此写皇家富贵，乃真从气象上写出"④，被人誉为"浓丽如许，格律不卑"⑤，"春容大雅，何减右丞"⑥。

---

① 方回辑，李庆甲集评：《瀛奎律髓汇评》，上海古籍出版社 1986 年排印本，陈伯海编《唐诗汇评》，浙江教育出版社 1995 年版，第 1107 页。
② 同上书，第 1108 页。
③ 同上。
④ 同上书，第 1101 页。
⑤ 同上。
⑥ 李因培选评，凌应曾注：《唐诗观澜集》，清乾隆二十四年刻本，陈伯海编《唐诗汇评》，浙江教育出版社 1995 年版，第 1101 页。

(三) 宫廷游宴

游赏宴会是皇室贵族必不可少的娱乐活动，也是宫廷文化的主要体现。杜甫表现皇室贵族游宴的诗作主要在安史之乱爆发前杜甫旅居长安的时期，代表作是《郑驸马宅宴洞中》《赠特进汝阳王二十二韵》《崔驸马山亭宴集》《丽人行》《陪诸贵公子丈八沟携妓纳凉晚际遇雨二首》，等等。

《郑驸马宅宴洞中》是杜甫初入长安时与郑潜曜驸马交游，并与之宴集所作，曰：

> 主家阴洞细烟雾，留客夏簟青琅玕。春酒杯浓琥珀薄，冰浆碗碧玛瑙寒。误疑茅堂过江麓，已入风磴霾云端。自是秦楼压郑谷，时闻杂佩声珊珊。

此二首诗典雅浓丽，可见杜甫早期诗作中对律体的尝试。宴会器物瑰丽，如琥珀杯、玛瑙碗，饮食精美珍贵，如春酒、冰浆。秦楼郑谷，杂佩珊珊，突出宴集之处恍如仙境。

《赠特进汝阳王二十二韵》亦作于同时，是杜甫与汝阳王李琎宴集所作，曰：

> 披雾初欢夕，高秋爽气澄。樽罍临极浦，凫雁宿张灯。花月穷游宴，炎天避郁蒸。砚寒金井水。簟动玉壶冰。瓢饮惟三径，岩栖在百层。谬持蠡测海，况把酒如渑。鸿宝宁全秘，丹梯庶可凌。淮王门有客，终不愧孙登。

此诗胡应麟评之"格调精严，体骨匀称"[1]，诗中极力铺陈汝阳王宴会之华贵以及受到赏识的感激之情。此类宴集诗在展现皇室贵族游宴时，具有共同的特征，即器具的瑰丽，食物的精美，气势的华贵。如《崔驸马山亭宴集》中"客醉挥金碗，诗成得绣袍"，《丽人行》中"就中云幕椒

---

[1] 仇兆鳌：《杜诗详注》卷一，中华书局1979年版，第65页。

房亲,赐名大国虢与秦。紫驼之峰出翠釜,水精之盘行素鳞。犀筯厌饫久未下,鸾刀缕切空纷纶。黄门飞鞚不动尘,御厨络绎送八珍"。虽然这些"朱门酒肉臭"的场景有时是杜甫批判的对象,但恰是这种华贵奢侈的生活才表现出长安宫廷文化的特征。

(四) 宫廷乐舞

把乐舞放入宫廷文化一栏论述,是因为唐代乐舞发达,主要体现于宫廷,再由宫廷传播至民间,逐渐融合为长安的乐舞文化。杜甫对长安的宫廷乐舞接触很多,李龟年是玄宗时著名的宫廷乐人,杜甫诗《江南逢李龟年》曰:"岐王宅里寻常见,崔九堂前几度闻",可见宫廷乐舞对杜甫多有熏陶,同时杜诗中对此也多有呈现。杜甫赴奉先探亲,途经骊山,有"瑶池气郁律,羽林相摩戛。君臣留欢娱,乐动殷胶葛"(《自京赴奉先县咏怀五百字》)的描述,但乐舞不是此诗重点表现的对象,只是言及。杜诗《观公孙大娘弟子舞剑器行》是一首专门以剑器舞为描述对象的诗歌,曰:

> 昔有佳人公孙氏,一舞剑器动四方。观者如山色沮丧,天地为之久低昂。㸌如羿射九日落,矫如群帝骖龙翔。来如雷霆收震怒,罢如江海凝清光。绛唇珠袖两寂寞,晚有弟子传芬芳。临颍美人在白帝,妙舞此曲神扬扬。与余问答既有以,感时抚事增惋伤。先帝侍女八千人,公孙剑器初第一。五十年间似反掌,风尘澒洞昏王室。梨园弟子散如烟,女乐余姿映寒日。金粟堆南木已拱,瞿唐石城草萧瑟。玳筵急管曲复终,乐极哀来月东出。老夫不知其所往,足茧荒山转愁疾。

"先帝侍女八千人,公孙剑器初第一",可见玄宗时宫廷乐舞之盛。剑器舞,有英姿飒爽之气,"㸌如羿射九日落,矫如群帝骖龙翔。来如雷霆收震怒,罢如江海凝清光"是对此乐舞的集中描写,序中"浏漓顿挫""豪荡感激"便是对此乐舞的精当概括。王嗣奭曰:"'来如雷霆收震怒',凡雷霆震怒,轰然之后,累累远驰,赫有余怒,故知'收'字之妙，若轰然一声，阒然而止，虽震怒不为奇也。"①

二 对长安士文化的透视

士是介于官与民之间的一个特殊阶层，相当于现在所言的知识分子，但又不尽相同。士来源于民，出仕则为官，它来源于民的各个部分，入于官的各个层次，一定意义上，士是官民之间的连接点。士自古有之，"西周时，士大约是一种位在卿大夫之下的固定身份，并在国家中有一定职事之人。春秋战国时代，大量的士游离于家际、国际间，而且士的种类颇多。秦汉以后，士主要是指读书奔仕途之人了"。② 唐代长安以国都之优势，使士云集长安，士在长安文化主体精神的创造和传播中居于重要地位，成为长安文化中一个主要的创造群体。士文化所包含的文酒之会、送别、迁谪、书法、绘画，等等，在杜诗中都有所呈现。

（一）文酒之会

"文"和"酒"自古就和士人有着不解之缘，在长安，文酒之会成为士人相互交往和切磋诗艺的重要方式，在共同宴集、共同游赏中互相唱和酬赠，写下大量诗作。天宝十一载（752），杜甫与高适、岑参、薛据、储光羲同游慈恩寺塔，五人同时写下著名的同题诗，杜甫《同诸公登慈恩寺塔》曰：

> 高标跨苍穹，烈风无时休。自非旷士怀，登兹翻百忧。方知象教力，足可追冥搜。仰穿龙蛇窟，始出枝撑幽。七星在北户，河汉声西流。羲和鞭白日，少昊行清秋。秦山忽破碎，泾渭不可求。俯视但一气，焉能辨皇州。回首叫虞舜，苍梧云正愁。惜哉瑶池饮，日晏昆仑丘。黄鹄去不息，哀鸣何所投。君看随阳雁，各有稻粱谋。

此时为天宝末年，社会矛盾加剧并趋于表面化，杜甫借登塔远望，抒发忧国之思和身世之感，在同题诗中，被认为是超越时辈。仇兆鳌曰："同

---

① 王嗣奭：《杜臆》卷九，上海古籍出版社1983年版，第339—340页。
② 卢子震：《中国古代社会结构的变化与士文化》，《学习与探索》2000年第1期。

时诸公登塔,各有题咏。薛据诗已失传;岑、储两作,风秀熨贴,不愧名家;高达夫出之简净,品格亦自清坚。少陵则格法严整,气象峥嵘,音节悲壮,而俯仰高深之景,盱衡古今之识,感慨身世之怀,莫不曲尽篇中,真足压倒群贤,雄视千古矣。"①

《陪郑广文游何将军山林十首》约作于天宝十一二载间,是与挚友郑虔同游何将军山林而写的一首大型组诗。杜甫天宝五载(746)入长安,应诏参加制举而下第,此后至安史之乱爆发,杜甫旅居长安进行求仕活动,备尝冷暖辛酸,杜甫的创作逐渐呈现愁苦之音。此诗通过对山林淳朴清幽景物的描写,表现出杜甫难得一见的幽兴与惬意。王嗣奭曰:"山林与园亭不同,依山临水,连村落,包原隰,溷樵渔,王右丞辋川似之,非止一壑一丘之胜而已。此十诗明是一篇游记,有首有尾。中间或赋景,或写情,经纬错综,曲折变幻,用正出奇,不可方物。"②山林景色的优美使杜甫二次重游,并有《重游何氏五首》记之。此类诗歌可比王维之辋川诗,虽然在杜诗中不多见,亦可呈现出作为都市长安的一个侧面。

杜甫与岑参游渼陂,《渼陂行》《渼陂西南台》《与鄠县源大少府宴渼陂》皆是当时之作。杜甫游赏类诗歌展现了长安士子生活的一个方面,同时,也是长安士子的精神风貌和审美情趣的一个反映。

(二)送别

士子至长安,原因众多,或漫游,或应试,或为官,或干谒,等等,他们或作短暂停留,或长期居住,长安成为士子频繁出入的场所,士子之间的送别可谓唐诗中一个重要题材。《送高三十五书记十五韵》曰:

> 崆峒小麦熟,且愿休王师。请公问主将,焉用穷荒为。饥鹰未饱肉,侧翅随人飞。高生跨鞍马,有似幽并儿。脱身簿尉中,始与捶楚辞。借问今何官,触热向武威。答云一书记,所愧国士知。人实不易知,更须慎其仪。十年出幕府,自可持旌麾。此行既特达,足以慰所思。男儿功名遂,亦在老大时。常恨结欢浅,各在天一涯。

---

① 仇兆鳌:《杜诗详注》卷二,中华书局1979年版,第106页。
② 王嗣奭:《杜臆》卷一,上海古籍出版社1983年版,第20页。

又如参与商，惨惨中肠悲。惊风吹鸿鹄，不得相追随。黄尘翳沙漠，念子何当归。边城有馀力，早寄从军诗。

高适是杜甫至交，送别之词，"肝胆批露，语气壮往有余"①，诗中惜别之意、友朋规切之谊与勉励建立功业之情相交融。《杜诗镜铨》曰："观诗直有家人骨肉之爱，公于同时诸诗人，无不惓惓如此。"②《送韦书记赴安西》："夫子欻通贵，云泥相望悬。白头无藉在，朱绂有哀怜。书记赴三捷，公车留二年。欲浮江海去，此别意苍然。"诗中以云泥之别表达了对友人入仕的羡慕与自己一事无成的悲怨。《送蔡希鲁都尉还陇右因寄高三十五书记》诗中"身轻一鸟过，枪急万人呼！"《六一诗话》曰："陈公（从易）时偶得杜集旧本，文多脱误，至《送蔡都尉诗》云：'身轻一鸟'其下脱一字。陈公因与数客各用一字补之。或云'疾'，或云'落'，或云'起'，或云'下'，莫能定。其后得一善本，乃是'身轻一鸟过'。陈公叹服，以为虽一字，诸君亦不能到也。"③

安史之乱中，杜甫挚友郑虔陷贼中被迫授伪职。肃宗收复长安后，郑虔贬台州司户，杜甫作诗送之，曰：

> 郑公樗散鬓成丝，酒后常称老画师。万里伤心严谴日，百年垂死中兴时。苍惶已就长途往，邂逅无端出饯迟。便与先生应永诀，九重泉路尽交期。（《送郑十八虔贬台州司户伤其临老陷贼之故阙为面别情见于诗》）

此诗较能体现杜诗沉郁顿挫之风，杜甫对郑虔临老贬至荒远之地，不仅伤其不幸，又为其不平，故诗歌激昂慷慨、悲愤淋漓。卢世㴶曰："虔之贬，既伤其垂老陷贼，又阙于临行面别，故篇中徬徨特至。如中二联，清空一气，万转千回，纯是泪点，都无墨痕。诗至此，直可使暑日霜飞、

---

① 陆时雍辑：《唐诗镜》，《四库全书》本，陈伯海编《唐诗汇评》，浙江教育出版社1995年版，第907页。
② 杨伦：《杜诗镜铨》卷二，上海古籍出版社1962年版，第52页。
③ 欧阳修：《六一诗话》，何文焕《历代诗话》，中华书局1981年版，第266页。

午时鬼泣，在七言律中尤难。"①

（三）迁谪

士若为官，宦海浮沉，升迁贬谪就成为长安政治舞台经常上演的剧目，也是士人生活的重心，也是最能触动士子心灵之事。沈佺期之子沈东美除膳部员外郎，杜甫作诗赠之，曰：

> 今日西京掾，多除南省郎。通家惟沈氏，谒帝似冯唐。诗律群公问，儒门旧史长。清秋便寓直，列宿顿辉光。未暇申安慰，含情空激扬。司存何所比，膳部默凄伤。贫贱人事略，经过霖潦妨。礼同诸父长，恩岂布衣忘。天路牵骐骥，云台引栋梁。徒怀贡公喜，飒飒鬓毛苍。（《承沈八丈东美除膳部员外郎阻雨未遂驰贺奉寄此诗》）

此诗不仅赞沈东美家世，而且借沈升迁而抒发自己"徒怀贡公喜，飒飒鬓毛苍"之慨。即使友人只是迁补阙之职，杜甫亦在《赠陈二补阙》中，对陈二的祝贺中充满羡慕之意。

有升迁即有贬谪，郑虔年老被贬台州，后死于贬所，杜甫有诗《所思》为其贬谪而伤感，曰："郑老身仍窜，台州信始传。为农山涧曲，卧病海云边。世已疏儒素，人犹乞酒钱。徒劳望牛斗，无计觑龙泉。"疏儒素，为世所弃，乞酒钱，为时所怜，为郑虔才高八斗反遭贬谪而不平。

（四）书画

士子身份往往身兼多职，不仅精通诗歌，而且书法、绘画、音乐兼通。与杜甫交往的王维、郑虔、薛稷即是：王维，诗歌、绘画、音乐兼善；郑虔之诗、书、画，被玄宗称为"郑虔三绝"；薛稷，诗辞博雅，书法绘画皆有盛名。杜甫在《观薛稷少保书画壁》中曰："仰看垂露姿，不崩亦不骞。郁郁三大字，蛟龙岌相缠。"张旭，唐代草书名家，杜甫在《饮中八仙歌》中"张旭三杯草圣传，脱帽露顶王公前，挥毫落纸如云烟"，脱帽露顶，写出其醉时豪放之状，落纸云烟，再现得意疾书之兴，

---

① 仇兆鳌：《杜诗详注》卷五，中华书局1979年版，第425—426页。

张旭书写之神韵，毕陈于眼前。

唐代，八分书兴盛，其形似隶书而变方。杜甫作《送顾八分文学适洪州》曰："顾于韩蔡内，辨眼工小字。分日侍诸王，钩深法更秘。文学与我游，萧疏外声利。追随二十载，浩荡长安醉。"《李潮八分小篆歌》曰："开元已来数八分，潮也奄有二子成三人。况潮小篆逼秦相，快剑长戟森相向。八分一字直百金，蛟龙盘拿肉屈强。"诗中"钩深"和"快剑长戟森相向"，表现出八分书瘦劲有力的特点。

山水画成熟于唐宋，徐复观曰："山水画的精神发露于宗炳、王微，其形体则完成于李思训。李思训后，我们始有真正值得称为山水画的作品。《宣和画谱》卷一〇《山水门》即始于李思训，绝非无故。"① 李思训是初唐人物，山水画经由他的发展，至天宝年间已经蔚为大观，而以山水画为吟咏对象的诗歌逐渐增多，虽然杜甫只有数首，但"许彦周《诗话》云：'画山水诗，少陵数首，无人可继者。'"② 胡仔曰："少陵题画山水数诗，其间古风二首（指《奉先刘少府新画山水障歌》与《戏题五宰山水图歌》）尤为超绝。"③《奉先刘少府新画山水障歌》曰：

> 堂上不合生枫树，怪底江山起烟雾。闻君扫却赤县图，乘兴遣画沧洲趣。画师亦无数，好手不可遇。对此融心神，知君重毫素。岂但祁岳与郑虔，笔迹远过杨契丹。得非悬圃裂，无乃潇湘翻？悄然坐我天姥下，耳边已似闻清猿。反思前夜风雨急，乃是蒲城鬼神入。元气淋漓障犹湿，真宰上诉天应泣。野亭春还杂花远，渔翁暝踏孤舟立。沧浪水深青溟阔，欹岸侧岛秋毫末。不见湘妃鼓瑟时，至今斑竹临江活。刘侯天机精，爱画入骨髓。自有两儿郎，挥洒亦莫比。大儿聪明到，能添老树巅崖里。小儿心孔开，貌得山僧及童子。若耶溪，云门寺，吾独胡为在泥滓，青鞋布袜从此始。

---

① 徐复观：《中国艺术精神》，广西师范大学出版社2007年版，第189页。
② 胡仔：《苕溪渔隐丛话》后集卷六，人民文学出版社1962年版，第37页。
③ 同上。

此咏画诗得山水之神,出山水之韵。"此诗一篇之中,微则竹树花草,变则烟雾风雨,仙境则沧洲玄圃,州邑则赤县蒲城,山则天姥,水则潇湘,人则渔翁释子,物则猿猱舟船,妙则鬼神,怪则湘灵,无所不备。而纵横出没,几莫测其端倪。"① 全篇气韵生动,诗成画外之意,画写意外之情。王嗣奭亦曰:"画有六法,'气韵生动'第一,'骨法用笔'次之。杜以画法为诗法,通篇字字跳跃,天机盎然,见其气韵。"②

杜甫诗中画马诗尤多,《后村诗话》曰:"少陵马诗多矣,此二篇(《天育骠图歌》和《题韦偃马》)及曹霸《丹青引》尤老苍,一洗万古。"③《丹青引》是对当时著名画马名家曹霸赞颂:"先帝御马玉花骢,画工如山貌不同。是日牵来赤墀下,迥立阊阖生长风。诏谓将军拂绢素,意匠惨淡经营中。须臾九重真龙出,一洗万古凡马空。玉花却在御榻上,榻上庭前屹相向。至尊含笑催赐金,圉人太仆皆惆怅。"《岘佣说诗》曰:"《丹青引》画人是宾,画马是主,却从善书引起善画,从画人引起画马,又用韩干之画肉,垫将军之画骨,末后搭到画人,章法错综绝妙。"④ 在诗歌艺术成就上,此诗沉雄顿挫,妙境别开。如果《丹青引》主要采取间接烘托的手法,那么《天育骠图歌》更多是对画中之马的直接描绘。诗曰:"吾闻天子之马走千里,今之画图无乃是。是何意态雄且杰,骏尾萧梢朔风起。毛为绿缥两耳黄,眼有紫焰双瞳方。矫矫龙性含变化,卓立天骨森开张。"天育骠骑马的清峻之姿,雄杰之态,灵活毕现。

唐代人物画所善者,莫过于吴道子,其尤善佛教画像,世有"吴带当风"之誉,在玄宗朝任宫廷画家。长安寺庙兰若多有其真迹,从杜甫对洛阳寺庙中吴道子五圣徒图壁画的描绘中可见其风采,《冬日洛城北谒玄元皇帝庙》曰:

  画手看前辈,吴生远擅场。森罗移地轴,妙绝动宫墙。五圣联

---

① 仇兆鳌:《杜诗详注》卷四,中华书局1979年版,第279页。
② 王嗣奭:《杜臆》卷一,上海古籍出版社1983年版,第36页。
③ 刘克庄:《后村诗话》,中华书局1983年版,第157页。
④ 施补华:《岘佣说诗》,《清诗话》本,陈伯海编《唐诗汇评》,浙江教育出版社1995年版,第1032页。

龙衮,千官列雁行。冕旒俱秀发,旌旆尽飞扬。

吴道子画脱落凡俗,重神韵,"森罗移地轴,妙绝动宫墙",即是赞吴道子壁画景色逼真,使殿宇生色。"冕旒俱秀发,旌旆尽飞扬",亦给人笔墨酣畅淋漓之感。

三 对长安市俗文化的透视

长安的一般民众创造了长安的市俗文化,其内涵不仅具有唐代国都的特征,而且更多是此地居民长期生活形成的习俗和观念,其中很多因素具有强烈的稳定性和继承性。宋敏求《长安志》引《隋书·地理志》曰:"京兆王都所在,俗具五方,人物混淆,华戎杂错,去农从商,争朝夕之利,游手为事,竞锥刀之末,贵者崇侈靡,贱者薄仁义,豪强者纵横,贫窭者窘蹙,浮鼓屡惊盗贼不禁,此乃古今之所同,风也。"[①]"风",即风俗,具体而言,长安的市俗文化包括节序、物产、社会风气、民间娱乐,等等,长安市俗文化的主要面在杜诗中皆有所表现。

(一)节日

节日的形成一般经历漫长的发展,寄托着农耕文化中民众对生活的美好愿望,或求得神灵先人保佑,或怀念名人志士,等等。呈现于杜甫笔下的长安节日主要有除夕、重阳节、寒食。

杜甫言及除夕的诗作如下:

今夕何夕岁云徂,更长烛明不可孤。咸阳客舍一事无,相与博塞为欢娱。冯陵大叫呼五白,袒跣不肯成枭卢。英雄有时亦如此,邂逅岂即非良图。君莫笑,刘毅从来布衣愿,家无儋石输百万。(《今夕行》)

守岁阿戎家,椒盘已颂花。盍簪喧枥马,列炬散林鸦。四十明朝过,飞腾暮景斜。谁能更拘束,烂醉是生涯。(《杜位宅守岁》)

[①] 宋敏求:《长安志》卷一,《四库全书》本。

诗中"更长烛明"即除夕之夜守岁的习俗。虽然此二诗皆言除夕，但表现的感情却截然相反。杜甫天宝五载（746）入长安，年底在长安客舍度过除夕之夜，尚未参加制举，故《今夕行》诗中充满少年豪放之意。《杜位宅守岁》作于天宝十载，时杜甫应举下第，干谒无果，人生失意，所以发出"谁能更拘束，烂醉是生涯"的激愤之词。

农历九月九日为传统的重阳节，登高成为节日的主要活动，茱萸、菊花是节日不可缺的辟邪之物。在唐代诗人笔下，重阳节更多是作为亲情和友情的承载体。杜甫《九日蓝田崔氏庄》曰：

> 老去悲秋强自宽，兴来今日尽君欢。羞将短发还吹帽，笑倩傍人为正冠。蓝水远从千涧落，玉山高并两峰寒。明年此会知谁健，醉把茱萸仔细看。

此诗被周珽誉为"胸中元化，笔底造工。一句一字，幽妍爽豁"[1]，其中尤为人称道者为"醉把茱萸仔细看"一句，气韵悠长，超绝千古，刘梦得云："诗中用'茱萸'字者凡三人。杜甫云：'醉把茱萸仔细看。'王维云：'插遍茱萸少一人。'朱放云：'学他年少插茱萸。'三君所用，杜公为优。"[2] 关于重阳节的杜诗还有"是节东篱菊，纷披为谁秀"（《九日寄岑参》）、"缀席茱萸好，浮舟菡萏衰。百年秋已半，九日意兼悲"（《九日曲江》）、"坐开桑落酒，来把菊花枝"（《九日杨奉先会白水崔明府》），杜甫重阳感怀，或思念亲友，或感叹人生，或言友朋聚会之乐。

寒食节在冬至后的 105 天或 106 天，其时家家禁火，只能以冷食充饥，故曰寒食，相传为纪念被火烧死的介子推而设。杜甫的《一百五日夜对月》是借寒食而思家："无家对寒食，有泪如金波。斫却月中桂，清光应更多。仳离放红蕊，想像颦青蛾。牛女漫愁思，秋期犹渡河。"此诗作于杜甫陷长安安史叛军中，"无家"二字，是篇章之魂，诗人生死难

---

[1] 周敬、周珽辑，陈继儒等评点：《唐诗选脉会通评林》，明崇祯八年毂采斋刻本，陈伯海编《唐诗汇评》，浙江教育出版社 1995 年版，第 1089 页。

[2] 洪迈撰，孔凡礼点校：《容斋随笔》卷四，中华书局 2005 年版，第 47 页。

料,和家人团聚无期。王嗣奭曰:"唯无家而对寒食之月,月如金波而泪亦如之,此时直欲斫却月中之桂令清光更多。何也?吾妇孤居,是谓'有女仳离',而桂放红蕊,想像此际,能无颦眉?所以欲斫月中之桂也。"①

(二) 物产

长安地处关中,西北地区的气候和环境造成其物产的独特性。班固《西都赋》曰:"陆海珍藏,蓝田美玉,商、洛缘其隈,鄠、杜滨其足,源泉灌注,陂池交属,竹林果园,芳草甘木,郊野之富,号为近蜀。"②《长安志》中"土贡"栏亦曰:"唐《十道图》:'贡葛纱鞾毡、蜡席、酸枣仁、地骨皮、藕粉、葛粉、樱桃、紫秆粟、大小麦麴。'晋天福中并停,今止贡酸枣仁、地骨皮,充正旦庭实。其外岁贡兴平酥、咸阳梨,不列方物。"③杜诗中出现的长安物产有冬菹、土酥、茯苓、蓝田玉,等等。

《病后过王倚赠歌》曰:"长安冬菹酸且绿,金城土酥净如练。兼求畜豪且割鲜,密沽斗酒谐终宴。故人情义晚谁似,令我手中轻欲旋。"冬菹,即冬季腌制的一种酸菜。金城,即金城县,属京兆府。土酥,是土产的一种牛羊奶制作的食物。"此章赠王倚,后有《赠姜七少府》诗,皆用方言谚语,盖王、姜二子,本非诗流,故就世俗常谈,发出恳至真情,令其晓然易见。"④《路逢襄阳杨少府入城戏呈杨四员外绾》曰:

寄语杨员外,山寒少茯苓。归来稍暄暖,当为斸青冥。翻动龙蛇窟,封题鸟兽形。兼将老藤杖,扶汝醉初醒。

茯苓,是寄生在松树根上的菌类植物,中医用以入药,是华州特产。陶隐居《本草》曰:"茯苓皮黑而皱,内坚白,形如鸟兽龟鳖者良。"故杜甫曰"封题鸟兽形",此诗尾联"兼将老藤杖,扶汝醉初醒"的戏谑之

---

① 王嗣奭:《杜臆》卷二,上海古籍出版社1983年版,第46页。
② 范晔:《后汉书》,中华书局1965年版,第1338页。
③ 宋敏求:《长安志》卷一,《四库全书》本。
④ 仇兆鳌:《杜诗详注》卷三,中华书局1979年版,第201页。

语，可见出杜甫言朋友之谊的另一种表达方式。

蓝田玉，产自长安附近的蓝田山，杜甫有诗句"未试囊中餐玉法，明朝且入蓝田山"（《去矣行》）、"蓝水远从千涧落，玉山高并两峰寒"（《九日蓝田崔氏庄》）、"爱汝玉山草堂静，高秋爽气相鲜新"（《崔氏东山草堂》），蓝田山和美玉在杜诗中成为一种隐居的象征。

（三）社会风气

长安一地，自周代始，即是一国之都，其地社会风气自有其独特之处。"《隋书地理志》曰：'京兆王都所在，俗具五方，人物混淆，华戎杂错，去农从商，争朝夕之利，游手为事，竞锥刀之末，贵者崇侈靡，贱者薄仁义，豪强者纵横，贫窭者窘蹙，桴鼓屡惊，盗贼不禁，此乃古今之所同，风也。'"① 皆是对长安普遍存在的习俗而言。杜甫旅居长安，久无一职，困顿凄苦，备尝人间冷暖，对社会中人情淡漠深有感触。《投简咸华两县诸子》曰："赤县官曹拥才杰，软裘快马当冰雪。长安苦寒谁独悲，杜陵野老骨欲折。南山豆苗早荒秽，青门瓜地新冻裂。乡里儿童项领成，朝廷故旧礼数绝。"《示从孙济》曰："小人利口实，薄俗难具论。"骨欲折的杜甫与软裘快马的"才杰"形成强烈对比，薄俗如此。《贫交行》是专门咏叹人情淡漠的一首诗，曰：

> 翻手作云覆手雨，纷纷轻薄何须数。君不见管鲍贫时交，此道今人弃如土。

此诗语不多而意到，尽千古世态。朱鹤龄云："此必公献赋后，久寓京华，故人莫有念之者，故有此作。"② 亦曰："太白云'前门长揖后门关'，公诗云'当面输心背面笑'，与此同慨。"③

除上述风俗之外，杜诗中尚有"咸阳客舍一事无，相与博塞为欢娱"（《今夕行》）中的博塞——民间娱乐游戏的一种，"暖汤濯我足，剪纸招

---

① 宋敏求：《长安志》卷一，《四库全书》本。
② 仇兆鳌：《杜诗详注》卷二，中华书局1979年版，第133页。
③ 清高宗弘历敕编：《唐宋诗醇》，清光绪七年浙江巡抚谭钟麟刻本，陈伯海编《唐诗汇评》，浙江教育出版社1995年版，第913页。

我魂"(《彭衙行》)中的剪纸招魂——对远行之人表示慰藉的习俗，等等。

以上是杜诗对长安文化中宫廷文化、士文化、市俗文化的多维透视，当然，这些不是全部，只是长安文化在杜诗中主要的外在表现。这些反映长安文化的杜诗多作于长安时期，而且在艺术成就上也多为杜诗中的扛鼎之作。

第二节　杜诗对长安文化多维透视的特征

唐代的每一位诗人几乎和长安都有着密切的联系，其创作思想与风格亦会受长安文化不同程度的影响，其诗歌作品对长安文化的反映也各不相同。杜诗作为唐代诗歌的杰出代表，对长安文化的透视呈现出独有的特征，其表现主要在以下三个方面。

一　全面性

以创造主体而言，长安文化的三个方面宫廷文化、士文化、市俗文化在杜诗中都有所表现。杜诗通过对宫廷建筑、游宴、礼仪、乐舞的描绘，再现了长安宫廷文化的盛世气象和雍容华贵，杜诗中的典雅、醇正则是与之相符的风格特点。"五夜漏声催晓箭，九重春色醉仙桃"(《奉和贾至舍人早朝大明宫》)的雄伟气派、"香飘合殿春风转，花覆千宫淑景移"(《紫宸殿退朝口号》)的春容富丽，可谓其代表。杜诗在对长安士子的活动和艺术创造的反映中，集中体现了唐代长安士阶层的精神风貌，如"冯陵大叫呼五白，袒跣不肯成枭卢"(《今夕行》)的豪情、"自非旷士怀，登兹翻百忧"(《同诸公登慈恩寺塔》)的忧世、"此生那老蜀，不死会归秦"(《奉送严公入朝十韵》)的执著，而这些正是长安文化的核心精神所在。杜甫本身属于士阶层的一员，由于长期沉沦困顿，故其生活多接近一般民众，杜诗对长安市俗文化的呈现，使其对长安文化的透视有别于其他诗人，也是杜诗伟大之所在。

以马凌诺斯基《文化论》中的观点为依据，文化可分为物质文化、精神文化、制度文化，同样，长安文化中不同的文化圈皆可划分出这三个层次。宫廷文化的物质层面包括长安城的建筑、宫殿等，杜诗《宣政殿退朝晚出左掖》《奉和贾至舍人早朝大明宫》即是；精神层面包括宴游、乐舞等，杜诗《丽人行》《观公孙大娘弟子舞剑器行》即是；制度层面包括礼仪、科举等，如《紫宸殿退朝口号》即是。士文化中物质层面包括文酒之会、游赏，如杜诗《同诸公登慈恩寺塔》《陪郑广文游何将军山林》等；精神层面包括书法、绘画、送别、经学等，如杜诗《天育骠图歌》《送高三十五书记十五韵》等；制度层面包括升迁、贬谪等，如杜诗《承沈八丈东美除膳部员外郎阻雨未遂驰贺奉寄此诗》《送贾阁老出汝州》等。市俗文化的物质层面包括物产、商业等，如杜诗中"长安冬菹酸且绿，金城土酥净如练"等；精神层面包括社会风气、民间娱乐等，如《贫交行》《今夕行》等；制度层面包括节序、兵役等，如杜诗《一百五日夜对月》《兵车行》等。

由上可见杜诗对长安文化透视的全方位性，同时，通过杜诗与王维诗的比较，也可得出如是结论。

现今学界较多认为王维诗对长安文化的主要面皆有呈现，是长安文化的代表。王维侍奉应制诗众多，《奉和圣制从蓬莱向兴庆阁道中留春雨中春望之作应制》曰："銮舆迥出千门柳，阁道回看上苑花。云里帝城双凤阙，雨中春树万人家。"[①] 诗中长安"春望"，选取阔大美好的景物表现帝都长安的神采，诗歌透过饱满而又飞动的艺术形象，显示了唐帝国的太平盛世。被人誉为"字字冠冕，字字清隽，此应制中第一乘也"[②]。王维送别名篇《渭城曲》曰："渭城朝雨浥轻尘，客舍青青柳色新。劝君更尽一杯酒，西出阳关无故人。"[③]《瓯北诗话》评之曰："人人意中所有，却未有人道过；一经说出，便人人如其意之所欲出，而易于流播，遂足传当时、而名后世。"[④] 王维《九月九日忆山东兄弟》更是亲情加节

[①] 王维：《奉和圣制从蓬莱向兴庆阁道中留春雨中春望之作应制》，《全唐诗》卷一二八，第1295页。

[②] 焦袁熹辑：《此木轩五言七言律诗选读本》，《此木轩全集》本，陈伯海编《唐诗汇评》，浙江教育出版社1995年版，第327页。

[③] 王维：《渭城曲》，《全唐诗》卷一二八，第1306页。

[④] 赵翼：《瓯北诗话》，人民文学出版社1963年版，第171页。

日的名篇。但纵观王维诗集,并不见王维对统治者阴暗面的批判,亦未见对民生疾苦的表现。王维在开元天宝间的长安即有盛名,唐代宗批答王维之弟王缙所进王右丞集表中写道:"卿之伯氏,天下文宗,位历先朝,名高希代。"① 对其诗歌特征以"抗行周雅,长揖楚辞,调六气于终篇,正五音于逸韵,泉飞藻思,云散襟情"② 来形容。

以此可见,王维诗歌主要体现长安文化中以皇室为核心的宫廷文化,其典雅醇正的诗风颇得皇室的赞赏,再经由上层社会的推波助澜,因此王维青年时代即能在盛世时期的长安诗名早著。而杜诗对长安文化的多维透视中较为侧重士文化与市俗文化的表现,因此,杜甫生前寂寞,发出"百年歌自苦,未见有知音"(《南征》)的感慨。

二 犀利性

长安文化有着多面性,现今研究者言及长安文化,多集中于其颂扬面,较少言及或避而不谈长安文化批判性的一面。长安作为唐代的政治文化中心,其繁华昌盛的一面对诗人的冲击是直接而深刻的,故唐诗中的长安给人的印象是盛世的、光明的。但任何事情皆有其两面性,杜诗对长安文化多维透视的特征之一即在于对其中社会弊端批判的犀利性,主要表现在三个方面:对统治阶级的有力鞭挞;对下层士子困顿的直接展现;对民生疾苦的深刻反映。在这些方面杜诗充分显示了诗歌的批判功能和疗救社会的作用。

对统治阶级的有力鞭挞。唐代诗人对统治阶级奢靡生活、政治腐败等的鞭挞,不乏人在,但能在盛世的表象下洞察当时社会弊端之人却寥寥无几。杜诗对此有所展示,而且批判之深刻可谓一针见血。这类诗歌的创作主要集中在安史之乱爆发之前,对穷兵黩武的批判,如"边庭流血成海水,武皇开边意未已"(《兵车行》)、"君已富土境,开边一何多"(《前出塞》)、"崆峒小麦熟,且愿休王师"(《送高三十五书记十五

---

① 计有功:《唐诗纪事》卷一六,上海古籍出版社1985年版,第237页。
② 赵殿成:《王右丞集笺注》卷末《代宗皇帝批答手敕》,上海古籍出版社1961年版,第494页。

韵》），批判矛头直接针对玄宗。对皇室贵戚奢靡生活的鞭挞，如"紫驼之峰出翠釜，水精之盘行素鳞。犀箸厌饫久未下，鸾刀缕切空纷纶。黄门飞鞚不动尘，御厨络绎送八珍"（《丽人行》）、"暖客貂鼠裘，悲管逐清瑟。劝客驼蹄羹，霜橙压香橘。朱门酒肉臭，路有冻死骨"（《自京赴奉先县咏怀五百字》）。《自京赴奉先县咏怀五百字》是杜甫名篇，作于安史之乱爆发前夕。王嗣奭曰："自'晨过骊山'，至'路有冻死骨'，叙当时君臣晏安独乐而不恤其民之状。婉转恳至，抑扬吞吐，反复顿挫，曲尽其妙。后来诗人见杜以忧国忧民，往往效之，不过取办于笔舌耳。"①

安史之乱后，杜诗对统治阶级的鞭挞从军事政策至宫中政变等，皆有呈现，其诗之多当为唐代诗人中的佼佼者，洪迈《容斋随笔》续笔曰：

> 唐人歌诗，其于先世及当时事，直辞咏寄，略无避隐。至宫禁嬖昵，非外间所应知者，皆反复极言，而上之人亦不以为罪。如白乐天《长恨歌》讽谏诸章，元微之《连昌宫词》，始末皆为明皇而发。杜子美尤多，如《兵车行》、《前后出塞》、《新安吏》、《潼关吏》、《石壕吏》、《新婚别》、《垂老别》、《无家别》、《哀王孙》、《悲陈陶》、《哀江头》、《丽人行》、《悲青阪》、《公孙舞剑器行》，终篇皆是。其它波及者，五言如："忆昨狼狈初，事与古先别。""不闻夏、殷衰，中自诛褒、妲。""是时妃嫔戮，连为粪土丛。""中宵焚九庙，云汉为之红。""先帝正好武，寰海未凋枯。""拓境功未已，元和辞大炉。""内人红袖泣，王子白衣行。""毁庙天飞雨，焚宫火彻明。"……七言如："关中小儿坏纪纲，张后不乐上为忙。""天子不在咸阳宫，得不哀痛尘再蒙。""曾貌先帝照夜白，龙池十日飞霹雳。""要路何日罢长戟，战自青羌连白蛮。""岂谓尽烦回纥马，翻然远救朔方兵。"如此之类，不能悉书。②

儒家致力于王道的思想，在杜甫诗中表述为"致君尧舜上"，在杜甫心

---

① 王嗣奭：《杜臆》卷一，上海古籍出版社1983年版，第35页。
② 洪迈撰，孔凡礼点校：《容斋随笔·续笔》卷二，中华书局2005年版，第239—240页。

中，实现尧舜社会的前提即现今帝王成为尧舜之君，故其多关注于君主的功过得失，在杜诗中君主成为国家的代名词，对君主过失批判之深益见杜甫爱国之切，对君主言行的评判于是也成为杜诗的主要基调之一。

对下层士子困顿的直接展现。长安求仕的士子困顿者居多，对此反映的唐诗亦多，杜甫本人在长安的经历即是个典型，杜诗中出现的其他困顿诗人较为突出者当为郑虔。以杜甫和郑虔为例，可见出杜诗对下层士子在长安生活状态的揭示直接而又深刻。

对于杜甫盛唐时期长安求仕的生活状态，"骑驴十三载，旅食京华春。朝扣富儿门，暮随肥马尘。残杯与冷炙，到处潜悲辛"（《奉赠韦左丞丈二十二韵》）可谓是精当的概括。"老骥思千里，饥鹰待一呼"（《赠韦左丞丈济》）的屈辱干谒、"饥卧动即向一旬，敝衣何啻联百结"（《投简咸华两县诸子》）的贫苦生活、"乡里儿童项领成，朝廷故旧礼数绝"（《投简咸华两县诸子》）的人情冷漠、"破胆遭前政，阴谋独秉钧"（《奉赠鲜于京兆二十韵》）的求仕坎坷，共同组成了杜甫长安生活的缩影。

郑虔，字广文，杜甫挚友，诗、书、画兼善，被玄宗称为"郑虔三绝"。在天宝九载（750）之前被贬出长安，后归京，授予广文馆博士之职。如此才学之人，在杜诗中却是另外一种形象，《醉时歌》曰：

> 诸公衮衮登台省，广文先生官独冷。甲第纷纷厌粱肉，广文先生饭不足。先生有道出羲皇，先生有才过屈宋。德尊一代常坎坷，名垂万古知何用。杜陵野客人更嗤，被褐短窄鬓如丝。日籴太仓五升米，时赴郑老同襟期。得钱即相觅，沽酒不复疑。忘形到尔汝，痛饮真吾师。清夜沉沉动春酌，灯前细雨檐花落。但觉高歌有鬼神，焉知饿死填沟壑。相如逸才亲涤器，子云识字终投阁。先生早赋归去来，石田茅屋荒苍苔。儒术于我何有哉，孔丘盗跖俱尘埃。不须闻此意惨怆，生前相遇且衔杯。

面对才德兼备的郑虔，杜甫却发出"先生有道出羲皇，先生有才过屈宋。德尊一代常坎坷，名垂万古知何用"之语言，愤激之情溢于言表。"前段，先嘲广文，次自嘲，而以'痛饮真吾师'作合"，是'我'固同于先生也。"① 杨伦曰："悲壮淋漓之至，两人即此自足千古。"② 杜甫在《戏简郑广文兼呈苏司业源明》中亦曰："才名三十年，坐客寒无毡。赖有苏司业，时时乞酒钱。"戏谑中饱含辛酸。郑虔年老被贬，杜甫作《送郑十八虔贬台州司户伤其临老陷贼之故阙为面别情见于诗》，"吴星叟曰：'一片血泪，更不辨是诗是情。此等真境，非至性者，即文采陆离，不能造也。'"③

对民生疾苦的深刻反映。民生疾苦是社会矛盾激化下的产物，士所具有的历史使命感和忧患意识，使其在一定程度上超越了自己所属阶级的属性，发出"先天下之忧而忧，后天下之乐而乐"的呼声，历史上亦多有"为民请命"之士，古代文学作品中亦不乏对民生疾苦的反映。杜甫对民生疾苦表现之深刻，一直以来都是学界共识，在这方面杜甫乐府诗的贡献是巨大的。

《兵车行》《前出塞》是针对百姓受黩武兵役之苦的展现。《悲陈陶》《悲青坂》和"三吏""三别"则是再现安史之乱中民众的灾难。"君不闻，汉家山东二百州，千村万落生荆杞。纵有健妇把锄犁，禾生陇亩无东西。况复秦兵耐苦战，被驱不异犬与鸡"（《兵车行》）、"山雪河冰晚萧瑟，青是烽烟白是骨"（《悲青坂》）皆是千古名句。"禾头生耳黍穗黑，农夫田父无消息"（《秋雨叹》）、"朱门酒肉臭，路有冻死骨"（《自京赴奉先县咏怀五百字》）、"丈夫则带甲，妇女终在家。力难及黍稷，得种菜与麻"（《喜晴》）表现了人民生活艰难。白居易在《与元九书》中对杜甫"《新安》、《石壕》、《潼关吏》、《芦子》、《花门》之章，'朱门酒肉臭，路有冻死骨'之句"④ 的推崇即着眼于杜诗对民生疾苦的展现。从白居易的《秦中吟》、元稹的《田家词》，到宋代王安石的《河北民》、刘克庄的《苦寒行》，再到金代元好问的《麦叹》、清代吴伟业的《直溪

---

① 浦起龙：《读杜心解》，中华书局1961年版，第235页。
② 杨伦：《杜诗镜铨》卷二，上海古籍出版社1962年版，第61页。
③ 高步瀛注：《唐宋诗举要》，中华书局上海编辑所1959年排印本，陈伯海编《唐诗汇评》，浙江教育出版社1995年版，第1111页。
④ 白居易：《与元九书》，顾学颉校点《白居易集》卷四五，中华书局1979年版，第961页。

吏》，等等，后世形成的叙写民瘼的文学传统在杜诗影响下不断发扬光大。

三 重在对士文化的展现

虽然杜诗对长安文化的各个层面皆有呈现，但因为自身经历以及思想的不同，其对长安文化不同层面的呈现各有侧重。以《杜诗详注》为底本，以杜甫从天宝五载（746）进入长安至乾元二年（759）离开华州的长安时期诗歌为依据，对杜甫长安文化诗歌分类数量作一统计，见下表：

杜甫长安文化诗歌分类数量表

时期	诗歌总数量（首）	类别	数量（首）	所占比例
盛唐时期	106	宫廷文化	15	14.15%
		士文化	69	65.09%
		市俗文化	22	20.75%
安史之乱时期	124	宫廷文化	19	15.32%
		士文化	83	66.94%
		市俗文化	22	17.74%

上表中分类只是相对而言，因为这三种文化相互贯通，有时一首诗兼有两种文化，但仍然可以说明一部分问题。由表中可见，杜甫长安时期的宫廷文化诗歌34首，士文化诗歌152首，市俗文化诗歌44首，无论是盛唐时期，还是安史之乱时期，杜诗中士文化诗歌第一，市俗文化第二，宫廷文化第三。士文化诗歌占诗歌总数的2/3左右，以绝对的优势居于首位。

皆是表现士文化，杜诗与王维诗亦有很大不同。王维诗中士多进入官的阶层，杜诗中的士多沉沦下僚，甚至接近于民，故二者反映的士文化存在一定的差异。王维诗中的士文化多表现士与社会契合的一面，充满志得意满和荣宠之意，杜诗中的士文化不只有契合的一面，同时更多显示的是士与社会的对抗，充满悲苦之音。其中原因有多种，其一即是个人经历的差异。王维早年即名扬长安，其所生活的环境是以中上层社会群体为主体的文化圈，而杜甫在长安生活十余年，最终以"麻鞋见天子，衣袖见两肘"（《述怀》）的忠心换得左拾遗之职，但任职只一年，其一生生活的环境以中下层社会群体为主体的文化圈，两人生活环境和心境的不同造成诗歌表现内容的巨大差异。其二是主体思想不同。虽然唐代诗人自由出入于儒释道三教，但这三种思想对诗人个体的影响程度是各有侧重。杜甫偏重儒家，王维偏重佛家，杜甫致力于尧舜社会的建立和儒家思想价值的维护，故其眼中所见皆是关于君民的忧患，王维致力于现世的超脱和彼世的幸福，故其诗中充满平淡与和谐。

第三节　杜诗对长安文化多维透视的意义

　　文化的核心重在价值观念、精神特质，长安文化亦然，由于中国文化的独特性，使人们对长安文化精神的解读出现"一人一义，十人十义"的现象。王志清在《长安文化的精髓与王维诗歌的经典性》一文中曰："长安文化历经周秦汉隋唐，形成了它特有的文化内涵、精神特质，当下研究者概括如：开拓创新，锐意进取的文化价值取向；汉唐特有的'大美'气象和精神气质；代表了大国气度、展示了开放胸襟的民族自信；善于吸纳，也更有兼容的气量和创造激情；意气风发、昂扬自由的民族心态；如勇于开拓、探求进取的高远情怀，等等。"[1] 这里的"长安文化"与本书中专指唐代长安的文化有所不同，而是历经整个中国古代社会的积淀而形成的"长安文化"，是把"长安文化"作为一个专有名词进行的分析解读，并对其在不同历史阶段的共性作出的概括。作为与杜诗关系密切的唐代长安的文化，其精神特质不仅具有上述之言的共同特点，而且还具有其处于李唐王朝时期独特的一面，总言之，即：浪漫、世俗与执著。而杜诗在对长安文化的多维透视中正体现了这种精神特质，同时，这也是杜诗对长安文化多维透视的意义所在。

---

[1] 王志清：《长安文化的精髓与王维诗歌的经典性》，李炳武、刘锋焘主编《长安学丛书·文学卷》，陕西师范大学出版社、三秦出版社2009年版，第315页。

一 长安文化的精神内涵

李泽厚在《美的历程》中说:"'山东之人质,故尚婚娅','江左之人文,故尚人物','关中之人雄,故尚冠冕','代北之人武,故尚贵戚'。以杨隋和李唐为首的关中门阀取得了全国的政权,使得'重冠冕'(官阶爵禄)压倒了'重婚娅'(强调婚姻关系的捍卫北朝旧门阀)、'重人物'(东晋南朝门阀以风格品评标榜相尚)、'重贵戚'(入主中原的原少数民族重血缘关系)等更典型的传统势力和观念。"[①] 在唐代,关陇贵族集团不仅在政治上取得绝对的胜利,而且在一定的思想领域取得话语权。唐代继隋以建国,李唐王朝的建立者本属关陇贵族集团,建国起始即采用关中本位政策,故使之然。长安不仅是关中的中心,更是一国的重心,以国都之优势,使江左之人携带其闲雅逸致、山东之人携带其经世致用纷至沓来,由此长安文化逐渐形成了以关中的雄豪精神为根基、糅合了山东的济世热情、江左的浪漫情调的精神特质。浪漫、世俗与执著,便是对长安文化精神的概括,具体而言,即是指盛世的浪漫、对现世的肯定、对理想的执著。

诗歌、书法、绘画、宗教等是较为突出精神特质的文化领域,通过对这些方面的考察,即可见出浪漫、世俗与执著的长安文化精神在不同领域中的表现。

无论是对宇宙哲理的思索、人生失意的激励,还是对建功立业的追求,身处长安的诗人在诗歌中展现的都是一种浪漫的豪情。"海内存知己,天涯若比邻。无为在歧路,儿女共沾巾"[②]的奋发勉励、"宁为百夫长,不作一书生"[③]的豪侠气概,"春眠不觉晓,处处闻啼鸟。夜来风雨声,花落知多少"[④]的清新美丽,"人闲桂花落,夜静春山空。月出惊山鸟,时鸣春涧中"[⑤]的宁静自然,皆透露出青春的浪漫气息。即使是边塞

[①] 李泽厚:《美的历程》,《美学三书》,安徽文艺出版社1999年版,第126页。
[②] 王勃:《送杜少府之任蜀川》,《全唐诗》卷五六,第678页。
[③] 杨炯:《从军行》,《全唐诗》卷五〇,第615页。
[④] 孟浩然:《春晓》,《全唐诗》卷一六〇,第1670页。
[⑤] 王维:《鸟鸣涧》,《全唐诗》卷一二八,第1301页。

"北风卷地百草折,胡天八月即飞雪"① 的苦寒,在诗人眼中依然是"忽如一夜春风来,千树万树梨花开"② 的壮观。李白诗歌的出现更是使长安诗歌的浪漫达到巅峰,其所作《西岳云台歌送丹丘子》与《长相思》曰:

> 西岳峥嵘何壮哉!黄河如丝天际来。黄河万里触山动,盘涡毂转秦地雷。荣光休气纷五彩,千年一清圣人在。巨灵咆哮擘两山,洪波喷流射东海。三峰却立如欲摧,翠崖丹谷高掌开。白帝金精运元气,石作莲花云作台。云台阁道连窈冥,中有不死丹丘生。明星玉女备洒扫,麻姑搔背指爪轻。我皇手把天地户,丹丘谈天与天语。九重出入生光辉,东求蓬莱复西归。玉浆倘惠故人饮,骑二茅龙上天飞。③

> 长相思,在长安。络纬秋啼金井阑,微霜凄凄簟色寒。孤灯不明思欲绝,卷帷望月空长叹。美人如花隔云端,上有青冥之高天,下有渌水之波澜。天长地远魂飞苦,梦魂不到关山难。长相思,摧心肝。④

《西岳云台歌送丹丘子》借助玉女、麻姑等瑰奇的神话传说,加以丰富多样的想象,创造出奇幻飘逸的境界。即使思念长安,《长相思》中亦是"天长地远魂飞苦,梦魂不到关山难"。这种"上天入地"式的情感抒发接近屈原,是一种痛快淋漓、毫不拘束的感情喷薄。这里"庄(子)的飘逸和屈(原)的瑰丽,在李白的天才作品中确已合而为一,达到了中国古代浪漫文学交响音诗的极峰"。⑤

长安寺庙中张旭、怀素为代表的草书,如同李白之诗,笔力迅疾,

---

① 岑参:《白雪歌送武判官归京》,陈铁民、侯忠义《岑参集校注》,上海古籍出版社1981年版,第163页。
② 同上。
③ 李白:《西岳云台歌送丹丘子》,王琦注《李太白全集》,中华书局1977年版,第381—382页。
④ 李白:《长相思》,王琦注《李太白全集》,中华书局1977年版,第193—194页。
⑤ 李泽厚:《美的历程》,安徽文艺出版社1999年版,第135页。

似金蛇狂舞，又如虎踞龙盘，表现一泻千里之势。韩愈说："往时张旭善草书，不治他伎，喜怒窘穷，忧悲愉佚，怨恨思慕，酣醉无聊不平，有动于心，必于草书焉发之。观于物，见山水崖谷，鸟兽虫鱼，草木之花实，日月列星，风雨水火，雷霆霹雳，歌舞战斗，天地万物之变，可喜可愕，一表于书，故旭之书，变动犹鬼神，不可端倪。"[1] 长安平康坊的菩萨寺中吴道子壁画，"笔迹遒劲，如磔鬼神毛发。次堵画礼骨仙人，天衣飞扬，满壁风动"[2]。慷慨的豪情、迅疾的线条、飞动的画面，是飘荡在长安上空的浪漫精神，是"一种丰满的，具有青春活力的热情和想象，渗透在盛唐文艺之中。即使是享乐、颓丧、忧郁、悲伤，也仍然闪烁着青春、自由和欢乐"[3]。

长安文化的世俗精神其本质是对现世的肯定。无论理想追求还是审美倾向，人们关注的都是现实生活，和魏晋时期的企图超越世俗形成强烈对比。唐代的长安儒释道三种思想并存，不仅有孔颖达撰修《五经正义》、唐玄宗注老子《道德经》，同时亦是佛寺林立，道观遍布。儒家致力于改造现实社会，实行"王道"之治，其入世思想最强。自先秦始长安即有的重农意识与礼乐传统亦为长安文化世俗精神的重要组成部分。道家处于入世与出世之间，但长安的道士为官和教义中的忠孝观念则充分说明道教向世俗的靠拢。佛教本是出世，在长安不仅有僧侣出入庙堂，而且其教义也由追求来世的幸福变为对家口平安、免灾祛病的现实福祉的祈祷。[4] 同时，长安更是诞生了与现实世俗结合的中国化的佛教——禅宗，其修行方式由寺庙转入家中，其向往之所由西方极乐世界变为现实人间，教义"佛法在世间，不离世间，离世觅菩提，恰如求兔角"[5]，即可说明这一事实。所以，长安佛寺中的雕塑皆由魏晋时期的不食人间烟

---

[1] 韩愈：《送高闲上人序》，钱仲联、马茂元校点《韩愈全集》文集卷四，上海古籍出版社1997年版，第215页。

[2] 段成式：《酉阳杂俎续集》卷五，《唐五代笔记小说大观》，上海古籍出版社2000年版，第757页。

[3] 李泽厚：《美的历程》，安徽文艺出版社1999年版，第128页。

[4] 孙昌武：《道教与唐代文学》，人民文学出版社2001年版，第485页。

[5] 转引自余英时《士与中国文化》，上海人民出版社2003年版，第403页。

火的飘逸之态变为健康丰满、关注世间的慈祥和蔼。

　　这种世俗精神反映在诗歌中，不仅体现在元白"惟歌生民病"的诗歌中对文学教化功能的强调，更为鲜明的体现是长安士子在诗中多抒发"致君尧舜"的理想追求。即使是佛教思想较为浓重的王维，在其离开长安后，也有《和使君五郎西楼望远思归》等诗思念帝都长安，正如陈允吉在《王维诗歌中的长安及其文化意义》一文中所言，"王维一直以身在朝廷、心存山野、向往追求隐逸生活的出世形象著称。殊不知当他被放逐于长安之外时，竟也不可遏制地思念长安，盼望回到长安。这些诗作虽然数量不多，但从一个侧面披露了其鲜为人知的另一面。即他并不排斥大都市的繁华生活，甚至疏离这种生活伊始时还颇不适应"。① 同时，在书法领域也能反映出这种世俗精神，唐代建国初始，长安流行的书法审美倾向是魏晋时期二王的优雅飘逸，后逐渐演变为端正庄严、齐整大度的颜真卿楷书更为普及。颜书吸取了当时民间抄写书法，稳实而利民用，更接近实际生活。

　　长安文化的执著精神主要指对理想九曲百折而不回的追求，这种执著精神主要体现于长安的士阶层。唐代出现的科举制度，打破了魏晋时期"世胄蹑高位，英俊沉下僚"（左思《咏史》）的局面，使士阶层功名意识普遍增强。虽然随着社会的发展，后世显示出科举的很多弊端，《儒林外史》中的范进式人物受到强烈批判，但一种社会措施产生之初，当其进步作用占主导地位时，应该受到肯定。傅璇琮说："科举制在唐代，是以南北朝豪门把持政权、阻止贫寒而有才能之士进入仕途的对立物而出现的，科举制的实行，使得盛行了几百年的'平流进取，坐致公卿'的门阀世袭统治无最终立足之地，这就极大地解放了人才，大批非士族出身的、一般中小地主阶级知识分子，想在政治上争露头角，从而也力求在文化上施展其才艺，这就给了社会以活力。"② 长安作为唐代国都，是科举实施之地，也成为士子成就理想之地，无论士族高门还是中小地

---

　　① 陈允吉：《王维诗歌中的长安及其文化意义》，李炳武、刘锋焘主编《长安学丛书·文学卷》，陕西师范大学出版社、三秦出版社2009年版，第311页。

　　② 傅璇琮：《唐代科举与文学》，陕西人民出版社1986年版，第414页。

主阶级,皆齐集长安,士文化成为长安文化的主体。余英时亦曰:"文化和思想的传承与创新自始至终都是士的中心任务。""士阶层似乎更集中地表现了中国文化的特性。"① 长安士子具有的精神风貌也成为长安文化精神的重要组成部分,追求理想的执著精神,即是其突出的特征。

不管长安士子的具体追求是"文昌宫中赐锦衣,长安陌上退朝归。五侯宾从莫敢视,三省官僚揖者稀"②的功成名就,还是"一地知何日,全家待此身"③的光宗耀祖,其最终目的皆是想凭借"致君尧舜"的途径实现个体人生的价值。他们都是怀着"时来整六翮,一举凌苍穹"④的豪情在长安参加科举,希望长安能作为他们辉煌人生的起点。据傅璇琮考证:"唐代进士科所取的人数,前后期有所不同,但大致在三十人左右。据唐宋人的统计,录取的名额约占考试人数的百分之二三。明经科较多,约一百人到二百人之间。进士、明经加起来,也不过占考试者总人数的十分之一。可以想见,风尘仆仆奔波于长安道上的,绝大部分是落第者。"⑤ 以此可见,虽然唐诗中不乏"富贵能及时,直上排青云,傍看疾若飞"⑥的志得意满,但落第诗仍然成为其中一种不可忽视的独特题材。不管是考中的春风得意,还是下第的哀愁失意,其中隐藏的都是对理想执著的追求。孟浩然的《送从弟邕下第后寻会稽》和王维的《送丘为落第归江东》曰:

  疾风吹征帆,倏尔向空没。千里去俄顷,三江坐超忽。向来共欢娱,日夕成楚越。落羽更分飞,谁能不惊骨。⑦

---

① 余英时:《士与中国文化——士在中国文化上的地位》,上海人民出版社2003年版,引言第1、3页。
② 李颀:《缓歌行》,《全唐诗》卷一三三,第1349页。
③ 李颀:《长安感怀》,《全唐诗》卷五八九,第6899页。
④ 岑参:《北庭贻宗学士道别》,陈铁民、侯忠义《岑参集校注》,上海古籍出版社1981年版,第157页。
⑤ 傅璇琮:《唐代科举与文学·序》,陕西人民出版社1986年版,第5页。
⑥ 岑参:《北庭西郊候封大夫受降回军献上》,陈铁民、侯忠义《岑参集校注》,上海古籍出版社1981年版,第149页。
⑦ 孟浩然:《送从弟邕下第后寻会稽》,佟培基《孟浩然诗集笺注》,上海古籍出版社2000年版,第350页。

传君不得意，况复柳条春。为客黄金尽，还家白发新。五湖三亩宅，万里一归人。知祢不能荐，羞称献纳座。①

这两首诗意境明远，表达了对落第友人的同情和深厚友谊。黄金散尽，白发添新，尽显长安困顿之状，亦可看出诗人对现实理想的执著追求。即使是潦倒困苦，卑躬屈膝，落第士子仍然坚持旅居长安，甚至有参试二三十年者，亦有死于客舍不得归乡者。尽管诗人有"年深旅舍衣裳敝，潮打村田活计贫。百岁都来多几日，不堪相别又伤春"②的哀叹，但隐藏其中的是对理想实现的不舍与执著。

长安士子对理想的执著追求不仅体现于对科举的锲而不舍，而且也表现于实现理想途径的多样化。科举当然是最为主要的一条途径，同时亦有人隐居名山，待时而出，诗人在终南山隐逸诗中表现的是对长安的渴望，故唐代产生了"终南捷径"之说。甚至有时舍身佛寺也成为士子成就功名的途径之一。傅璇琮在《唐代科举与文学》中说："在唐朝朝野上下佞佛成风的情况下，皈依寺院也不失为一条出路，《佛祖历代通载》卷十六就记载僧徒对进京应试的儒生说：'选官何如选佛。'就是因为'选佛'也是一条名利之途。"③一途不行，另觅他径，唐代思想的开放，使长安士子实现理想的方式多样化，但最终是以个人价值的实现为旨归，由此也可见出他们追求理想时锲而不舍的执著精神。

二 杜诗：长安文化精神的凝聚与升华

浪漫、世俗与执著是长安文化精神的核心内涵，它体现于长安的不同阶层、不同领域，对不同思想倾向的诗人亦有不同程度的影响，但是能把三者完美融合并达到一定深度的非杜诗莫属。以下分别就长安文化的浪漫、世俗、执著精神的影响在杜诗中的体现加以论述。

杜诗是以现实主义的创作方式而著称，但其写实的风格中融合着浪

---

① 王维：《送丘为落第归江东》，《全唐诗》卷一二六，第1268页。
② 罗隐：《送顾云下第》，《全唐诗》卷六六三，第7652页。
③ 傅璇琮：《唐代科举与文学》，陕西人民出版社1986年版，第448页。

漫的精神。杜诗中不乏极度的夸张和想象，赞美吴道子壁画，曰"森罗移地轴，妙绝动宫墙"（《冬日洛城谒玄元皇帝庙》）；形容友人诗歌，曰"思飘云物外，律中鬼神惊"（《敬赠郑谏议十韵》）；形容武艺的高强，曰"身轻一鸟过，枪急万人呼"（《送蔡希鲁都尉还陇右因寄高三十五书记》）；赞美杜勤的才学，曰"词源倒流三峡水，笔阵独扫千人军"（《醉歌行》）；希望世间兵戈停息，曰"安得壮士挽天河，净洗甲兵长不用"（《洗兵行》）；形容山水画的逼真，曰"元气淋漓障犹湿，真宰上诉天应泣"（《奉先刘少府新画山水障歌》）；摹写剑门之险，曰"一夫怒临关，百万未可傍"（《剑门》）；春旱中喜雨，曰"安得鞭雷公，滂沱洗吴越"（《喜雨》）；写归乡之切，曰"安得如鸟有羽翅，脱身白云还故乡"（《大麦行》）；观古柏，有"霜皮溜雨四十围，黛色参天二千尺"（《古柏行》）之想；夜中望月，有"斫却月中桂，清光应更多"（《一百五日对月》）的奇思，等等。如此之类，杜诗中比比皆是。

《送孔巢父谢病旧游江东兼呈李白》和《饮中八仙歌》是杜甫长安时期所作，其中突出的浪漫精神与李白何其相似，曰：

> 巢父掉头不肯住，东将入海随烟雾。诗卷长留天地间，钓竿欲拂珊瑚树。深山大泽龙蛇远，春寒野阴风景暮。蓬莱织女回云车，指点虚无是征路。自是君身有仙骨，世人那得知其故。惜君只欲苦死留，富贵何如草头露。蔡侯静者意有余，清夜置酒临前除。罢琴惆怅月照席，几岁寄我空中书。南寻禹穴见李白，道甫问讯今何如。

> 知章骑马似乘船，眼花落井水底眠。汝阳三斗始朝天，道逢曲车口流涎，恨不移封向酒泉。左相日兴费万钱，饮如长鲸吸百川，衔杯乐圣称避贤。宗之萧洒美少年，举觞白眼望青天，皎如玉树临风前。苏晋长斋绣佛前，醉中往往爱逃禅。李白一斗诗百篇，长安市上酒家眠，天子呼来不上船，自称臣是酒中仙。张旭三杯草圣传，脱帽露顶王公前，挥毫落纸如云烟。焦遂五斗方卓然，高谈雄辩惊四筵。

《送孔巢父谢病旧游江东兼呈李白》是为送别被誉为"竹溪六隐"之一的

孔巢父而作。诗中"诗卷长留天地间,钓竿欲拂珊瑚树。深山大泽龙蛇远,春寒野阴风景暮。蓬莱织女回云车,指点虚无是征路"之句,使人有缥缈欲仙之感,何义门直接把此诗与李白之作相比,曰:"似用太白体,虚景作衬。"①《饮中八仙歌》所写八人皆为盛唐之人,此八人之态可作为盛唐浪漫精神的代表,"天子呼来不上船"的不驯、"挥毫落纸如云烟"的潇洒,"高谈雄辩惊四筵"的豪迈,皆可见盛世中唐人的精神风貌。此诗被评为如"翠盘之舞,龙津之跃"。②

杜诗的浪漫还体现于在喷薄的感情抒发中所呈现的自信、不羁与豪放。"儒术于我何有哉,孔丘盗跖俱尘埃"(《醉时歌》)、"但觉高歌有鬼神,焉知饿死填沟壑"(《醉时歌》)、"德尊一代常坎坷,名垂万古知何用"(《醉时歌》),此中感情的抒发呈现一泻千里之势,杜诗表现的是社会压抑下的呐喊。干谒韦济,有"白鸥没浩荡,万里谁能驯"(《奉赠韦左丞丈二十二韵》)的不羁之言;除夕旅居客舍,有"英雄有时亦如此,邂逅岂即非良图"(《今夕行》)的豪迈之语;对自己才学,有"赋料扬雄敌,诗看子建亲。李邕求识面,王翰愿为邻"(《奉赠韦左丞丈济二十二韵》)的自信。李白诗是天上翱翔的苍鹰,杜甫诗是地上奔腾的骏马。李白诗的浪漫是虚笔下的无拘无束,杜诗的浪漫是实笔下的豪迈雄健,故徐仲车云:"太白之诗,神鹰瞥汉;少陵之诗,骏马绝尘。"③ 这种浪漫精神是一种盛世的精神,即使在杜甫处于潦倒艰难之际,仍然豪迈不减,即使在长安成为叛军血洗之处,杜甫诗中仍是国家将兴的信念,长安文化中的盛世繁荣以及蕴含的时代精神给杜诗打上了抹不去的烙印。

长安文化的世俗精神对杜诗的影响主要体现为诗中致君尧舜的理想追求与深沉的忧患意识。杜甫一生以"奉儒守官"为本,虽然杜诗中有很多关于道家思想的隐居之言和佛家思想的禅理,但是当杜甫出现"麻鞋见天子,衣袖见两肘"(《述怀》)的行为时,所有的释道思想在杜甫

---

① 何焯撰,蒋维钧辑:《义门读书记》,清乾隆三十四年承恩堂刻本,陈伯海编《唐诗汇评》,浙江教育出版社1995年版,第926页。
② 周敬、周珽辑,陈继儒等评点:《唐诗选脉会通评林》,明崇祯八年毂采斋刻本,陈伯海编《唐诗汇评》,浙江教育出版社1995年版,第928页。
③ 杨慎:《升庵诗话》卷一一,丁福保《历代诗话续编》,中华书局2006年版,第850页。

心中皆如云烟，儒家的入世是杜甫思想的根基，所以杜诗又是一部儒士入世、救世的奋斗史。

杜甫在诗中首次表述自己理想追求的是《奉赠韦左丞丈二十二韵》，诗曰："自谓颇挺出，立登要路津。致君尧舜上，再使风俗淳。""致君尧舜"是实现理想的具体途径，其终极目标是实现"风俗淳"的理想社会。这类表达在杜诗中多次出现，如"致君唐虞际，纯朴忆大庭"（《同元使君舂陵行》）、"死为星辰终不灭，致君尧舜焉肯朽"（《可叹》）、"致君尧舜付公等，早据要路思捐躯"（《暮秋枉裴道州手札率尔遣兴寄递呈苏涣侍御》）。杜甫在华州任司功参军时，在为当地进士考试出策的问题中亦曰："虽遭明主，必致之于尧舜；降及元辅，必要之于稷卨。驱苍生于仁寿之域，反淳朴于羲皇之上。"（《乾元元年华州试进士策问五首》），可谓对自己理想的进一步解释。尧和舜在儒家学说体系中是作为贤明君主的象征，"致君尧舜"即是辅佐当世之君，使之成为贤明的君主。因为儒家思想中兼济天下、"王道"的理想是通过君主的有道之治实现的，"世之善否，俗之薄厚，皆在于君"①，故古代儒士实现理想的具体行为表现即是"致君尧舜"。"风俗淳"的社会是杜甫理想的终极目标，其接近于《礼记·礼运篇》中的"大同"社会，即：

> 大道之行也，天下为公。选贤与能，讲信修睦。故人不独亲其亲，不独子其子。使老有所终，壮有所用，幼有所长，矜寡孤独废疾者，皆有所养；男有分，女有归。货恶其弃于地也，不必藏于己；力恶其不出于身也，不必为己。是故谋闭而不兴，盗窃而不作，故户外而不闭，是谓大同。②

儒家思想最根本的特质即是强调士人对现实社会的责任感，"致君尧舜上，再使风俗淳"是儒家正宗思想的体现，杜诗中对儒家入世的彰显，不但开启了中唐儒学中兴的思潮，而且奠定了杜甫作为一个为君为民者

---

① 王符著，汪继培笺，彭铎校正：《潜夫论笺》卷八，中华书局1979年版，第380页。
② 杨天宇：《礼记译注》，上海古籍出版社1997年版，第362—363页。

的伟大形象。

中国自古即有忧患的传统，集中蕴含忧国忧民思想的文学作品最早当推屈原的《楚辞》。杜诗受《楚辞》的影响甚多，但主要不在于其艺术成就，而是体现于其中的核心精神——忧患意识。儒家思想、士的历史使命感和社会责任感使处于社会矛盾中的杜甫对国家和人民充满担忧。"自非旷士怀，登兹翻百忧"（《同诸公登慈恩寺塔》）、"告别无淹晷，百忧复相袭"（《送率府程录事还乡》）、"国步犹艰难，兵革未衰息"（《送韦讽上阆州录事参军》）为国运多舛而忧；"吁嗟乎苍生，稼穑不可救"（《九日寄岑参》）、"穷年忧黎元，叹息肠内热"（《自京赴奉先县咏怀五百字》）、"忧端齐终南，澒洞不可掇"（《自京赴奉先县咏怀五百字》），为民生多艰而忧。但杜诗中的忧患不是为一己之私的斤斤计较，而是冲破个体思想的狭隘，是一种"忧在天下，而不为一己失得"①的忧患。所以当杜甫自己住处"八月秋高风怒号，卷我屋上三重茅"时，却发出"安得广厦千万间，大庇天下寒士俱欢颜，风雨不动安如山。呜呼！何时眼前突兀见此屋，吾庐独破受冻死亦足"（《茅屋为秋风所破歌》）的呐喊，在自己"生常免租税，名不隶征伐"时，却"默思失业徒，因念远戍卒"（《自京赴奉先县咏怀五百字》），忧愁中体现了杜甫推己及人的仁爱精神。

杜甫在唐代社会中属于士阶层，其所坚守的儒家思想本质上追求的是"王道"，推崇的是以德治国的观念。儒家思想是一种站立在统治阶级的立场所建立的思想，其所维护的宗法等级制度即可说明这一点。"民"在儒家学说中是德治的对象，"有君子之道四焉：其行己也恭，其事上也敬，其养民也惠，其使民也义"②，"民可使由之，不可使知之"③，此类之言在《论语》中颇多。人民富足是实行"仁"政的外在表现，是对"德治"效果的一种检验。杜诗中的深沉忧患意识，不仅关注于国之治乱兴衰，更在于对人民生存状态的忧患。这种忧虑不是高高在上的关切，

---

① 黄彻：《䂬溪诗话》，人民文学出版社1986年版，第187页。
② 杨伯峻：《论语译注》，中华书局1980年版，第47—48页。
③ 同上书，第81页。

而是以自己亲身感受为基础、以对生命的关爱为根本、出于人民的角度所发出的呼声。此种忧患使杜甫一定程度上超越了自己所属阶级的属性，"事实上，如果'士'或'知识分子'完全不能超越他的社会属性，那么中国史上不应出现那么多'为民请命'的'士大夫'，近代西方也不可能产生为无产阶级代言的马克思了"①，就是这种超越才是杜甫及其诗歌真正伟大之所在。

杜诗受长安文化中执著精神的影响主要表现为盛唐时期求仕的锲而不舍、安史之乱中冒死逃归凤翔、流落巴蜀湖湘时梦回长安，杜甫晚年诗对执著精神的表现更加突出，以致构成一种长安情结。

从天宝五载（746）至天宝十四载的盛唐时期杜甫在长安的活动主要是求仕。缺乏经济来源，杜甫生活是"饥卧动即向一旬，敝衣何啻联百结"（《投简咸华两县诸子》）的艰难。由于求仕的需要，作干谒诗"碧海真难涉，青云不可梯。顾深惭锻炼，才小辱提携"（《奉赠太常张卿垍二十韵》）。尽管"骑驴十三载，旅食京华春。朝扣富儿门，暮随肥马尘。残杯与冷炙，到处潜悲辛"（《奉赠韦左丞丈二十二韵》），但杜甫对理想的追求，忧国忧民之心，却如"葵藿倾太阳，物性固难夺"（《自京赴奉先县咏怀五百字》）。

安史之乱爆发，长安沦陷，杜甫被俘至长安。此时王维作"万户伤心生野烟，百官何日更朝天。秋槐落叶空宫里，凝碧池头奏管弦"②的凝碧诗表达对唐王室的追念，李白入永王李璘幕府准备大展宏图，郑虔偷偷给唐军传递消息。而杜甫却是冒生死，逃归凤翔拜见肃宗。逃归之途是"眼穿当落日，心死著寒灰"（《自京窜至凤翔喜达行在所》）。见到肃宗之时，已是"麻鞋见天子，衣袖见两肘"（《述怀》）。

乾元二年（759）杜甫离开华州，开始了漂泊巴蜀湖湘的生活。对理想追求的执著与长安的远离在杜诗中形成一种巨大的张力，随着远离长安的日渐久远，而杜甫思之愈切。"玉垒题书心绪乱，何时更得曲江游"

---

① 余英时：《士与中国文化——士在中国文化上的地位》，上海人民出版社 2003 年版，引言第 8 页。

② 王维：《菩提寺禁裴迪来相看说逆贼等凝碧池上作音乐供奉人等举声便一时泪下私成口号诵示裴迪》，《全唐诗》，《全唐诗》卷一二八，第 1307—1308 页。

（《寄杜位》）、"未闻细柳散金甲，肠断秦川流浊泾"（《即事》）是对长安风物的怀恋；"周宣中兴望我皇，洒泪江汉身衰疾"（《忆昔二首》其二）、"侧听中兴主，长吟不世贤"（《秋日夔州府咏怀奉寄郑监李宾客一百韵》）是对君主的关注；"一卧沧江惊岁晚，几回青琐点朝班"（《秋兴八首》其五）、"忆昨赐沾门下省，退朝擎出大明宫"（《野人送朱樱》），是对任职左拾遗的留恋。对致君尧舜的理想追求矢志不渝是杜甫晚年诗中长安情结的根本所在，其所表达的都是杜甫"此生那老蜀，不死会归秦"（《奉送严公入朝十韵》）的执著。

长安文化的浪漫、世俗与执著的精神在杜诗中得到高度的融合，并升华为中华民族的一种伟大精神。深沉的入世情怀使杜甫留给后世的是"中原未得平安报，醉里眉攒万国愁"的形象，但因为这种忧国忧民的思想与昂扬的执著、豪迈的浪漫精神相融合，所以杜诗忧愁但不气短，悲苦但不颓废。"在杜甫心中，本来是低沉压抑的忧患意识已升华成为一种非常积极、非常坚毅的精神力量。阮籍《咏怀诗》中的忧患意识给读者带来的主要是压抑和绝望，而杜诗中的忧患意识却能给读者带来激昂和希望。"[1] 所以，学杜的韩愈因反对迎佛骨之事被贬出长安，却有"欲为圣朝除弊事，肯将衰朽惜残年"[2] 的百折不回；尊杜的范仲淹三次贬谪，却有"宁鸣而死，不默而生"[3] 的决绝；文天祥身陷狱中，却在集杜诗中获得坚定的信念。杜诗精神沾溉千古，成为中国传统文化精神的重要组成部分。

长安文化的浪漫、世俗、执著的精神在杜诗中得到凝聚和升华，虽然这三种精神在杜甫每个时期的创作中皆有体现，但不同的精神在不同时期的杜诗中得到不同程度的凸显，使其在杜诗的发展中具有不同的意义。

盛唐时期的杜诗从长安文化中吸取了时代的精华，浪漫精神在这一时期的杜诗中处于主导地位，使杜诗具有昂扬的气势和自信的豪情，气

---

[1] 莫砺锋：《杜甫评传》，南京大学出版社1993年版，第303页。
[2] 韩愈：《左迁至蓝关示侄孙湘》，《全唐诗》卷三四四，第3967页。
[3] 范仲淹：《范文正公集》卷一，《四库全书》本。

骨凛然，即盛世气象，而长安隐藏的社会矛盾则使杜诗开始出现写实的创作倾向。安史之乱中长安的沦陷以及社会的巨大变革使世俗精神在杜诗中得到更多的表现。世俗精神的高涨反映在杜甫思想上，即是忧国忧民的思想在这一时期凸显，杜甫逃归凤翔之举即是证明；表现在杜诗上，即是反映时事的作品大量增加，确立了"诗史"的地位，并开创了新乐府。同时，使杜诗完成了现实主义创作方向与创作模式的定型，其中包括悲愁阔大的意象群的定型、沉郁顿挫的风格的定型、忧国忧民的感情基调的定型。长安文化的巨大向心力在杜甫晚年诗中表现更为明显，在杜诗中构成了长安情结。长安情结使执著精神在这一时期的杜诗中得到升华，同时这种执著精神也成为杜甫创作的内驱力，使杜诗创作达至化境，并具有一种强烈的感染力和震撼美，夔州诗的成就即是一证明。以下第三章至第五章在长安文化具体内涵与杜诗关系的论述中即体现了这种特点。

由此可见，杜甫一生诗歌创作中，长安文化都作为一种重要的驱动力而存在。盛唐时期杜甫从长安文化中吸收的是当时的诗学精华，为以后诗歌的发展打下了基础。杜甫一生有两次创作的辉煌：安史之乱时期与夔州时期，长安文化儒学的复兴与向心力在其中起到不可缺少的重要作用。

第 三 章

盛唐长安文化与杜诗

本节主要论述盛唐时期的长安文化的具体内涵及其与杜诗的关系。由于学界对于历史上社会繁盛的"盛唐"与文学繁盛的"盛唐"在时间理解上存在差异，需要对本章中的"盛唐"作一简单界定。本章中的"盛唐"指玄宗统治时期的开元天宝年间。这一时期的长安文化呈现出典型的盛世特征，不论是昂扬的尚武精神，还是宴游之风，都是盛世文化中的社会风尚。盛唐时期杜甫生活于长安的时间是天宝五载（746）至天宝十四载十一月安史之乱爆发之前，本章以这一时期的杜诗为主要考察对象。盛唐时期的杜诗不仅从长安文化中吸取了当时的诗学精华，而且长安文化的浪漫精神在这一时期的杜诗中处于主导地位，使杜诗具有盛唐气象，而天宝后期长安隐藏的社会矛盾则使杜诗开始向现实主义的创作方式靠拢。本章主要选取了长安文化中的社会风尚——交游之风、尚武精神、宴乐之风三个角度探讨这一时期杜诗与长安文化之间的关系。

第一节 盛唐时期长安交游之风与杜诗

"文学家的存在具有一定的群体性，接受群体的影响是文学家成长的必要条件。中国古代许多作家，往往与其同时的文人社会、文人群体有着密切的关系。"[①] 文学家吸取时代的精神，接受文学的精华，文人群体都是必不可少的中介，其创作思想的和文学风格的形成都与文人群体有

[①] 钱志熙：《群体的影响与个体的超越》，《江海学刊》1996 年第 1 期。

着重要的关联。盛唐天宝年间在长安生活的十年，是杜甫35岁至44岁的壮年时期，也是其人生观、诗学观、审美观等重要价值观念的形成期和定型期。长安十年，杜甫处身于具有浓厚的文学风气和很高的创作水准的文人群体中，其所交往的人物当对其诗歌产生重要的影响。因此，从长安交游的角度分析杜甫诗学思想受长安文化中文学风气的影响，应具有一定的重要性。

以杜甫盛唐时期在长安所作诗歌为主要依据，考察出此阶段杜甫交游人物有58人。为论述方便，以下在理清杜甫盛唐时期长安交游情况的基础上，分析长安文化中文学风气对杜甫诗学思想产生的影响。

一 文学上与杜甫交游的人物

在与杜甫交游的58人中，见诸杜诗，并侧重于文学方面的唱和切磋的有岑参、高适、薛据、储光羲、郑虔、苏源明、郑谏议、沈东美、许损。此九人大多是杜甫的挚友，并且在诗歌上有一定的建树。

岑参（715—770）。《唐才子传校笺》卷三记载："参，南阳人，文本之后。天宝三年（载）赵岳榜第二人及第。累官左补阙、起居郎，出为嘉州刺史。杜鸿渐表置安西幕府，拜职方郎中，兼侍御史，辞罢。别业在杜陵山中，后终于蜀。参累佐戎幕，往来鞍马烽尘间十余载，极征行离别之情，城障塞堡，无不经行。博览史籍，尤工缀文，属词清尚，用心良苦。诗调尤高，唐兴罕见此作。放情山水，故常怀逸念，奇造幽致，所得往往超拔孤秀，度越常情，与高适风骨颇同，读之令人慷慨怀感。每篇绝笔，人辄传咏，至德中，裴休、杜甫等常荐其识度清远，议论雅正，佳名早立，时辈所仰，可以备献替之官。未及大用而谢世，岂不伤哉！有集十卷行于世，杜确为之序云。"[1] 注文考得"天宝三年（载）"应为"天宝五载"，"左补阙"应为"右补阙"。《河岳英灵集》选岑参诗七首，曰："参诗语奇体峻，意亦造奇。至如'长风吹白茅，野火烧枯桑'，可谓逸才。又'山风吹空林，飒飒如有人'，宜称幽致也。"[2]

---

[1] 傅璇琮主编：《唐才子传校笺》卷三，中华书局1987年版，第439—445页。
[2] 殷璠撰，王克让注：《河岳英灵集注》卷三，巴蜀书社2006年版，第201页。

天宝八载（749）、十载到十三载，杜甫与岑参都在长安。二人登慈恩寺塔，游渼陂。诗酒唱和，成为挚友。《同诸公登慈恩寺塔》《渼陂行》《渼陂西南台》《与鄠县源大少府宴渼陂》《九日寄岑参》诸诗记录了杜甫与岑参在长安的交往。《渼陂行》论及岑参曰："岑参兄弟皆好奇，携我远来游渼陂。"《九日寄岑参》曰："岑生多新诗，性亦嗜醇酎。""所向泥活活，思君令人瘦。"二人在游赏饮酒之余，诗文论赏互赠，成为必不可少的话题。杜甫在肃宗朝任职左拾遗，和岑参同朝为官，杜甫曾与人一同上疏，荐举岑参。二人彼此间亦有诗歌唱和，杜甫有诗《奉和贾至舍人早朝大明宫》《奉答岑参补阙见赠》。离开长安后，杜甫思念岑参，作诗《寄彭州高三十五使君适虢州岑二十七长史参三十韵》《泛舟送魏十八仓曹还京因寄岑中允参范郎中季明》《寄岑嘉州》《赤甲》。

高适。《旧唐书》卷一一一记载，高适者，渤海蓚人也。父从文位，终韶州长史。适，少濩落，不事生业，家贫，客于梁宋，以求丐取给。天宝中，海内事干进者注意文词，适年过五十始留意诗什，数年之间，体格渐变，以气质自高，每吟一篇，已为好事者称诵。适负气敢言，权幸惮之。喜言王霸大略，务功名，尚节义。逢时多难，以安危为己任，然言过其术，为大臣所轻。累为藩牧，政存宽简，吏民便之。有文集二十卷。①《唐才子传校笺》卷二："年五十始学为诗，即工，以气质自高。多胸臆间语。"②

天宝十载（751）、十一载间，高适在哥舒翰幕府中，为掌书记之职，随哥舒翰入朝到长安。登慈恩寺塔之行，高适亦在其列。十一载，高适离开长安，杜甫作《送高三十五书记十五韵》赠之。十四载，哥舒翰幕府中蔡希鲁都尉自长安返回青海，杜甫作诗《送蔡希鲁都尉还陇右因寄高三十五书记》送别，并托蔡希鲁问候高适。

高适是杜甫交往时间较长的一位诗人。天宝三载（744），杜甫曾与高适、李白游梁、宋。高适在蜀地任职彭州刺史、西川节度使时，杜甫也寄寓在成都，彼此间多有交往，亦有诗作往来，杜甫也有很多写及高

---

① 刘昫：《旧唐书》卷一一一，中华书局1975年版，第3328—3331页。
② 傅璇琮主编：《唐才子传校笺》卷二，中华书局1987年版，第422页。

适的诗篇。长安分别，杜甫赠高适诗曰："边城有余力，早寄从军诗。"（《送高三十五书记》）二人分别后，杜诗曰："自失论文友，空知卖酒垆"（《赠高式颜》）、"诗好几时见，书成无信将"（《寄彭州高三十五使君适虢州岑二十七长史参三十韵》）、"会待妖氛静，论文暂裹粮"（《寄彭州高三十五使君适虢州岑二十七长史参三十韵》）。高适亡故，杜甫怀念之，曰："独步诗名在，只令故旧伤。"（《闻高常侍亡》）可见，杜甫与高适交往期间，彼此间诗文探讨成为二人交往的重要内容之一。

　　薛据。《唐才子传校笺》卷二记载，薛据，荆南人。开元十九年（731）进士。于吏部参选，据自恃才名，请受万年录事。流外官诉宰执，以为赤县是某等清要，后改涉县令。天宝六载（747），又中风雅古调科第一人。后仕历司议郎，终水部郎中。据为人骨鲠，有气魄，文章亦然。尝自伤不得早达，造句往往追凌鲍、谢。初好栖遁，居高山炼药。晚岁置别业终南山下老焉。有集今传。① 《河岳英灵集》选薛据诗十首，曰："据为人骨鲠有气魄，其文亦尔。自伤不早达，因着《古兴》诗云：'投珠恐见疑，抱玉但垂泣。道在君不举，功成叹何及。'怨愤颇深。至如'寒风吹长林，白日原上没'。又'孟冬时短晷，日尽西南天'。可谓旷代之佳句。"②

　　杜甫盛唐时期在长安所写诗歌中，言及和薛据交游的诗篇只有《同诸公登慈恩寺塔》一首，当时薛据也有同题诗作，可惜已经失传。但从杜甫离开长安后的诗篇中可见二人交往非浅。《秦州见敕目薛三璩授司议郎毕四曜除监察与二子有故远喜迁官兼述索居凡三十韵》《解闷十二首》《别崔潩因寄薛据孟云卿》《寄薛三郎中据》皆是怀念薛据而作。"旧好何由展，新诗更忆听"，"荆州过薛孟，为报欲论诗"，是杜甫与薛据诗文探讨的见证。

　　储光羲。《唐才子传校笺》卷一记载，储光羲，延陵人，开元十四年（726）进士，有诏中书试文章，尝为监察御史，值安禄山陷长安，辄受伪署。曾脱身奔肃宗行在。贼平后，被贬岭南，卒于贬所。工诗，格高

---

① 傅璇琮主编：《唐才子传校笺》卷二，中华书局1987年版，第305—310页。
② 殷璠撰，王克让注：《河岳英灵集注》卷中，巴蜀书社2006年版，第233页。

调逸,趣远情深,削尽常言,挟风雅之道,养浩然之气,览者犹聆《韶》、《濩》音,先洗桑濮耳,庶几乎赏音也。有集七十卷,《政论》十五卷,《九经分义疏》二十卷,并传。①《读书纪数略》卷三一:"储光羲之真率,王昌龄之声俊,高适岑参之悲壮,李颀常建之超凡,此盛唐之盛者也。"②《河岳英灵集》选储光羲诗十二首。《唐音》卷二储光羲条载:"《选诗补注》云:'诗有冲淡之趣。时人与王维并称。其诗同美矣,然其为人躁进不忠,是亦可丑也。'"③

杜甫在长安时与储光羲的交游,见于杜诗者不多。天宝十一载(752),杜甫、高适、岑参、储光羲、薛据登慈恩寺塔,共作同体诗,时储光羲所作登塔诗流传下来,仇兆鳌评之曰:"岑、储两作,风秀熨贴,不愧名家。"④

郑虔。《唐才子传校笺》卷二记载,虔,郑州荥阳人,高士也。苏颋为宰相,申以忘年之契。尝以当世事著书八十余篇。有告虔私撰国史者,虔苍惶焚之,坐谪十年。玄宗爱其才,天宝九载(750),为更置广文馆,虔为博士。广文博士自虔始。杜甫为交,有赠诗曰:"才名四十年,坐客寒无毡。惟有苏司业,时时与酒钱。"其穷饥辗轲,淡如也。好琴酒篇咏,善图山水。能书,苦无纸,于慈恩寺贮柿叶数屋,遂日就书殆遍。尝自写其诗并画,表献之,玄宗大署其尾曰:"郑虔三绝"。与李、杜为密友,多称郑广文。禄山反,伪授水部员外郎,托以疾,不夺。贼平,得贬台州司户,卒。有集行世。⑤《新唐书·文艺中·郑虔》(卷二〇二):"虔学长于地理,山川险易、方隅物产、兵戍众寡无不详。尝为《天宝军防录》。言典事该。诸儒服其善著书,时号'郑广文'。"

郑虔博学多才,尤擅长诗、书、画,被唐玄宗誉为"郑虔三绝",《历代名画记》卷三记载:"(慈恩寺塔)大殿东廊从北第一院,郑虔、

---

① 傅璇琮主编:《唐才子传校笺》卷一,中华书局1987年版,第211—222页。
② 宫梦仁:《读书纪数略》卷三一,《四库全书》本。
③ 杨士弘选,陶文鹏、魏祖钦整理点校:《唐音评注·唐诗正音》卷一,河北大学出版社2006年版,第96页。
④ 仇兆鳌:《杜诗详注》卷二,中华书局1979年版,第106页。
⑤ 傅璇琮主编:《唐才子传校笺》卷二,中华书局1987年版,第404—410页。

毕宏、王维等画。"① 但其一生不得志。天宝初，郑虔因被人上告私撰国史，被贬十年。天宝九载（750），还长安，与杜甫相识，同游何将军山林、曲江，诗酒相会。杜甫用"忘形到尔汝，痛饮真吾师"（《醉时歌》）来形容二人之间的深厚情谊，也以"先生有道出羲皇，先生有才过屈宋"（《醉时歌》）之语高度评价郑虔学识。安史之乱，郑虔被迫授予伪职，唐王朝收复长安后，郑虔定三等流贬之罪，贬台州司户，杜甫有诗《送郑十八虔贬台州司户伤其临老之故阙为面别情见于诗》送之。之后二人再无相聚之日，郑虔终老台州。杜甫有《题郑十八著作丈故居》《有怀台州郑十八司户》《所思》《哭台州郑司户苏少监》《八哀诗·故著作郎贬台州司户荥阳郑公虔》《存殁口号》《九日五首》等诗怀念郑虔。

苏源明。《新唐书·文艺中》："苏源明，京兆武功人，初名预，字弱夫。少孤，寓居徐、兖。工文辞，有名天宝间。及进士第，更试集贤院。累迁太子谕德。出为东平太守。……召源明为国子司业。安禄山陷京师，源明以病不受伪署。肃宗复两京，擢考功郎中、知制诰。……帝嘉其切直，遂罢东幸。后以秘书少监卒。源明雅善杜甫、郑虔，其最称者元结、梁肃。"②

在《八哀诗·故秘书少监武功苏公源明》一诗中，杜甫称与苏源明是"结交三十载"。杜甫与苏源明的交往始于杜甫青年时期，开元二十四年（736）左右二人共游齐、赵，《壮游》诗曰："放荡齐赵间，裘马颇清狂。春歌丛台上，冬猎青丘旁。……苏侯据鞍喜，忽如携葛疆"。在长安的交往，见诸长安诗篇的只有《戏简郑广文虔兼呈苏司业源明》一首。二人深厚之谊，在杜甫离开长安后的诗中可见。《怀旧》曰："地下苏司业，情亲独有君。那因丧乱后，便有死生分。老罢知明镜，归来望白云。自从失辞伯，不复更论文。"《哭台州郑司户苏少监》："故旧谁怜我，平生郑与苏。"

郑谏议。不详何人，杜甫在献三大礼赋后作诗《敬赠郑谏议十韵》，

---

① 张彦远：《历代名画记》卷三，江苏美术出版社、凤凰出版传媒集团2007年版，第74页。

② 欧阳修、宋祁：《新唐书》卷二〇二，中华书局1997年版。

希望能得其引荐。诗中赞美郑谏议："谏官非不达,诗义早知名。破的由来事,先锋孰敢争。思飘云物外,律中鬼神惊。毫发无遗憾,波澜独老成。"此诗是杜甫在盛唐时期主要诗学观的集中体现。

沈东美。《全唐诗》小传记载:"沈东美,佺期子。初为府掾。天宝中,除膳部员外郎。"① 《唐诗品汇·诗人爵里详节》:"沈东美,天宝十三年,除膳部员外郎,杜少陵有寄沈八丈诗云:'诗律群公问,儒门旧史长'者是也。"② 岑仲勉《郎官石柱题名》记载沈东美为膳部员外郎,司勋员外郎。③ 杜甫祖父杜审言与沈东美之父沈佺期,在武则天时同朝为官,并皆擅长诗歌。天宝十三载(754),沈东美除膳部员外郎,杜甫作诗《承沈八丈东美除膳部员外郎阻雨未遂驰贺奉寄此诗》以贺之。

许损。籍贯事迹不详。天宝十四载(755),杜甫作《夜听许十一诵诗爱而有作》。

二 政治上与杜甫交游的人物

杜甫旅食长安十年,备尝人间冷暖,其主要的精神支柱就是求取官职以实现兼济天下的理想。政治活动于是就成为杜甫长安生活的主要内容。在杜甫政治活动中占据着或轻或重的地位的有12人,他们分别是郑潜曜驸马、汝阳王李琎、韦济、张垍、韦见素、崔国辅、于休烈、鲜于仲通、田梁丘、哥舒翰、田澄、崔惠童驸马。把这些人归为政治上交游的人物,并不意味着他们对杜甫的文学思想没有丝毫影响,只是相对而言,他们在杜甫的求仕活动中占据更重要的地位。

郑潜曜驸马。郑虔之侄,以孝被时人所称,《新唐书·孝友》载:"郑潜曜者,父万钧,驸马都尉、荥阳郡公。母,代国长公主。开元中,主寝疾,潜曜侍左右,造次不去,累三月不靧面。主疾侵,刺血为书请诸神,丐以身代。火书,而'神许'二字独不化。翌日主愈,戒左右无敢言。后尚临晋长公主,历太仆光禄。"④ 独孤及写有《郑驸马孝行记》

---

① 彭定求编:《全唐诗》卷二五五,第2858页。
② 高棅:《唐诗品汇·诗人爵里详节》,上海古籍出版社1982年版,第28页。
③ 岑仲勉:《郎官石柱题名新考订》,上海古籍出版社1984年版,第173、58页。
④ 欧阳修、宋祁:《新唐书》卷一九五,中华书局1975年版,第5581页。

一文，称颂郑潜曜的孝行，文中曰："公开元二十八年，尚玄宗第十二女临晋长公主。公主柔明而贤，辅佐以礼，公力行好学，处贵不骄，跋履夷险，无替忠信。历太仆光禄卿，嗣荥阳郡公，佩金印，列长戟，垂三十馀载，克荷大业，而崇其家声。"① 此文收入《毘陵集》卷一七。

杜甫天宝五载（746）初入长安，即做客郑潜曜在神禾原的莲花洞，并作诗《郑驸马宅宴洞中》。因为郑潜曜是郑虔之侄，故杜甫与之游宴颇多，杜甫在为临晋公主之母皇甫淑妃所撰《唐故德仪赠淑妃皇甫氏神道碑》中曰："甫忝郑庄之宾客，游窦主之园林。"《奉陪郑驸马韦曲二首》也是一首同游之作。

汝阳王李琎。玄宗之兄宁王李宪之子。因李宪曾把太子位让给玄宗，故玄宗对其极为尊崇，卒后追封为让皇帝，其子皆封王。《御批历代通鉴辑览》卷五五："冬十一月，太尉宁王宪薨，追谥曰让皇帝。宪薨，上哀惋特甚，曰：'天下，兄之天下也，固让于我，为唐太伯常名不足以处之。'乃谥曰'让皇帝'，其子汝阳王琎，表述先志，固让不许。"②《新唐书》卷八一载："琎眉宇秀整，性谨洁，善射，帝爱之。封汝阳王，历太仆卿。与贺知章、褚庭诲、梁涉等善。薨，赠太子太师。"③

杜甫初入长安，即与李琎有交往，《赠特进汝阳王二十二韵》就是写于此时。李琎善饮酒，被誉为"酒中八仙"之一，《新唐书》记载："（白）与知章、李适之、汝阳王琎、崔宗之、苏晋、张旭、焦遂为'酒八仙人'。"④ 杜甫有诗《饮中八仙歌》写李琎："汝阳三斗始朝天，道逢曲车口流涎，恨不移封向酒泉。"天宝九载（750），李琎卒。杜甫有《八哀诗·赠太子太师汝阳郡王琎》以怀念之。

韦济。武则天时宰相韦思谦之孙，韦嗣立之子。出身相门，家世显赫。《旧唐书》载："嗣立、承庆俱以学行齐名。长寿中，嗣立代承庆为凤阁舍人。长安三年，承庆代嗣立为天官侍郎，顷之又代嗣立知政事。

---

① 独孤及：《毘陵集》卷一七，李昉《文苑英华》卷八三〇，中华书局1966年版，第4379页。
② 傅恒请：《御批历代通鉴辑览》卷五五，《四库全书》本。
③ 欧阳修、宋祁：《新唐书》卷八一，中华书局1975年版，第3599页。
④ 欧阳修、宋祁：《新唐书》卷一二七，中华书局1975年版，第5763页。

及承庆卒，嗣立又代为黄门侍郎，前后四职相代。又父子三人，皆至宰相。有唐已来，莫与为比。嗣立三子：孚、恒、济，皆知名。"①"济，早以辞翰闻。开元初，调补鄄城令。时有人密奏玄宗曰：'今岁吏部选叙太滥，县令非材，全不简择。'及县令谢官日，引入殿庭，问安人策一道，试者二百余人，独济策第一，或有不书纸者。擢济为醴泉令，二十余人还旧官，四五十人放归习读，侍郎卢从愿、李朝隐贬为刺史。济至醴泉，以简易为政，人用称之。三迁为库部员外郎。二十四年，为尚书户部侍郎。累岁转太原尹。制《先德诗》四章，述祖、父之行，辞致高雅。天宝七载，又为河南尹，迁尚书左丞。三代为省辖，衣冠荣之。济从容雅度，所莅人推善政，后出为冯翊太守。"②

杜甫与韦济交情深厚。天宝七载（748），韦济为河南尹，数次至杜甫故居偃师问候，杜甫当时在长安，作《奉寄河南韦尹丈人》以感激韦济垂询之情。本年韦济迁尚书左丞，居长安，时杜甫应诏参加制举下第，求仕无门，作《赠韦左丞丈济》《奉赠韦左丞丈二十二韵》二诗投赠韦济，希望能得到举荐。诗中杜甫不讳求仕的艰辛："骑驴十三载，旅食京华春。朝扣富儿门，暮随肥马尘。残杯与冷炙，到处潜悲辛。"也毫不讳言自己卓越的才学："读书破万卷，下笔如有神。赋料扬雄敌，诗看子建亲。"从"甚愧丈人厚，甚知丈人真。每于百僚上，猥诵佳句新"，亦可窥见韦济是杜甫诗歌的赏识者和传播者。

张垍。宰相张说之子，其兄张均。《旧唐书·张说传》曰："均、垍俱能文。"③"垍，以主婿，玄宗特深恩宠，许于禁中置内宅，侍为文章，尝赐珍玩，不可胜数。……禄山之乱，玄宗幸蜀，宰相韦见素、杨国忠、御史大夫魏方进等从，朝臣多不至。……既而均弟兄果受禄山伪命，垍与陈希烈为贼宰相。"④杜甫在长安时，张垍因为是驸马，颇受玄宗恩宠。曾为翰林学士，天宝十三载（754），垍贬卢溪郡司马，不久召还，迁太常卿。《旧唐书·萧颖士传》："当开元中，天下承平，人物骈集，如贾

---

① 刘昫：《旧唐书》卷八八，中华书局1975年版，第2874页。
② 同上。
③ 刘昫：《旧唐书》卷九七，中华书局1975年版，第3057页。
④ 同上书，第3058—3059页。

曾、席豫、张垍、韦述辈，皆有盛名，而颖士皆与之游，由是缙绅多誉之。"① 杜甫在天宝九载、十三载分别投诗《赠翰林张四学士垍》《奉赠太长张卿垍二十韵》，干谒张垍。杜甫献三大礼赋，受到玄宗注意，疑是得张垍之助。

韦见素。《旧唐书》卷一〇八："韦见素，字会微，京兆万年人。父凑，开元中太原尹。见素学科登第。景龙中，解褐相王府参军，历卫佐、河南府仓曹。丁父忧，服阕，起为大理寺丞，袭爵彭城郡公。坐事出为坊州司马。入为库部员外郎，加朝散大夫，历右司兵部二员外，左司兵部二郎中，迁谏议大夫。天宝五年，充江西、山南、黔中、岭南等黜陟使，观省风俗，弹纠长吏，所至肃然。使还，拜给事中，驳正绳违，颇振台阁旧典。寻检校尚书工部侍郎，改右丞。九载，迁吏部侍郎，加银青光禄大夫。见素仁恕长者，意不忤物，及典选累年，铨叙平允，人士称之。……见素以奉上皇幸蜀功，加开府仪同三司，食实封三百户。上元中，以足疾上表请致仕，许之。宝应元年十二月卒，年七十六，赠司空，谥曰忠贞，丧事官给。"②

杜甫诗文曾受到韦见素的赏识。葛立方《韵语阳秋》曰："杜甫累不第，天宝十三载，明皇朝献太清宫，飨庙及郊，甫奏赋三篇。帝奇之，使待制集贤院，命宰相试文章，故有《奉留赠集贤崔于二学士》诗云：'昭代将垂白，途穷乃叫阍。气冲星象表，词感帝王尊。天老书题目，春官验讨论。倚风遗鹖路，随水到龙门。'旧注陈希烈、韦见素为宰相，而崔国辅于休烈者，皆集贤学士也，故末句云谬称三赋在，难述二公恩，可谓不忘于藻鉴之重者矣。按唐史，是岁陈希烈为丞相至八月，见素代之。而甫集有上见素诗云：'持衡留藻鉴，听履上星辰。'则甫之文为见素所赏，非希烈也。"③ 天宝十四载（755），杜甫献诗《上韦左相二十韵》，干谒韦见素。

崔国辅。《唐才子传校笺》卷一有载，崔国辅，清河人。开元十四年

---

① 刘昫：《旧唐书》卷一九〇下，中华书局1975年版，第5048页。
② 刘昫：《旧唐书》卷一〇八，中华书局1975年版，第3275—3278页。
③ 葛常之：《韵语阳秋》卷五，上海古籍出版社1984年版，第75—76页。

(726）严迪榜进士，与储光羲、綦毋潜同时。举山阴县尉。累迁集贤直学士、礼部员外郎。天宝间，坐是王銲近亲，贬竟陵司马。有文及诗，婉娈清楚，深宜讽咏。乐府短章，古人有不能过也。①《西陂类稿》卷二七："五言绝句起自古乐府，至唐而盛，李白、崔国辅号为擅场。"②《河岳英灵集》卷中选崔国辅诗十三首。

于休烈。为官历任玄宗、肃宗、代宗三朝，《旧唐书·于休烈传》："于休烈，河南人也。高祖志宁，贞观中任左仆射，为十八学士。父默成，沛县令，早卒。休烈至性贞悫，机鉴敏悟。自幼好学，善属文，与会稽贺朝万齐融、延陵包融为文词之友，齐名一时。举进士，又应制策登科，授秘书省正字。累迁右补阙、起居郎、集贤殿学士，转比部员外郎、郎中。杨国忠辅政，排不附己者，出为中部郡太守。……在朝凡三十余年，历掌清要，家无儋石之蓄。恭俭温仁，未尝以喜愠形于颜色。而亲贤下士，推毂后进，虽位崇年高，曾无倦色。笃好坟籍，手不释卷，以至于终。大历七年卒，年八十一。有集十卷行于代。"③

天宝十载（751），杜甫献三大礼赋，明皇以为奇才，下召使待制集贤院，命宰相试文章，崔国辅、于休烈二学士，当是试文之官。十一载，杜甫暂还洛阳，作《奉留赠集贤院崔国辅于休烈二学士》留赠二人。

鲜于仲通。《金石录》卷六九："《唐京兆尹鲜于仲通碑》。右《唐鲜于仲通碑》，颜真卿传并书。仲通以多财结杨国忠，荐为剑南节度使。讨南诏蛮，大败。国忠为讳之，再荐为京兆尹。其始卒无他可称。见于《史》者惟尝表请国忠兼领剑南节使，及为国忠立碑颂功德耳。鲁公为此《碑》称述甚盛。以此知碑志所载是非褒贬，果不可信，虽鲁公犹尔，况他人乎！《明皇实录》称'仲通以漏禁中语，贬邵阳司马'。而《碑》言'为国忠所忌贬'。小人之交，初以利合，卒以利败，理固然也。"④ 颜真

---

① 傅璇琮主编：《唐才子传校笺》卷一，中华书局1987年版，第228—234页。
② 王琦注：《李太白全集》卷三四引宋牧仲《漫堂说诗》，中华书局1977年版，第1551页。
③ 刘昫：《旧唐书》卷一四九，中华书局1975年版，第4007—4009页。
④ 赵明诚撰，金文明校正：《金石录校正》卷六九，上海书画出版社1985年版，第499页。

卿《中散大夫京兆尹汉阳郡太守赠太子少保鲜于公神道碑铭》:"公讳向,字仲通,以字行,渔阳人也。……读书好观大略,颇工文而不好为之。开元二十年,年近四十,举乡贡进士高第。……无何,摄监察御史,充剑南山南两道山泽使。迁大理评事,充西山督察使。……六载拜监察御史。公诛羌豪董哥罗等数十人,以靖八州之地。郭公将图弱水西之八国,奏公入觐,玄宗骇异之,即日拜尚书屯田员外郎,兼侍御史、蜀郡司马、剑南行军司马。"① 元代李京《云南志略》:"唐以剑南节度使鲜于仲通将兵八万讨之。蒙使行成,弗许。及战,仲通大败,仅以身免。阁罗凤乃结知吐蕃,刻石于龙尾,阁明其不得已叛唐之意。"② 天宝十载(751),杜甫献赋后,久不授官,十二载,作诗《奉赠鲜于京兆二十韵》,投赠鲜于仲通,希望得到引荐。

田梁丘。于邵《田司马梁丘传》:"司马,姓田氏。……汉徙家于秦,世为京兆茂陵人也。……哥舒翰兼统五原,雅知其人,得之甚喜,表清胜府别将……改永平府左果毅,长松府折冲。……会安禄山以范阳叛,潼关失守,有诏御史中丞郭英乂专制陇右,未及下车,表渭州陇西县令。"③《旧唐书·哥舒翰传》:"讨禄山,以田梁丘为御史中丞,充行军司马。"④ 颜真卿《正议大夫行国子司业上柱国金乡县开国男颜府君神道碑铭》:"潼关陷,朝官多出骆谷至兴道。中丞田梁邱为哥舒翰行军司马,既败,犹自振矜,因诵表云云。君独抗声叱之曰:'君何为尚为贼说征祥乎?'一坐皆壮之。"⑤ 约天宝十三载(754),田梁丘入朝来长安,杜甫作诗《赠田九判官梁丘》赠之,希望能得其引荐进入哥舒翰幕府。

哥舒翰。《旧唐书》卷一〇四:"哥舒翰,突骑施首领哥舒部落之裔也。……天宝六载,擢授右武卫员外将军,充陇西节度副使、都知关西兵马使、河源军使。……十一载,加开府仪同三司。……十二载,进封

---

① 颜真卿:《颜鲁公集》,上海古籍出版社1992年版,第41—42页。
② 李京:《云南志略》,《说郛》卷六二上,《四库全书》本。
③ 于邵:《田司马传》,董诰等编《全唐文》卷四二九,中华书局1983年版,第4373—4374页。
④ 刘昫:《旧唐书》卷一〇四,中华书局1975年版,第3213页。
⑤ 董诰等编:《全唐文》卷三四一,中华书局1966年版,第3840页。

凉国公，食实封三百户，加河西节度使，寻封西平郡王。……十三载，拜太子太保，更加实封三百户，又兼御史大夫。……及安禄山反，上以封常清、高仙芝丧败，召翰入，拜为皇太子先锋兵马元帅。……军既败，翰与数百骑驰而西归，为火拔归仁执降于贼。……禄山知事不谐，遂闭翰于苑中，潜杀之。"① 天宝十三载（754），杜甫作诗《投赠哥舒开府翰二十韵》，以事干谒，希望进入哥舒翰幕府。

田澄。《唐诗纪事》卷二九载："澄，大历、天宝间人。杜子美《赠献纳使起居田舍人》诗，即澄也。末句云：'杨雄更有河东赋，惟待吹嘘送上天。'盖澄以舍人奉使入蜀，肃宗时人也。"② 天宝十三载（754），杜甫久居长安不获一职，作《赠献纳使起居田舍人澄》，干谒田澄，时田澄身兼献纳使、起居舍人二职。

崔惠童驸马。《新唐书》卷八三："晋国公主（玄宗之女），始封高都，下嫁崔惠童。"③ 崔惠童在长安东有山池，玄宗曾在此宴请哥舒翰、安禄山。《旧唐书》卷一〇四载："（十一载）其冬，禄山、思顺、翰并来朝，上（玄宗）使内侍高力士及中贵人于京城东驸马崔惠童池亭宴会。"④ 天宝十三载（754）左右，杜甫到此做客，作诗《崔驸马山亭宴集》。

三　其他交游人物

除在文学和政治方面和杜甫交游较多的21人之外，杜甫在长安所交游的其他人物还有37人。他们分别是汉中王李瑀、顾戒奢、李炎、魏子、王倚、裴虬、孔巢父、高仙芝、武卫将军、杨长史、李嗣业、韦书记、元逸人、何将军、鄠县源大少府、张十二参军、杨五侍御、陈二、王徹、奉先县县内诸官（王、刘、裴、李、郑、咉）、蔡希鲁、李邓公、魏将军、杨奉先、刘单、祁岳、郭给事。另外，有亲眷杜位、杜济、杜勤、萧郎中十兄、崔明府。

汉中王李瑀。让皇帝李宪第六子。《旧唐书》卷九五："瑀，封汉中

---

① 刘昫：《旧唐书》卷一〇四，中华书局1975年版，第3211—3215页。
② 计有功：《唐诗纪事》卷二九，上海古籍出版社1985年版，第449页。
③ 欧阳修、宋祁：《新唐书》卷八三，中华书局1997年版。
④ 刘昫：《旧唐书》卷一〇四，中华书局1975年版，第3213页。

王，历都水使者、恒王府司马、卫尉员外卿。瑀早有才望，伟仪表。初为陇西郡公。天宝十五载，从玄宗幸蜀，至汉中，因封汉中王，仍加银青光禄大夫、汉中郡太守。乾元二年，以特进试太常卿，送宁国公主至回纥，充册立使。"① 天宝十三载（754），长安霖雨不止，杜甫有诗《苦雨奉寄陇西公兼呈王征士》。杜甫离开长安后，有多首与汉中王李瑀往来的诗作，有《戏题寄上汉中王三首》《玩月呈汉中王》《章梓州水亭》《戏作寄上汉中王二首》《奉汉中王手札》《奉汉中王手札报韦侍御萧尊师亡》《追酬故高蜀州人日见寄》，从这些诗篇可见二人交往之厚。

顾戒奢。唐代著名书法家，擅长八分书。《东观余论·顾诫奢书吕肃公碑后》云："少陵《送顾八分文学》诗云：'中郎石经后，八分盖憔悴。顾侯运炉锤，笔力破余地。昔在开元中，韩蔡同赑屃，玄宗妙其书'，是以数子至此诗，盖谓诫奢也。观其遗迹，乃知子美弗虚称之。碑首倒□亦自奇古，不独八分可赏云。"② 《金石录》卷二七："《唐吕公表》。右唐吕公表，元结撰，前太子文学翰林院侍诏顾诫奢书，杜甫集有《赠顾八分文学》诗，即诫奢也。诫奢八分不多见。余所得者，卫密撰《吕公庙碑》，并此表，郭英奇、郭慎微碑为四耳。甫诗称其最工小字，而此表字画甚大，尤壮伟可喜。"③ 虽然在杜甫长安诗中并未言及顾戒奢，但《送顾八分文学适洪吉州》一诗可证明二人在长安交往甚密，诗曰："文学与我游，萧疏外声利。追随二十载，浩荡长安醉。高歌卿相宅，文翰飞省寺。视我扬马间，白首不相弃。"可见，杜甫把顾戒奢视为知音，并在诗中赞其书法"顾于韩蔡内，辩眼工小字。分日侍诸王，钩深法更秘"。杜甫晚年在公安时，亦有诗《醉歌行赠公安颜十少府请顾八题壁》记之。

李炎。为蔡王太子家令，天宝十四载（755）夏，李炎至杜甫在长安城南的居处拜访杜甫。杜甫久居长安，曾作《贫交行》，感叹人情势利。李炎拜访，杜甫喜而作《夏日李公见访》。

---

① 刘昫：《旧唐书》卷九五，中华书局1975年版，第3015页。
② 赵彦国注评：《黄伯思·东观余论》卷下，江苏美术出版社2009年版，第252页。
③ 赵明诚撰，金文明校正：《金石录校正》卷二七，上海书画出版社1985年版，第498页。

魏子。具体姓名不详。天宝十载（751），长安霖雨不止，杜甫《秋述》曰："秋，杜子卧病长安旅次，多雨生鱼，青苔及榻，常时车马之客，旧雨来，今雨不来。"此时杜甫居长安五年，尚无官职，尝尽世态炎凉。而"子魏子，今年以进士调选，名隶东天官，告余将行"，杜甫感激，视为知音，诗中曰："昔襄阳庞德公，至老不入州府，而扬子云草《玄》寂寞，多为后辈所褒，近似之矣。呜呼！冠冕之窟，名利卒卒，虽朱门之涂泥，士子不见其泥，矧抱疾穷巷之多泥乎？子魏子独踽踽然来，汗漫其仆夫，夫又不假盖，不见我病色，适与我神会。我，弃物也，四十无位，子不以官遇我，知我处顺故也。"

王倚。事迹不详，为杜甫贫贱之交。天宝十载（751）杜甫卧病，感叹"乡里儿童项领成，朝廷故旧礼数绝"。十三载，王倚前来拜访，杜甫有感而作《病后过王倚饮赠歌》，"故人情义晚谁似，令我手足轻欲旋"、"老马为驹信不虚，当时得意况深眷"赞王倚待己之真情。

孔巢父。《旧唐书》卷一五四："孔巢父，冀州人，字弱翁。父如珪，海州司户参军，以巢父赠工部郎中。巢父早勤文史，少时与韩准、裴政、李白、张叔明、陶沔隐于徂徕山，时号'竹溪六逸'。永王璘起兵江淮，闻其贤，以从事辟之。巢父知其必败，侧身潜遁，由是知名。""兴元元年，李怀光拥兵河中。七月，复以巢父兼御史大夫，充宣慰使。……巢父、守盈并遇害。上闻之震悼，赠尚书左仆射，仍诏收河中，日备礼葬祭。赐其家布帛米粟甚厚，仍授一子正员官。"[2] 刘克庄《后村诗话》前集卷一："子美《送孔巢父》云：'若逢李白骑鲸鱼，道甫问讯今何如。'盖李、杜与巢父一辈人也。又云：'诗卷长留天地间，钓竿欲拂珊瑚树。'则巢父亦能诗者，偶失传尔。子美间关乱离，挺节无所污，巢父后殁王事，惟太白坐永王璘事流夜郎。"[3] 杜甫初入长安，时孔巢父为布衣，欲远游江东，杜甫饯行，作诗《送孔巢父谢病归游江东兼呈李白》送之。杜甫在《杂述》一文中言及与孔巢父在长安的交游，曰："悠悠友生，复

---

[1] 刘昫：《旧唐书》卷一五四，中华书局1975年版，第4095页。
[2] 同上书，第4096页。
[3] 刘克庄：《后村诗话》前集卷一，中华书局1983年版，第18页。

何时会于王镐之京？载饮我浊酒，载呼我为兄。”并誉之“嗟乎巢父！执雌守常，吾无所赠若矣。泰山冥冥崒以高，泗水潾潾弥以清”。

高仙芝。《旧唐书》卷一〇四：“高仙芝，本高丽人也。父舍鸡，初从河西军，累劳至四镇十将、诸卫将军。仙芝美姿容，善骑射，勇决骁果。少随父至安西，以父有功授游击将军。年二十余即拜将军，与父同班秩。事节度使田仁琬、盖嘉运，未甚任用，后夫蒙灵詧累拔擢之。开元末，为安西副都护、四镇都知兵马使。”[①] 天宝八载（749），高仙芝入朝来长安，杜甫有咏马诗《高都护骢马行》。

裴虬。韩愈《裴复墓志》：“父虬，以有气略敢谏诤官谏议大夫，引正大疑，有宠代宗朝，屡辞官不肯拜，卒赠工部尚书。”[②]《能改斋漫录》卷六：“裴二端公，鲍彪杜诗谱论第十卷：‘大历十四年己酉，年五十八。有《次湘江宴饯裴二端公赴道州》诗，又有《暮秋枉裴道州手札》诗，又有《暮秋枉裴道州手札率尔遣兴》诗，又有《湘江宴饯裴二端公赴道州》诗。’彪皆不着裴二端公为何人。予偶读蒋参政之奇武昌怡亭序云：‘怡亭铭，乃永泰元年李阳冰篆，李莒八分，而裴虬作铭。’又云：‘因过浯溪，观唐贤题名。有河东裴虬，字深源，大历四年为著作郎、兼侍御史道州刺史。’始知杜甫所谓裴二端公者，为虬也。余因著此，以补鲍氏之阙。裴虬《怡亭铭》曰：‘峥嵘怡亭，盘薄江汀，势压西塞，气涵东溟。风云自生，日月所经。众木成幄，群山作屏。故予逃世，于此忘形。’欧公《集古录》亦着怡亭本末甚详。”[③] 天宝末年，裴虬任永嘉县尉，杜甫在长安作诗《送裴二虬尉永嘉》。大历四年（769），裴虬迁道州刺史，杜甫为其饯行，作诗《湘江宴饯裴二端公赴道州》。后有《舟中苦热遣怀奉呈阳中丞通简台省诸公》《江阁对雨有怀行营裴二端公》二诗记之。

李嗣业。《旧唐书》卷一〇九：“李嗣业，京兆高陵人也。身长七尺，

---

① 刘昫：《旧唐书》卷一〇四，中华书局1975年版，第3203页。

② 韩愈：《河南少尹裴君墓志铭》，钱仲联、马茂元校点《韩愈全集》文集卷六，上海古籍出版社1997年版，第245页。

③ 吴曾：《能改斋漫录》卷六，上海古籍出版社1960年版，第158页。

壮勇绝伦。"①平叛安史之乱,"嗣业每持大棒冲击,贼众披靡,所向无敌"。②收复长安的香积寺之战,李嗣业为前军。"嗣业乃脱衣徒搏,执长刀立于阵前大呼,当嗣业刀者,人马俱碎,杀十数人,阵容方驻。前军之士尽执长刀而出,如墙而进。嗣业先登奋命,所向摧靡。是时,贼先伏兵于营东,侦者知之,元帅广平王分回纥锐卒,令击其伏兵,贼将大败。嗣业出贼营之背,与回纥合势,表里夹攻,自午及酉,斩首六万级,填沟壑而死者十二三。贼帅张通儒、安守忠、李归仁等收合残卒,东走保陕郡。"③天宝十载(751),李嗣业为骠骑左金吾大将军,杜甫在长安曾与之同饮,作诗《陪李金吾花下饮》。至德二载(757),杜甫任左拾遗时,因上疏救房琯,触怒肃宗,敕放还回鄜州省家,徒步归行,途经邠州,向李嗣业借马,《徒步归行》一诗原注曰:"赠李特进,自凤翔赴鄜州,途经邠州作。"

元逸人。即元丹邱,唐代著名道人。与李白交往甚厚,李白《唐汉东紫阳先生碑铭》曰:"天宝初,威仪元丹邱,道门龙凤,厚礼致屈,传箓于嵩山。东京大唐□□宫三请固辞。偃卧未几,而诏书下责,不得已而行。"④李白另有《西岳云台歌》《元丹邱歌》《以诗代书答元丹邱》等十二首诗记之。杜甫天宝十一载(752)有诗《玄都坛歌元逸人》,咏其有高士道风仙骨。

以下人物多是杜甫在长安的一时之交,具体事迹多不详。杜甫离开长安后,漂流巴蜀湖湘,再无言及之诗。

武卫将军。杜甫初入长安的天宝六七载间,作《故武卫将军挽词三首》。

杨长史。天宝十载(751)杜甫献赋后,受杨长史之邀游乐游园,作诗《晦日贺兰杨长史筵醉歌》。

鄠县源大少府。天宝十三四载间,杜甫陪同鄠县源大少府游赏渼陂,当时同游者还有岑参,杜甫有诗《与鄠县源大少府宴渼陂》。

韦书记。天宝十一载(752),封常清为安西副大都护,摄御史中丞,

---

① 刘昫:《旧唐书》卷一〇九,中华书局1975年版,第3297页。
② 同上书,第3299页。
③ 同上。
④ 王琦注:《李太白全集》卷三〇,中华书局1977年版,第1432页。

持节充安西四镇节度、经略、度支、营田副大使，知节度事，韦为其书记。韦赴安西，杜甫作《送韦书记赴安西》送别。

何将军。杜甫在天宝十一载（752）至十三载间，陪同挚友郑虔两次游览何将军的山林，写下著名的两组游览诗《陪郑广文游何将军山林十首》《重过何氏五首》。

张十二参军。与杜甫为世交，天宝十三载（754），张参军赴蜀，时故人杨侍御坐镇蜀州，故作诗《送张十二参军赴蜀州因呈杨五侍御》以推荐之。

杨五侍御。杜甫送张十二参军诗《送张十二参军赴蜀州因呈杨五侍御》："御史新骢马，参军旧紫髯。"

陈二。天宝十三载（754），陈二授予补阙之职，杜甫作诗《赠陈二补阙》以贺之。

王徵。天宝十三载（754），杜甫有诗《苦雨奉寄陇西公兼呈王征士》原注："陇西公，即汉中王瑀。征士，琅琊王徵。"

奉先县县内诸官（王、刘、裴、李、郑、啖）。天宝十四载（755）九月，杜甫尚未授官，自长安前往奉先，过桥陵作诗《桥陵诗三十韵因呈县内诸官》，从"王刘美竹润，裴李春兰馨。郑氏才振古，啖侯笔不停"二句推断，所呈诗之县内诸官有王、刘、裴、李、郑、啖几人。闻一多在《少陵先生交游考略》一文中认为，啖，即啖助。

蔡希鲁。天宝十四载（755），蔡希鲁在哥舒翰幕府任折冲都尉之职。时随哥舒翰入朝，哥舒翰因病留长安，蔡回陇右。杜甫作诗《送蔡希鲁都尉还陇右因寄高三十五书记》以赠别。

李邓公。天宝十四载（755），杜甫作诗《骢马行》，原注曰："太常梁卿敕赐马也。李邓公爱而有之，命甫制诗。"

魏将军。先立功西陲，后任禁军宿卫。卒后，天宝十四载（755），杜甫作《魏将军歌》。

杨奉先。天宝十四载（755），时杜甫家属暂时寄寓奉先县，杜甫与舅父崔明府到奉先，奉先县令杨氏做东，三人欢会饮酒，杜甫作诗《九日杨奉先会白水崔明府》。

刘单。即《奉先刘少府新画山水障歌》中的刘少府，任奉先县尉。

天宝十四载，杜甫家眷在奉先，故常往来长安奉先之间，此诗即是杜甫在奉先所作。

郭给事。每年冬季，唐玄宗与杨贵妃至骊山华清宫避寒，温泉之东有深潭曰灵湫，相传潭中有灵异之物，玄宗前往祭祀，杜甫有诗《奉同郭给事汤东灵湫作》。

杜位。杜甫之从弟，李林甫之婿。《旧唐书·李林甫传》："子婿张博济为鸿胪少卿，郑平为户部员外郎，杜位为右补阙。"① 天宝十载（751），杜甫在杜位宅过年，作诗《杜位宅守岁》，题下原注："位京中宅，近西曲江。"天宝十一载李林甫卒，杜位贬离长安。杜甫晚年有诗《寄杜位》（卷一〇）、《奉送蜀州柏二别驾中丞命赴江陵起居卫尚书太夫人因示从弟行军司马位》、《寄杜位》（卷一八）、《乘雨入行军六弟宅》诸诗。

杜济。杜甫之从孙。《旧唐书·崔宁传》："永泰元年五月，严武卒，杜济为西川行军司马，权知军府事。"② 颜真卿写有《唐杜济墓志铭》《唐杜济神道碑》。钱谦益《钱注杜诗》注《示从孙济》曰："《宰相世系表》：'济字应物，给事中，京兆尹。'《颜鲁公神道碑》：'征南十四代孙，东川节度使兼京兆尹。'"③ 杜甫在长安有诗《示从孙济》，当时杜济并未显达。

杜勤。杜甫之从侄，天宝十四载（755），应举落第归乡，杜甫作诗《醉歌行》以送之，原注曰："别从侄勤落第归。"

萧郎中十兄。杜甫之表兄。杜甫天宝六载（747）应制举下第，后作《赠比部萧郎中十兄》，原注："甫从姑之子。"

崔顼。杜甫之舅父，杜甫在长安时，崔顼为白水县令。天宝十四载（755）中，杜甫往白水探望之，作诗《白水明府舅宅喜雨得过字》。九月，同崔顼至奉先，杜甫作《九日杨奉先会白水崔明府》。安史之乱时，杜甫避乱，携家至白水，寄寓崔氏舅家，《白水崔少府十九翁高斋三十韵》即作于此时。

---

① 刘昫：《旧唐书》卷一一七，中华书局1975年版，第3241页。
② 同上书，第3398页。
③ 钱谦益：《钱注杜诗》卷一引颜真卿《神道碑》，上海古籍出版社1958年版，第19页。

四 长安交游人物对杜甫诗学思想的影响

在唐代，和繁荣的诗歌创作相比较，诗歌理论的总结相对处于低潮。这种现象在杜甫身上得到鲜明的体现。能够集中反映杜甫诗学思想的是其作于成都时期的《戏为六绝句》，但成熟诗学观的提出需要诗人前期对已有诗学理论的吸收和融合，以及对实际创作的揣摩和思索。由此，杜甫盛唐时期在长安十年所形成的诗学观念，不仅为以后成熟诗学观的提出打下坚实的基础，更是为后来成熟的诗歌创作起到重要的指导作用，而这时期杜甫诗学观形成的一个重要途径就是同长安诗人群体的交往。

杜甫离开长安后，思高适，有"自失论文友，空知卖酒垆"（《赠高式颜》）、"会待妖氛静，论文暂裹粮"（《寄彭州高三十五使君适虢州岑二十七长史参三十韵》）之约；念薛据，杜甫有"旧好何由展，新诗更忆听"（《秦州见敕目薛三璩授司议郎毕四曜除监察与二子有故远喜迁官兼述索居凡三十韵》）、"荆州遇薛孟，为报欲论诗"（《别崔潩因寄薛据孟云卿》）之论；苏源明故去，杜甫抒发"自从失辞伯，不复更论文"（《怀旧》）的遗憾。可见，杜甫在长安与友人讨论诗文是其受盛唐诗学思想影响的主要途径，同时也成为指导其实际创作的准绳。对交游人物的评价是该时期杜甫诗学思想表现的主要形式，崇尚风雅、追求新奇、注重章法严整而多变则是其主要内容。

(一) 崇尚风雅

《诗经》是诗歌创作的源头，蕴含于《国风》《二雅》中的"温柔敦厚"的诗教观历来被尊为中国正统诗学思想。但由于南朝浓丽诗风和声律说的影响，初唐论诗更重在诗的对仗和格律。尽管魏征在《隋书·文学传序》中提出文学应结合江左清绮之词和河朔贞刚之词义的文质并重的主张，但与之符合的实际创作并没有实现。真正对南朝流弊尚存的初唐诗坛给予强烈冲击的是倡导以风雅相尚的陈子昂，其有感"文章道弊，五百年矣……观齐梁间诗，彩丽竞繁，而兴寄都绝，每以永叹。思古人，常恐逦逶颓靡，风雅不作，以耿耿也"[1]，而提出"兴寄说"。其后李白

---

[1] 陈子昂：《与东方左史虬修竹篇序》，《全唐诗》卷八三，第893页。

宣称"大雅久不作,吾衰竟谁陈"①,成为陈子昂观点坚实的支持者。经过初唐文坛诗人近百年的努力,"开元十五年后,声律风骨始备矣"。② 至杜甫在长安的天宝年间,唐代诗人从创作和理论上都明确追求风骨、兴寄,要求诗歌有真实的情感和深刻的思想,这在杜甫对长安交游人物的评价中可以看出。杜甫赠诗萧郎中十兄,赞其"词华倾后辈,风雅蔼孤骞"(《赠比部萧郎中十兄》);干谒韦济,以"鼎食分门户,词场继国风"(《奉寄河南韦尹丈人》)誉之;听许损诵诗,不吝颂扬之词,曰:"陶谢不枝梧,风骚共推激"(《夜听许十一诵诗爱而有作》)。在这些赞美别人诗的言论中,可窥见杜甫对风雅的崇尚。

　　杜甫不仅在诗中以此颂美他人,同时在自己实际创作中也是以此为追求的目标。天宝十载(751),杜甫献赋无果而终,游曲江有感作《曲江三章章五句》,目睹菱枯荷折,孤鸿哀叫,诗人"总以九回之苦心,发清商之怨曲,意沈郁而气愤张,慷慨悲悽"③,落魄飘零之意自现。卢世㴶曰:"《曲江》三章,塌翼惊呼,忽遨天际。国风之后,又续国风。"④针对明皇黩武而发的《兵车行》,用创体乐府咏时事,篇首笔势汹涌,后点出开边之事,以鬼哭惨语作结,《唐宋诗醇》评之:"此体创自老杜,讽刺时事而托为征夫问答之词。言之者无罪,闻之者足戒,《小雅》遗音也。"《丽人行》中"态浓意远淑且真,肌理细腻骨肉匀。绣罗衣裳照暮春,蹙金孔雀银麒麟"的长安丽人很容易让人联想到《诗经》中"手如柔荑,肤如凝脂,领如蝤蛴,齿如瓠犀,螓首蛾眉"的硕人。而诗中直言丽人是"赐名大国虢与秦"的杨妃姐妹,颇有《诗经》的怨刺之意。"'赐名大国虢与秦',与'美孟姜矣'、'美孟弋矣'、'美孟庸矣'一辙,古有不讳之言也,乃《国风》之怨而诽,直而绞者也。"⑤ 作为杜甫在盛唐时期创作成就最高的《自京赴奉先县咏怀五百字》,更是被翁方纲誉为

---

① 李白:《古风》其一,王琦注《李太白全集》,中华书局1977年版,第87页。
② 殷璠撰,王克让注:《河岳英灵集注》,巴蜀书社2006年版,第1页。
③ 王嗣奭:《杜臆》卷二,上海古籍出版社1983年版,第44页。
④ 仇兆鳌:《杜诗详注》卷二,中华书局1979年版,第139页。
⑤ 王夫之:《姜斋诗话》,《清诗话》本,陈伯海编《唐诗汇评》,浙江教育出版社1995年版,第932页。

"李唐之代，乃有此大制作，可以直接《六经》矣"。① "李子德云：'太史公谓，'《国风》好色而不淫，《小雅》怨诽而不乱，《离骚》兼之。'公《咏怀》足以相敌。"② "为风人之旨"③ 的《同诸公登慈恩寺塔》，"千载后，得其（《毛诗》）遗意者"④ 的《前出塞九首》，等等，这些都可作为杜甫在盛唐时期崇尚风雅的创作实践。

从上述分析可见，这时期杜诗对风雅传统的继承，不仅在于诗中表现的是现实生活所引起的强烈而真挚的情感，更在于把社会现实作为诗歌写实的对象以及诗中所体现的"温柔敦厚"的美刺传统。这种思想观念，对安史之乱时期杜甫进入写实创作的辉煌起到一定的积极推动作用，同时也预示着中唐诗歌写实倾向的到来，使杜甫成为元、白"文章合为时而著，歌诗合为事而作"诗学观的先驱。

（二）追求新奇

洪亮吉《北江诗话》云："诗奇而入理，乃为之奇。若奇而不入理，非奇也。"⑤ 而"诗之奇而入理者，其惟岑嘉州乎！"⑥ 岑嘉州，即岑参，永泰元年出为嘉州刺史，与杜甫是莫逆之交。长安求仕的屡次失败，使杜甫对"翻手作云覆手雨，纷纷轻薄何须数"（《贫交行》）的世态炎凉有着刻骨铭心的体会。在长安交游人物中，能作为杜甫贫贱之交的仅仅数人而已，岑参即是其一。长安时期，杜甫与岑参交游之诗有五首，在杜甫长安交游诗中占据首位。

杜甫与岑参同游渼陂、大雁塔，写下了这时期较为著名的两首纪游之作——《渼陂行》和《同诸公登慈恩寺塔》。《渼陂行》曰：

---

① 翁方纲：《石洲诗话》，《清诗话续编》本，陈伯海编《唐诗汇评》，浙江教育出版社1995年版，第939页。
② 杨伦：《杜诗镜铨》，上海古籍出版社1981年版，第112页。
③ 何焯撰，蒋维钧辑：《义门读书记》，清乾隆三十四年承恩堂刻本，陈伯海编《唐诗汇评》，浙江教育出版社1995年版，第924页。
④ 贺裳：《载酒园诗话又编》，《清诗话续编》本，陈伯海编《唐诗汇评》，浙江教育出版社1995年版，第989页。
⑤ 洪亮吉：《北江诗话》卷五，人民文学出版社1983年版，第86页。
⑥ 同上。

岑参兄弟皆好奇，携我远来游渼陂。天地黯惨忽异色，波涛万顷堆琉璃。琉璃汗漫泛舟入，事殊兴极忧思集。鼍作鲸吞不复知，恶风白浪何嗟及。主人锦帆相为开，舟子喜甚无氛埃。凫鹥散乱棹讴发，丝管啁啾空翠来。沉竿续缦深莫测，菱叶荷花净如拭。宛在中流渤澥清，下归无极终南黑。半陂以南纯浸山，动影袅窕冲融间。船舷暝戛云际寺，水面月出蓝田关。此时骊龙亦吐珠，冯夷击鼓群龙趋。湘妃汉女出歌舞，金支翠旗光有无。咫尺但愁雷雨至，苍茫不晓神灵意。少壮几时奈老何，向来哀乐何其多。

此诗中'岑参兄弟皆好奇，携我远来游渼陂'之句，可窥见岑参之为人。岑参不止人奇，诗亦以奇著称。殷璠在《河岳英灵集》中曰："参诗语奇体峻，意亦造奇。至如'长风吹白茅，野火烧枯桑'，可谓逸才。又'山风吹空林，飒飒如有人'，宜称幽致也。"《石洲诗话》论岑参诗："嘉州之奇峭，入唐以来所未有。又加以边塞之作，奇气益出。风会所感，豪杰挺出，遂不得不变出杜公矣。"[1] 从殷翁二人的诗论可以看出，在岑参写《走马川行奉送出师西征》《白雪歌送武判官归京》等边塞名篇之前，已经被时人以奇所称，不过此奇指岑参诗中"长风吹白茅，野火烧枯桑"一类的写景或抒情之奇。天宝八载（749）至天宝十三载，杜甫与岑参在长安交往，其时岑参正以景奇情奇著称。翁方纲论岑参之诗奇峭的同时，亦道出杜甫与之若干联系。"风会所感"指杜甫受时代风气的浸染，而与人交往是接触时代信息的重要途径，其他如"甚有奇句"[2] 之高适，"奇之又奇"[3] 之李白。受此类尚奇之"豪杰"的影响则是杜甫诗中出现奇思奇语的重要动因之一。

杜甫对新奇的追求主要表现在对诗歌语言和诗意的锤炼。虽然盛唐长安时期杜甫创作中的写实倾向已经崭露头角，但所写诗歌更多的是写景和抒情之作。《渼陂行》即是一首体现杜甫追求新奇的纪游写景诗，

---

[1] 翁方纲：《石洲诗话》卷一，中华书局1985年版，第5页。
[2] 殷璠撰，王克让注：《河岳英灵集注》卷上，巴蜀书社2006年版，第180页。
[3] 同上书，第36页。

"只是一舟游耳,写得哀乐更番无端,奇山水逢奇人,真有一段至性至理相发"。① 渼陂奇景,忽天地异色,波涛万顷,忽凫鹭散乱,丝管啁啾,"此时骊龙亦吐珠,冯夷击鼓群龙趋。湘妃汉女出歌舞,金支翠旗光有无",使人恍见屈原《九歌》。"只平叙一日游景,而溟漾飘忽,千态并集,极山岫海潮之奇,全得屈《骚》神境。通篇首以"好奇"二字领起,岑生人奇,渼陂景奇,故诗语亦奇。"②

天宝十一载(752),杜甫、岑参、高适、储光羲、薛据五人共登慈恩寺塔,并同时写下著名的同题诗《同诸公登慈恩寺塔》,杜甫诗居五人之冠,被仇兆鳌誉为"真足压倒群贤,雄视千古矣"。③ 诗人塔顶凭高远望,"七星在北户,河汉声西流。羲和鞭白日,少昊行清秋。秦山忽破碎,泾渭不可求。俯视但一气,焉能辨皇州"。"'七星北户','河汉西流',已奇,而用一'声'字尤妙。'秦山'近在塔下,故云'忽破碎',真是奇语。"④《玄都坛歌寄元逸人》诗中形容玄都坛之景,"子规夜啼山竹裂,王母昼下云旗翻",大类李贺;"伊昔太仆张景顺,监牧攻驹阅清峻",竟然以"清峻"二字说马;咏刘少府新画山水障,曰"堂上不合生枫树,怪底江山起烟雾",被杨万里称为"诗有惊人句";"绿垂风折笋,红绽雨肥梅",独创句法;歌颂魏将军开头即曰"将军昔著从事衫,铁马驰突重两衔。被坚执锐略西极,昆仑月窟东崭岩"(《魏将军歌》),刘辰翁曰:"起伏音节,壮丽甚伟,开口一语便奇;次,好句法。"⑤

这些在诗歌炼字造句方面的尚新求奇,只是杜甫在实际创作中进行语言锤炼的一个方面,"子美之诗,奇常、工易、新陈莫不好也"。⑥ 杜甫"思力沉厚,他人不过说到七八分者,少陵必说到十分,甚至有十二三分者"。总之,如赵翼所言:"(少陵)其真本领仍在少陵诗中'语不惊人

---

① 钟惺、谭元春辑:《唐诗归》,明末刻三色套印本,陈伯海编《唐诗汇评》,浙江教育出版社1995年版,第934页。

② 杨伦:《杜诗镜铨》卷二,上海古籍出版社1962年版,第77页。

③ 仇兆鳌:《杜诗详注》卷二,中华书局1979年版,第106页。

④ 王嗣奭:《杜臆》卷一,上海古籍出版社1983年版,第15页。

⑤ 周敬、周珽辑,陈继儒等评点:《唐诗选脉会通评林》,明崇祯八年縠采斋刻本,陈伯海编《唐诗汇评》,浙江教育出版社1995年版,第1067页。

⑥ 陈师道:《后山诗话》,何文焕《历代诗话》,中华书局1981年版,第306页。

死不休'一句。"①

（三）注重章法严整而多变

杜甫不仅重视诗歌语言的尚奇求新，而且对结构章法的布局也匠心独运。在《敬赠郑谏议十韵》中赞美郑谏议诗艺"谏官非不达，诗义早知名。破的由来事，先锋孰敢争。思飘云物外，律中鬼神惊。毫发无遗憾，波澜独老成"。仇兆鳌注曰："毫发无憾，谓字句斟酌；波澜老成，谓通篇结构，包大小而言。"颂扬奉先县县内诸官文章"遣词必中律，利物常发硎。绮绣相展转，琳琅愈青荧"，"展转"，即结构的变化多端，跌宕起伏。离开长安后，杜甫追忆高适，作《追酬故高蜀州人日见寄》，赞其"文章曹植波澜阔，服食刘安德业尊"。可见杜甫对章法布局的重视。

这个时期杜甫在创作中也着意经营诗歌的结构。《奉赠韦左丞丈二十二韵》是杜甫进入长安的第三年所写的一首干谒诗。

> 纨袴不饿死，儒冠多误身。丈人试静听，贱子请具陈：甫昔少年日，早充观国宾。读书破万卷，下笔如有神。赋料扬雄敌，诗看子建亲。李邕求识面，王翰愿为邻。自谓颇挺出，立登要路津。致君尧舜上，再使风俗淳。此意竟萧条，行歌非隐沦。骑驴十三载，旅食京华春。朝扣富儿门，暮随肥马尘。残杯与冷炙，到处潜悲辛。主上顷见征，歘然欲求伸。青冥却垂翅，蹭蹬无纵鳞。甚愧丈人厚，甚知丈人真。每于百僚上，猥诵佳句新。窃效贡公喜，难甘原宪贫。焉能心怏怏，只是走踆踆。今欲东入海，即将西去秦。尚怜终南山，回首清渭滨。常拟报一饭，况怀辞大臣。白鸥没浩荡，万里谁能驯？

黄庭坚对于此诗结构给予精到的分析，"'纨袴不饿死，儒冠多误身。'此一篇立意也，故使人静听而具陈之耳；自'甫昔少年日'至'再使风俗淳'，皆儒冠事业也；自'此意竟萧条'至'蹭蹬无纵鳞'，言误身如此也，则意举而文备，故已有是诗矣。……然宰相职在荐贤，不当徒爱人而已，士故不能无望，故曰'窃效贡公喜，难甘原宪贫'；果不能

---

① 赵翼：《瓯北诗话》，何文焕《历代诗话》，中华书局1981年版，第16页。

荐贤则去之可也，故曰'焉能心怏怏，只是走踆踆'，又将入海而去秦也；然其去也，必有迟迟不忍之意，故曰'尚怜终南山，回首清渭滨'；则所知不可以不别，故曰'常拟报一饭，况怀辞大臣'。夫如是可以相忘于江湖之外，虽见素亦不得而见矣，故曰：'白鸥没浩荡，万里谁能驯。'终焉。此诗前贤录为压卷，盖布置最得正体，如官府甲第厅堂房室，各有定处，不可乱也。"① 此诗结构严整细密而又波澜起伏，在曲折变化的布局中，诗人之情感也随之忽而低沉，忽而高昂。《自京赴奉先县咏怀五百字》也是如此，"此与《北征》为集中巨篇，摅郁结，写胸臆，苍苍莽莽，一气流转。其大段中有千里一曲之势而笔笔顿挫，一曲中又有无数波折也。"② 对于著名的《兵车行》，读者更多注意这首诗的思想的深刻，少有注意其章法。"此章是一头两脚体，下面两扇各有起结，各换四韵，各十四句，条理秩然，而善于曲折变化，故从来读者不觉耳。"③

杜甫对严整而曲折的结构布局的实践还体现于这时期所作的几首创体诗和组诗。《饮中八仙歌》，分写八人醉态，体虽八章，文气只似一篇。"一路如连山断岭，似接不接，似闪不闪，极行文之乐事。"④ 周珽曰："翠盘之舞，龙津之跃，鹅笼之书生，取盒之红线，合而为八仙之歌。开天落地异品。"⑤《前出塞九首》写一位兵士从离家至军中的全过程，九首是一个有机的整体，杨纶曰："九章承接只如一首，杜诗多有此章法。"但每首之间抑扬交替、错落有致，作者的感情随之起伏变化，对士兵微妙而复杂的心理状态起到极妙的烘托渲染。

杜甫在长安时期对诗歌章法的重视和实践对其以后波澜老成的创作有着很好的奠基作用。离开长安后，杜甫对结构易散漫纵横的七言古体

---

① 范温：《潜溪诗眼》，《宋诗话辑佚》本，陈伯海编《唐诗汇评》，浙江教育出版社 1995 年版，第 905 页。

② 清高宗弘历敕编：《唐宋诗醇》，清光绪七年浙江巡抚谭钟麟刻本，陈伯海编《唐诗汇评》，浙江教育出版社 1995 年版，第 939 页。

③ 仇兆鳌：《杜诗详注》卷二，中华书局 1979 年版，第 116 页。

④ 张谦宜：《絸斋诗谈》，《清诗话续编》本，陈伯海编《唐诗汇评》，浙江教育出版社 1995 年版，第 928 页。

⑤ 周敬、周珽辑，陈继儒等评点：《唐诗选脉会通评林》，明崇祯八年毂采斋刻本，陈伯海编《唐诗汇评》，浙江教育出版社 1995 年版，第 928 页。

诗的创作,如《丹青引赠曹将军霸》《观公孙大娘舞剑器行》,就更能体现杜诗的结构之妙。总之,杜诗法度森严又变化莫测的结构,用沈德潜之言形容,则是:"少陵七言古如建章之宫,千门万户;如巨鹿之战,诸侯皆从壁上观,膝行而前,不敢仰视;如大海之水,长风鼓浪,扬泥沙而舞怪物,灵蠢毕集。"①

以上崇尚风雅、追求新奇、注重章法严整而多变只是杜甫在盛唐长安时期通过交游人物接受时代诗学思想的主要方面。其他如用律,也是杜甫在创作中积极尝试的。郑谏议诗歌"思飘云物外,律中鬼神惊",奉先县县内诸官"遣词必中律,利物常发硎",都对杜甫在近体诗创作给予一定的启示。盛唐长安时期是杜甫古体诗创作的高峰,近体诗的辉煌在离开长安以后。杜甫这时期所作五言律诗34首,七言律诗4首,绝句为0。"杜排律五十百韵者,极意铺陈,颇伤芜碎。盖大篇冗长,不得不尔。惟赠李白、汝阳、歌舒、见素诸作,格调精严,体骨匀称。"② 而赠汝阳、歌舒、见素诸作皆是五言律。《郑驸马宅宴洞中》《城西陂泛舟》犹见初唐雕琢浓丽之风,但可看出杜甫已经开始拗体七律的尝试。

钱志熙在《群体的影响与个体的超越》一文中说:"中国古代的杰出作家,他们的文学之路都经历了这样两个过程:前期有机会生活在他们当时最为优秀的文人群体之中,充分接受群体的影响,并常常置身于文学发展的主流之中,吸取了时代的基本的文学精神,并将时代的文学风格融化在个人的创作中。后期或者说是趋向成熟的时期,则常常因主观或客观的原因脱离了群体,走上了以个体独立发展为主的创作阶段。"③杜甫的实际创作为这段话做出了最佳阐释,盛唐时期长安生活十年,杜诗遒丽、精工、法度森然,虽然已经有个性的显露,但更多的是与当时整个诗坛的风格一致,此后杜诗纵意所如,自然浑成,更多地体现着杜甫艺术成就的独创。

---

① 沈德潜辑:《唐诗别裁集》,上海古籍出版社1979年校点本,陈伯海编《唐诗汇评》,浙江教育出版社1995年版,第903页。
② 胡应麟:《诗薮》,上海古籍出版社1958年版,第72页。
③ 钱志熙:《群体的影响与个体的超越》,《江海学刊》1996年第1期。

第二节　盛唐时期长安尚武精神与杜诗

杜甫生于唐睿宗先天元年（712），卒于唐代宗大历五年（770）。从安史之乱爆发至杜甫去世，杜甫生活的时期唐王朝大多数处于战乱之中。涉及战争的诗篇在杜甫诗中占有很大的比重，反对战争是杜甫对战争的主要态度，也是其儒家爱民思想的重要体现。集中这些论及战争的诗篇，可以发现杜诗在突出反战思想的同时，亦有尚武精神的表现。如果说安史之乱期间杜甫对武力的推崇是为维护王权，那么盛唐长安时期杜甫对武力的歌颂又究竟为何，长安文化中的尚武之风对杜诗产生了怎样的影响？本节试就此加以论述。

一　长安尚武之风的渊源

尚武之风自秦汉始即是长安显著的地域性特征。在自然因素和人为因素的共同影响下，长安的尚武之风历久不衰。

首先，长安险要的自然地理环境和地处边陲的地理位置是孕育尚武精神的天然土壤。长安地处关中，属三秦之地。元代骆天骧《类编长安志》载：

> 长安，厥壤肥饶，四面险固，被山带河，外有洪河之险，西有汉中、巴、蜀，北有代马之利，所谓天府陆海之地也。乃《尚书·禹贡》雍州之域，尧封后稷于邰（今武功），舜置十二牧，雍其一也。又公刘居豳，大王徙邠，及文王作丰，武王置镐，雍州为王畿。平王东迁，以岐、丰之地赐秦襄公，至孝公始都咸阳。始皇并天下，置内史以领关中。项籍杀子婴，分其地为三：封章邯为雍王，都废丘（今兴平）；司马欣为塞王，都栎阳（今栎阳）；董翳为翟王，都高奴（今延州鄜城）；谓之三秦。①

---

① 骆天骧：《类编长安志》卷一，三秦出版社2006年版，第1—2页。

长安具有"四面险固,被山带河"的天险之势,"持戟百万,秦得百二焉。地势便利,其以下兵于诸侯,犹居高屋之上建瓴水也"①。这也是周、秦、汉、唐等王朝皆建都于此的地理原因。《汉书·地理志》载:"凡民函五常之性,而其刚柔缓急,音声不同,系水土之风气,故谓之风。"② 险绝的地理环境造就了长安人民朴质刚健的气质。故《魏书》记载陆俟之言,曰:"长安一都,险绝之土,民多刚强。"③ 三秦地处西部边陲,常受边地少数民族的侵扰。秦汉以前的猃狁、昆戎,秦汉时期的匈奴,都不断南下侵扰,在游牧民族的压力下,当地人为了自卫,不能不崇尚武力。故汉时即有"山东出相,山西出将"(此山指崤山)之说,班固在《汉书·地理志》中曰:

> 秦、汉已来,山东出相,山西出将。秦将军白起,郿人;王翦,频阳人。汉兴,郁郅王围、甘延寿,义渠公孙贺、傅介子,成纪李广、李蔡,杜陵苏建、苏武,上邽上官桀、赵充国,襄武廉褒,狄道辛武贤、庆忌,皆以勇武显闻。苏、辛父子著节,此其可称列者也,其余不可胜数。何则?山西天水、陇西、安定、北地处势迫近羌胡,民俗修习战备,高上勇力鞍马骑射。故《秦诗》曰:"王于兴师,修我甲兵,与子偕行。"其风声气俗自古而然,今之歌谣慷慨,风流犹存耳。④

班固所言秦地多出大将,著名将领白起、王翦、李广、苏武、赵充国等皆出于三秦之地,究其原因,在于其地"迫近羌胡"。由上可见,早在秦汉时期,秦地尚武风气已经为人所关注,但更多从地理位置、自然环境的角度考察其原因。

其次,统治阶级的尚武措施和人们对"关西出将"的心理认同对长安尚武之风的延续和发展起到重要的推动作用。

---

① 何清谷:《三辅黄图》卷一,中华书局2005年版,第6页。
② 班固:《汉书》卷二八下,中华书局1962年版,第1640页。
③ 魏收:《魏书》卷四〇,中华书局1974年版,第902页。
④ 班固:《汉书》卷六九,中华书局1962年版,第2998—2999页。

对于尚武之风的形成，长安的地理环境因素固然重要，但能使此风尚数千年不变，而且至唐还成为一种盛世精神风尚，人为因素更是起到必不可少的推动作用。朱熹注解《诗经》中《无衣》，曰：

> 秦人之俗，大抵尚气概，先勇力，忘生轻死。然本其初而论之，岐丰之地，文王用之，以兴《二南》之化，如彼其忠且厚也。秦人用之未几，而一变其俗，则已悍然有招八州而朝同列之气矣，何哉？雍州土厚水深，其民厚重质直，无郑卫骄惰浮靡之习，以善导之，则易于兴起，而笃于仁义。以勇驱之，则其强毅果敢之资，亦足以强兵力农而成富强之业，非山东诸国所及也。①

镐京、沣京（长安及附近）是周朝之都，长安当为文王教化之地，其民当"忠且厚"，何以"悍然有招八州而朝同列之气"？文中不仅肯定了"雍州土厚水深"的地理因素，更是强调了"以善导之""以勇驱之"的社会引导作用。

在秦地"以勇驱之"的措施中，最早当数商鞅变法。秦孝公时期，秦国"以卫鞅为左庶长，卒定变法之令"。②"孝公用商鞅之法，移风易俗，民以殷盛，国以富强，百姓乐用，诸侯亲服，获楚、魏之师，举地千里。"③商鞅变法使秦国由弱小的西部边陲小国走向了富国强兵之路，直至秦始皇收服六国，完成统一。在变法的各项措施中，把奖励军功提到前所未有的高度。《史记·商君列传》载："有军功者，各以率受上爵；为私斗者，各以轻重被刑大小。戮力本业，耕织致粟帛多者复其身。事末利及怠而贫者，举以为收孥。宗室非有军功论，不得为属籍。明尊卑爵秩等级，各以差次名田宅，臣妾衣服以家次。有功者显荣，无功者虽富无所芬华。"④平民建立战功即可受爵，即使是宗室贵胄若无战功，"虽

---

① 朱熹：《朱子全书·诗集传》，上海古籍出版社、安徽教育出版社2002年版，第513页。
② 司马迁：《史记》卷六八，中华书局1959年版，第2229页。
③ 司马迁：《史记》卷八七，中华书局1959年版，第2542页。
④ 司马迁：《史记》卷六八，中华书局1959年版，第2230页。

富无所芬华"。此措施使秦"民勇于公战,怯于私斗"①,"民之见战,如饿狼之见肉"②,造就了被山东六国所称的虎狼之师。关于秦兵之勇,《战国策》卷二六中即有记载:"秦人捐甲徒裎以趋敌,左挈人头,右挟生虏,夫秦卒之与山东之卒也,犹孟贲之与怯夫也,以重力相压,犹乌获之与婴儿也,夫战孟贲乌获之士以攻不服之弱国,无以异于堕千钧之重集于鸟卵之上,必无幸矣。"③ 杜甫诗中的"况复秦兵耐苦战"(《兵车行》)亦可追溯至此。

秦孝公时期的奖励军功制被西汉所继承。《汉书·百官公卿表》记载西汉二十级军功爵名"皆秦制,以赏功劳"。④ 刘邦即位之初下诏"令诸吏善遇高爵(指归乡的有功军士),称吾意,且廉问,有不如吾诏者,以重论之"⑤,故汉初将相公卿多军吏。班固注意到秦汉时武将多出山西,在《汉书·地理志》里记载:"秦将军白起,郿人;王翦,频阳人。汉兴,郁郅王围、甘延寿,义渠公孙贺、傅介子,成纪李广、李蔡,杜陵苏建、苏武,上邽上官桀、赵充国,襄武廉褒,狄道辛武贤、庆忌,皆以勇武显闻。苏、辛父子著节,此其可称列者也,其余不可胜数。"⑥ 因秦汉将领出于山西"不可胜数",成为一突出现象,故提出"山西出将"之说。自从班固在《汉书》中有此记载以来,对后世的影响很大。宋人在《群书会元截江纲》中曰:"自汉人主山西出将之说,则命将者必取乎西北。自魏人有吴子不足惮之语,则论将者必轻东南。自汉人有山东出相,山西出将之言,于是论命将者往往执地以为据,士之生于东南者,往往病于不如西北之壮勇。而不知国于东南者未尝乏才也。"⑦ 即使东南之地未尝乏才,但历代统治者任命将领时重西北已成为惯例。在这一举措的推动下,"山西出将"得到社会的普遍心理认同。宋人罗璧撰《识

---

① 司马迁:《史记》卷六八,中华书局1959年版,第2231页。
② 商鞅等著,章诗同注:《商君书》卷四,上海人民出版社1974年版,第58页。
③ 高诱注:《战国策》卷二六,商务印书馆1934年版,第31页。
④ 班固:《汉书》卷一九上,中华书局1962年版,第740页。
⑤ 班固:《汉书》卷一下,中华书局1962年版,第54—55页。
⑥ 班固:《汉书》卷六九,中华书局1962年版,第2998页。
⑦ 佚名:《群书会元截江纲》,《四库全书》本。

遗》卷五："燕赵多奇士，山西出将，山东出相，西北严凝，人多劲悍，东南温厚，人多文丽，古今皆然。"① 一句"古今皆然"，说明"山西出将"之风的历久不衰。"莫教章句孤年少，自古山西出将才"② 和"谁知江左能文者，掩尽山西出将材"③ 等诗歌的出现，即是此风尚在文学领域中的反映。这些都一定程度上推动了长安尚武之风的延续和发展。

从西晋的"八王之乱"至隋朝统一的二三百年间，长安大多在少数民族的管辖之下，长期处于频繁的改朝换代和战乱之中。匈奴人刘渊建立前赵，羯人石勒建立后赵，氐人符健在关中建立前秦，鲜卑人拓跋氏建立北魏，鲜卑人宇文泰建立西魏，其子宇文觉建立北周，长安皆是其国都或领土。这些游牧民族，有着狩猎的生活习性和由此而形成的勇敢、彪悍的性格。他们建立政权后，尽管受到中原文化的冲击，但存于他们身上的彪悍的本性以及当时战乱频仍社会状况，仍旧使武力得到重视。《木兰辞》和《李波小妹歌》这类诗歌的诞生即是一证明。魏晋南北朝时期长安之地尚武精神的存在，自不待言。

二　初盛唐长安尚武之风的发展

长安尚武精神发展至唐代，炙热程度比之前代，有过之而无不及。有着部分鲜卑血统的李渊继隋后建立唐朝，得力于关陇军事集团。关陇军事集团成员大致可分四种：拓跋鲜卑进入关中之六镇军人，拓跋鲜卑进入关中之贵族，关陇之五胡及关陇之汉族大姓。关陇军事集团之所以命名，因为其将士大多籍隶关中和陇上。长安属于关内道，籍隶关内道的关陇军事集团成员和将领，堪称长安尚武之风的标志。古都学专家史念海在《中国古都的变迁与文化融通》一文中认为：

> 这是西魏北周以及隐代所蕴聚的地方武力，也是和秦汉时期的关西名将相仿佛的出身途径。唐初上距秦汉已有数百年之久。在这

---

① 罗璧：《识遗》卷五，周光培编《宋代笔记小说》，河北教育出版社1995年版，第164页。
② 杨基：《眉庵集》卷一一，《四库全书》本。
③ 王慎中：《遵严集》卷七，《四库全书》本。

悠久的时间时里,尚武精神一直都在蕴聚之中,不大为人所知,至于唐初才具体显示出来。

唐时边庭将帅有些是出于周边各族,但籍隶于关内道的仍是大有人在。史念海《两〈唐书〉列传人物本贯的地理分布》一文考得著名将帅李靖、侯君集、张俭、唐休璟、张仁愿、牛仙客皆籍隶关内道,他们对长安的尚武精神不能说没有任何影响。

府兵制是初唐兵制的主要形式,唐初府兵驻地分布也是长安尚武精神存在的又一证明。"唐代前期府兵的驻地,以关内道最为繁多,计有 261 府,超过全国总府数 634 的 1/3(《新唐书》卷 50《兵志》)。长安城周更为特殊,亦有 131 府(《新唐书》卷 37《地理志》)。府兵是来自全国各地,出身于关内道的应该独居前列,这就使关西尚武之风历久不坠。"① 随着府兵制的瓦解,边镇之制兴起。"边兵强盛,其中很多是各节度使管内的本地人,而河西、陇右犹称重镇。这对盛唐时'关西出将'仍有决定性的作用"② 以此可见,至唐,长安尚武精神经久不衰。在促使唐代长安尚武精神高昂的诸多因素中,自然地理因素已退居次要地位,统治者的提倡则成为主要的动因。

自秦汉一直到唐代,班固"山西出将"之说还是成立的。"山西出将"亦曰"关西出将",此关指函谷关,此山指崤山,崤山在今河南灵宝,函谷关就在崤山之侧,因而二者是一样的。史念海在《中国古都的变迁与文化融通》一文中,谈到秦汉"关西出将"时说:"这里所说的出将因而就只限于关西,关东之人是不容谈到的。"③ 说明秦汉时,尚武之风限于关西之地,是作为一种地域性特征。但是到唐代,此种情况发生了变化,尚武成为盛世的时代精神。

---

① 史念海:《中国古都的变迁与文化融通》,《陕西师大学报(哲学社会科学版)》1994 年第 4 期。

② 史念海:《两〈唐书〉列传人物本贯的地理分布》,《河山集》第五集,山西人民出版社 1991 年版,第 426 页。

③ 史念海:《中国古都的变迁与文化融通》,《陕西师大学报(哲学社会科学版)》1994 年第 4 期。

首先，在唐代，作为尚武精神的标志——武将不仅出身关西者较多，非关西人氏亦是大有人在。如昆丘道副大总管的郭孝恪是许州阳翟（今河南禹）人；单于道安抚大使程务挺，是洺州平恩（今河北丘）人；北庭都护郭虔瓘，是齐州历城（今山东济南）人。唐初，太宗为秦王时，"（建成、元吉）密令数人上封事曰：'秦王左右多是（山）东人'"。① 不管建成、元吉是否想以此为口实陷害秦王，但李世民周围确实聚集了许多山东人。史念海在《两〈唐书〉列传人物本贯的地理分布》一文中曰："唐太宗作为秦王时，其麾下各方面的人物都是有的，不过山东还是较多些。"② 此"山东"人包括文士，其中亦有秦王府右三统军齐州历城（今山东济南）秦叔宝、秦王府左三统军齐州东阿（今山东东阿）程知节、秦王府车骑将军郑州荥阳（今河南荥阳）张亮等大将。

其次，唐代宰相籍贯的分布亦可见非关西之地尚武精神的存在。唐王朝的择相与秦汉时期有所不同。秦汉时期的宰相殆少出于戎行的。到唐代，文武的区别就不是那样清晰。

> 凡统军远征，建立功勋，或久驻边庭，著有劳绩的人，皆得有调任相职的机会。因此身为将帅而居相位的就颇不乏人。李绩、刘仁轨、郝处俊、裴行俭、唐休璟、张仁愿、薛讷诸人的入主中枢，参预朝议，皆与此有关。而且还有以文士出任将帅，担当方面的。……直至开元中，张嘉贞、王晙、张说、萧嵩、杜暹等人还是以文士出总戎旅，更以节度使入知政事。这种局面后来虽然逐渐有所改变，可是已经近于安史之乱了。这种情况显然和秦汉时期"关西出将"的风气不同。而且这些人大多不是关西人。③

以此可见，到唐代不仅关西出将，非关西之地亦多出将。尚武之风不再局限于关西之地。史念海《唐代前期关东尚武风气的溯源》一文，

---

① 刘昫：《旧唐书》卷六四，中华书局1975年版，第2418页。
② 史念海：《两〈唐书〉列传人物本贯的地理分布》，《河山集》第五集，山西人民出版社1991年版，第414页。
③ 同上书，第421—422页。

对唐代前期关东尚武风气的形成做了详细论述，可作参考。

唐代，尚武精神已经不像唐前那样只是作为关西（包括长安）的明显的地域性特征，而是成为社会的整体风尚。人们对武力的推崇，非前代可比。尚武精神则成为一种时代精神的象征。李泽厚在《美的历程》中说：

"宁为百夫长，胜作一书生。"（杨炯诗），从高门到寒士，从上层到市井，在初唐东征西讨，大破突厥、战胜吐蕃、招安回纥的"天可汗"（太宗）时代里，一种为国立功的荣誉感和英雄主义弥漫在社会氛围中。文人也出入边塞，习武知兵。初、盛唐的著名诗人们很少没有亲历过大漠苦寒、兵刀弓马的生涯。与欧洲文艺复兴时代的文武全才、生活浪漫的巨人们相似，直到玄宗时的李白，犹然是"白陇西布衣，流落楚汉，十五好剑术，遍干诸侯，三十成文章，历抵卿相"（《上韩荆州书》）。一副强横乱闯甚至带点无赖气的豪迈风度，仍跃然纸上，这决不是宋代以后那种文弱书生或谦谦君子。①

唐代门阀氏族的相对衰落以及唐代科举制度的实行在现实秩序中打破了贵族世胄的垄断，这就给予了广大的世俗地主阶级知识分子进身台甫的机会，他们不再叹息永沉下僚。唐王朝对边塞频繁的战争以及对军功的极致奖赏，甚至"还有以文士出任将帅，担当方面的。……直至开元中，张嘉贞、王晙、张说、萧嵩、杜暹等人还是以文士出总戎旅，更以节度使入知政事"。② 这就使广大世俗地主阶级知识分子似乎找到了一条建功立业的成功之路。于是出边入塞，也成为文人成就理想的途径。于是一种为国立功的荣誉感和英雄主义弥漫在氛围中，文人也出入边塞，习武知兵。

---

① 李泽厚：《美学三书·美的历程》，安徽文艺出版社1999年版，第127页。
② 史念海：《两〈唐书〉列传人物本贯的地理分布》，《河山集》第五集，山西人民出版社1991年版，第422页。

再次，唐代多有弃笔从戎之人，以见尚武精神之浓烈。《旧唐书》和《唐代墓志汇编》中多有记载。崔宁"虽儒家子，喜纵横之术……遂客游剑南，从军为步卒，事鲜于仲通。又随李宓讨云南"。[1] 马燧"少时，尝与诸兄读书，乃辍卷叹曰：'天下将有事矣，丈夫当建功于代，以济四海，安能矻矻为一儒哉。'"[2] 王玄"为性英烈，意不仕儒，投笔从戎"。[3] 李元光"少负英毅，志怀忠勇，力拔河山，气射云物。常有言曰：'大丈夫不继单于颈，不碎颜良军，曷以答圣朝之休美，绍先人之鸿业？'遂投笔戎幕，冀灭寰鹫"。刘景嗣"每耻腐儒之节，说剑无敌，常多烈士之心"。[4] 此类人物不胜枚举。这些投笔从戎之人感受着时代的气息，其言行绝不是仅仅从个人的兴趣和爱好出发，而是和整个时代相应相合，在他们身上，鲜明地体现着一种时代的慷慨尚武之风和剽悍豪侠之气。在这种时代气息影响下，文人受尚武之风的熏陶，投笔从戎，出边入塞，成为他们成就理想的途径。

三 长安尚武精神对杜诗的影响

自先秦始，尚武之风作为一种地域之风存在，至唐代天宝年间发展成为一种时代风尚、盛世精神。杜甫天宝年间基本生活于长安进行求仕活动，处身于如此浓烈的尚武氛围中，这种以盛世精神为底蕴的尚武之风当对杜甫及其诗歌产生了重要影响。

在解释杜甫干谒边将，欲入边幕之举上，学界多集中于政治原因，而忽视社会风尚的推动作用。闻一多在《少陵年谱会笺》中的看法可作为代表："唐制，从军岁久者，得为大郡。公交游中如高适、岑参辈，皆以不得志于中朝，乃走绝塞，投戎幕，以为进身之阶。……自李林甫死，杨国忠当国，公仍不见用，再三献赋，复不蒙省录。至是遂欲依翰，故因翰判官田梁丘投诗以示意，又别为诗赠田，乞为夤缘。"[5] 这段话透露

---

[1] 刘昫：《旧唐书》卷一一七，中华书局1975年版，第3397页。
[2] 刘昫：《旧唐书》卷一三四，中华书局1975年版，第3689页。
[3] 周绍良主编：《唐代墓志汇编》，上海古籍出版社1992年版，第549页。
[4] 同上书，第754页。
[5] 闻一多：《唐诗杂论》，上海古籍出版社1956年版，第70页。

出这样几个信息：（1）杜甫有入边幕之举。（2）入边幕是文人仕进之阶。（3）唐代政治制度对文人出入边塞现象的促进。从对杜甫尚武之作的分析中可知，杜甫入边幕的最终目的是为国安边，而不是作为仕进之阶，那么唐代"从军岁久者，得为大郡"的政治因素就不能作为解释杜甫此举的充分原因。傅璇琮说："我们现在研究古代文学，应当把'论世'的视野放得更开阔一些，不仅注意到作家作品所产生的历史背景，更要重视研究一个时期的文化背景及由此而产生的一个时代的总的精神状态。"①探究杜甫欲入边幕之举和杜诗尚武精神产生的原因，应该把杜甫放入其生活的时代文化氛围中考察。

杜甫生活于玄宗天宝年间的长安，正是尚武精神的高潮期，亦是文人出入边塞的高潮期，不管他们成就理想与否，客观上便促使了边塞诗的繁荣（可见陈铁民《关于文人出塞与盛唐边塞诗的繁荣——兼与戴伟华同志商榷》一文）。林庚《唐诗综论·盛唐气象》中曰："唐诗的题材是非常广泛的，边塞诗题材也不过是其中之一。其所以特别引人瞩目，就因为它仿佛是只属于盛唐的一个题材；盛唐之前既颇少见，盛唐之后乃几乎成为绝响；而盛唐时代却恰恰是边塞上最为相对平静的时刻。"②这里边塞诗"仿佛是只属于盛唐的一个题材"，不是指盛唐前后再无边塞诗作，而是指边塞诗所吟咏的豪情，其蕴含的睥睨一切的气概，只有在四夷臣服的盛世时期才会出现。其豪情气概是以国力的强盛、士人无钳制的自由为根基的，它代表着一种民族自信力，一种民族精神。尚武精神经过初唐诗人认同和发扬，到盛唐发展至顶峰，在文学领域内的标志便是边塞诗的高昂。安史之乱后，唐代边疆再无安宁之日，但吟咏边塞战争生活的边塞诗却随着唐王朝的鼎盛成为过去而走向衰落。边塞诗的涌现，因此正是盛唐时代精神的产物。"那辽阔的视野，奔放的豪情，反映整个时代高视阔步的足音，这也就是历代称誉的盛唐之音的特色。"③

边塞诗的消歇与尚武精神的衰落是同步的。天宝末年，尚武精神已

---

① 傅璇琮：《长安学丛书·序言》，李炳武、刘锋焘编《长安学丛书·文学卷》，陕西师范大学出版社、三秦出版社2009年版。
② 林庚：《唐诗综论·盛唐气象》，人民文学出版社1987年版，第59页。
③ 同上书，第62页。

现衰退征兆,《资治通鉴》载:

> (天宝八载)府兵入宿卫者,谓之侍官,言其为天子侍卫也。其后本卫多以假人,役使如奴隶,长安人羞之,至以相诟病。其戍边者,又多为边将苦使,利其死而没其财。由是应为府兵者皆逃匿,至是无兵可交。五月,癸酉,李林甫奏停折冲府上下鱼书;是后府兵徒有官吏而已。其折冲、果毅,又历年不迁,士大夫亦耻为之。其𬴊骑之法,天宝以后,稍亦变废,应募者皆市井负贩、无赖子弟,未尝习兵。时承平日久,议者多谓中国兵可销,于是民间挟兵器者有禁;子弟为武官,父兄摈不齿。猛将精兵,皆聚于西北,中国无武备矣。①

"猛将精兵,皆聚于西北边",可见西北之地尚武精神依然存在,但已经不再像盛唐那样成为一种全国风行的时代风尚,人们趋之若鹜,而是"长安人羞之","士大夫亦耻为之","子弟为武官,父兄摈不齿",尚武之风的衰退已初见端倪。而转战沙场、立功边疆,也已经不是世人所积极崇尚的建立功业的最佳途径。杜诗"将军不好武,稚子总能文"(《陪郑广文游何将军山林十首》)、"雨抛金锁甲,苔卧绿沉枪"(《重过何氏五首》)也透露出些许信息。随着尚武精神的衰落,边塞诗的辉煌也似乎成为只属于盛唐的独特景观。尚武精神与边塞诗的同进退,恰恰说明了尚武精神即是盛唐之音的一个体现。

这样,长安自古即有的尚武精神到了盛唐时期,在社会诸多因素的推动下,成了一种时代风尚、盛唐精神、盛世之音。杜甫天宝五载(746)入长安,在长安历久不衰的尚武精神的影响下,在盛唐高昂的士人入塞边关的氛围中,其欲入边幕之举,是时代风气使然,而杜诗也受到尚武精神的巨大影响。

(一)尚武成为杜诗中一类重要的题材

杜甫在天宝五载(746)进入长安,之前还没有反映尚武精神的诗

---

① 司马光:《资治通鉴》卷二一六,中华书局1956年版,第6894—6895页。

作。反映尚武精神的诗篇出现于杜甫进入长安之后，通过对杜甫盛唐时期长安诗歌的考察，可以见出即使在盛世和平时期，尚武仍然是杜诗表现的主要内容之一。

首先，杜诗中有大量赞颂将士的诗篇。所赞颂的武将有警卫宫禁的武卫，"舞剑过人绝，鸣弓射兽能。铦锋行愊顺，猛噬失蹻腾"（《故武卫将军挽词三首》）；亦有建立边功的大将，"今代麒麟阁，何人第一功？君王自神武，驾驭必英雄。开府当朝杰，论兵迈古风。先锋百战在，略地两隅空。青海无传箭，天山早挂弓。"（《投赠哥舒开府翰二十韵》）；还有保卫宫禁的禁军统领，"将军昔着从事衫，铁马驰突重两衔。被坚执锐略西极，昆仑月窟东崭岩。君门羽林万猛士，恶若哮虎子所监。五年起家列霜戟，一日过海收风帆"（《魏将军歌》）。对欲立战功的士兵，赞其豪气如斯："虏其名王归，系颈授辕门。潜身备行列，一胜何足论"（《前出塞》），"丈夫四方志，安可辞固穷"（《前出塞》），"少年别有赠，含笑看吴钩"（《后出塞》）。对被迫应征的士兵，亦是用"况复秦兵耐苦战"（《兵车行》）来形容。杜甫旅食长安之时所作赞颂将士的诗歌很多，或言其忠勇，或言其善战，或言其被坚执锐的气概。

其次，诗中多流露出对入幕边关的友人的羡慕。《送韦书记赴安西》："夫子欻通贵，云泥相望悬。白头无藉在，朱绂有哀怜。书记赴三捷，公车留二年。欲浮江海去，此别意茫然。"仇注："云泥包下四句，白头无藉，而朱绂见怜，此叙目前。韦赴书记，而己留公车，此叙别后。皆一云一泥，相去悬绝处。"①《杜臆》曰："书记未是显官，而遂判云泥，其穷可知。"② 如王嗣奭所说韦只是去做军中一书记，杜甫竟以云泥之别和自己比较，其羡慕之情亦可知。同样在送别挚友高适入幕时，杜甫亦有"主将收才子，崆峒足凯歌。闻君已朱绂，且得慰蹉跎"（《寄高三十五书记》）之慨。

再次，有干谒边将之诗。天宝十三载（754）杜甫干谒边关大将哥舒翰，作诗《投赠哥舒开府翰二十韵》："军事留孙楚，行间识吕蒙。防身

---

① 仇兆鳌：《杜诗详注》卷二，中华书局1979年版，第134页。
② 王嗣奭：《杜臆》卷一，上海古籍出版社1983年版，第17页。

一长剑,将欲倚崆峒。"借孙楚、吕蒙幕府之英才,杜甫表达了欲入哥舒幕府之意。同时献诗田九,望其汲引以入幕府,《赠田九判官梁丘》曰:"崆峒使节上青霄,河陇降王款圣朝。宛马总肥秦苜蓿,将军只数汉嫖姚。陈留阮瑀谁争长,京兆田郎早见招。麾下赖君才并美,独能无意向渔樵。"仇兆鳌曰:"高之入幕,必由田君所荐,故云'早见招',而幕下赖之。留意渔樵,公仍望其汲引也。"① 可见,纵然杜甫一介书生,也欲立功边疆,实现自己运筹帷幄之中、决策千里之外的宏图壮志。

安史之乱后,杜诗中尚武题材明显增多。自天宝十四载(755)安史之乱爆发,接着吐蕃入侵,军阀作乱,直到大历五年(770)杜甫去世,唐王朝始终处于频繁的战乱之中。这时期的杜诗就集中于对平叛安民的将士的赞颂。《观安西兵过赴关中待命二首》咏大将李嗣业:

四镇富精锐,摧锋皆绝伦。还闻献士卒,足以静风尘。老马夜知道,苍鹰饥着人。临危经久战,用急始如神。
奇兵不在众,万马救中原。谈笑无河北,心肝奉至尊。孤云随杀气,飞鸟避辕门。竟日留欢乐,城池未觉喧。

《杜诗详注》曰:"西京时,官军几败,嗣业执长刀陷阵,贼遂溃。公故以临危久战称之。"② 在平叛安史之乱和抵御外族侵略中,李嗣业以勇著称,杜甫以"临危经久战,用急始如神"赞其在维护唐王朝的战争中的英勇无敌。亦有其他诗作,如:

中兴诸将收山东,捷书夜报清昼同。河广传闻一苇过,胡危命在破竹中。祗残邺城不日得,独任朔方无限功。……成王功大心转小,郭相谋深古来少。司徒清鉴悬明镜,尚书气与秋天杳。(《洗兵马》)
司空出东夷,童稚刷劲翮。追随幽蓟儿,颖锐物不隔。《赠司空

---

① 仇兆鳌:《杜诗详注》卷三,中华书局1979年版,第187页。
② 仇兆鳌:《杜诗详注》卷六,中华书局1979年版,第489页。

王公思礼》

十二年来多战场,天威已息阵堂堂。神灵汉代中兴主,功业汾阳异姓王。(《承闻河北诸道节度入朝欢喜口号绝句十二首》其十二)

诗中所赞颂的"郭相""异姓王""司徒""尚书""司空",即是在平叛安史之乱、抵御外族入侵的战争中立下汗马功劳的郭子仪、李光弼、王思礼。杜甫在诗中对引起战乱的诸胡痛恨愈深,对平叛安民的诸将就赞之愈烈。这类诗作中如《洗兵马》《喜闻官军已临贼境二十韵》《闻官军收河南河北》成为脍炙人口的名篇,此类诗篇在杜诗中不胜枚举。

从以上论述,可以看出,无论是在唐王朝处于风雨飘摇之际,还是盛世稳定之时,杜甫都有大量尚武的诗篇,以此可看出杜甫对武力所持的颂扬态度,尚武成为杜诗中一类重要题材。

安史之乱后杜诗的尚武精神较易于理解。自安史之乱爆发至唐代灭亡,唐王朝的统治受到戎狄入侵、军阀混战等各方面的威胁。天宝十四载(755),安史之乱爆发。代宗广德元年(763),吐蕃入侵。广德二年(764),回鹘、吐蕃联军进犯。代宗大历五年(770),臧介据谭州作乱。"天无二日,土无二王"(《礼礼·坊记》)是儒家信奉的标准。"八佾舞于庭"(《论语·八佾》)的僭越之举是儒家"不可忍"的。在"尊王攘夷"和"大一统"思想的支配下,抵御外族侵略、平叛内乱,是儒家维护王道的方式之一。杜甫是唐王朝的坚决拥护者,反对一切威胁其统治的战争。他冒死从长安逃归凤翔即是明证。安史之乱后的杜诗中大量歌颂维护唐王朝统治的将士的言辞作为杜甫爱国为民思想的体现,这是不言而喻的。

这里重点分析一下杜甫在长安时期的尚武之作。安史之乱之前的天宝年间唐朝外无边患,内无混战,是国家繁荣稳定时期,唐朝的经济繁荣达到了顶峰。纵有外族边关扰乱,亦无妨国家稳定,"天宝时候对外战争,一般是侵略性战争,伟大的军事家王忠嗣宁愿失官不愿服从朝廷乱命,可以想见战争是什么性质了"。[①] 天宝间,杜甫在长安,杜甫长安

---

① 范文澜:《中国通史》(四),人民出版社2004年版,第294页。

诗中有大量反对扩边战争的诗篇，"边庭流血成海水，武皇开边意未已。……君不见，青海头，古来白骨无人收。新鬼烦冤旧鬼哭，天阴雨湿声啾啾"（《兵车行》），"君已富土境，开边一何多"，"苟能制侵陵，岂在多杀伤"（《前出塞九首》），等等，这些诗歌都表明杜甫对给人民造成苦难的对外侵略战争的坚决反对态度，表现出极强的非战思想。杜诗在表现反战思想的同时，尚武精神也是其重要组成部分。从前述可看出，长安时期所作诗中多有对将士的赞美之词，甚者，杜甫亦想建功边疆。细察之，这些尚武精神与反对开边战争并不冲突，与杜甫奉守儒家"大一统"思想在本质上是一致的。《故武卫将军挽词三首》曰：

> 严警当寒夜，前军落大星。壮夫思敢决，哀诏惜精灵。王者今无战，书生已勒铭。封侯意疎阔，编简为谁青。（其一）
> 哀挽青门去，新阡绛水遥。路人纷雨泣，天意飒风飙。部曲精仍锐，匈奴气不骄。无由觌雄略，大树日萧萧。（其三）

此诗赞武卫将军之勇，部曲之锐，为其不在于世而哀婉叹息，仇兆鳌评之曰："末章又云'大树日萧萧'，是能有功而不伐者，异于边将之邀功生事矣。公特表而出之，以致深惜焉。"① 《前出塞》其九，曰：

> 从军十年余，能无分寸功。众人贵苟得，欲语羞雷同。中原有斗争，况在狄与戎。丈夫四方志，安可辞固穷。

仇兆鳌曰："九章，为冒功邀赏者发。上云贵苟得，见边将营私之弊，下云志四方，见军士报国之忠，十载从戎，何啻一胜？乃有功不伐，穷且益坚，此军伍而有纯臣之节矣。"② 卢世㴶亦曰："冒功苟得，凡滥杀无辜，掩败为捷及攘夺人功，皆是。当时如高仙芝、崔嘉逸之徒，往往蹈此。若争功而斗，则中原且不自安，况能远征戎狄乎，见志在天下者，

---

① 仇兆鳌：《杜诗详注》卷二，中华书局1979年版，第98页。
② 同上书，第125页。

不为一身计也。"①

由此可见，杜甫对武将，重其"有功不伐"的"纯臣之节"，此"异于边将之邀功生事"。杜甫赞扬的是"古人重守边"，反对的是"今人重高勋"。认为守边之目的在于"誓开玄冥北，持以奉吾君"（《后出塞五首》三），"谈笑无河北，心肝奉至尊"（《观安西兵过赴关中待命二首》其二）。杜甫重在为国安边，而不是为攫取功名而替唐王朝的开边之举歌功颂德。对儒家大一统思想、忠君意识的维护是杜诗中存在尚武题材的原因之一，但长安时期的杜诗不仅歌颂将士，而且杜甫一介文人，具有强烈的非战思想，能把入军幕作为实现其政治理想的途径，长安文化中的尚武精神应该产生了重要影响。

（二）使杜诗具有乐观高昂的基调

长安尚武风尚蕴含的盛世精神为杜诗奠定了乐观、自信、昂扬的基调，使杜诗充满积极入世的感情，为杜甫对现世的肯定打下了基础。同时，在安史之乱对盛世破坏之时，长安文化的世俗精神在杜诗中得到升华，离开长安之后，杜诗中存有深挚的长安情结，这些皆与盛唐时期杜甫受到长安文化中盛世气象的冲击有着直接的关系。

"男儿生世间，及壮当封侯。战伐有功业，焉能守旧丘"（《后出塞》），诗中充满建功立业的豪迈；"拔剑击大荒，日收胡马群"（《后出塞》），具有慷慨豪侠的气势；"射人先射马，擒贼先擒王"（《前出塞》），甚至有王霸之气。"单于寇我垒，百里风尘昏。雄剑四五动，彼军为我奔。虏其名王归，系颈授辕门。潜身备行列，一胜何足论"（《前出塞》），表现出对理想的自信。"丈夫誓许国，愤惋复何有。功名图麒麟，战骨当速朽"（《前出塞》），具有为国捐躯的决绝。这些皆是在四夷臣服的盛世时期唐人才会具备的精神状态，同时，也使杜诗具有乐观自信昂扬的感情基调，这在杜甫对待理想与国家的态度上表现最为明显。

"自谓颇挺出，立登要路津。致君尧舜上，再使风俗淳"（《奉赠韦左丞丈二十二韵》），"英雄有时亦如此，邂逅岂即非良图。君莫笑，刘毅从来布衣愿，家无儋石输百万"（《今夕行》），表现出对前途理想的乐观自

---

① 仇兆鳌：《杜诗详注》卷二，中华书局1979年版，第125页。

信。即使后来遭受打击挫折，虽然有"儒术于我何有哉，孔丘盗跖俱尘埃"（《醉时歌》）的牢骚，但依然有"气冲星象表，词感帝王尊"（《奉留赠集贤院崔国辅于休烈二学士》）的自信，从而勇往直前，对理想始终是"终愧巢与由，未能易其节"（《自京赴奉先县咏怀五百字》）。

尚武精神所具有的盛世气象使杜甫始终相信安史之乱会平息，国家会中兴，即使国都长安一度被叛军占领。尽管"血战乾坤赤，氛迷日月黄"（《送灵州李判官》），但"锋先衣染血，骑突剑吹毛"（《喜闻官军已临贼境二十韵》）的勇决，"三月师逾整，群胡势就烹"（《奉送郭中丞兼太仆卿充陇右节度使三十韵》）的自信，"谈笑无河北，心肝奉至尊"（《观安西兵过赴关中待命二首》）的气概，始终充斥杜甫诗歌当中。尽管唐王朝的辉煌已成为过去，但面对戎狄屡侵边境，杜甫依然是"萧关陇水入官军，青海黄河卷塞云。北极转愁龙虎气，西戎休纵犬羊群"（《喜闻盗贼总退口号五首》其一）的豪迈。《北征》是杜甫诗中的名篇，也是一首比较能说明杜诗乐观自信的诗作，此诗作于两京被安史叛军占领之时，杜甫由凤翔回鄜州途中所见，皆是"所遇皆披伤，呻吟更流血"，但依旧表示出积极乐观的态度。

不管是为国安边还是平叛内乱，杜诗中悲壮的豪情和胜利的信心与盛唐的时代精神是吻合的。"即使是艰苦战争，也壮丽无比；即使是出征、远戍，也爽朗明快。"[①] 这种感情只会出现于个人、民族、阶级、国家在欣欣向荣的上升阶段的社会氛围中，只有在大唐"一百四十年，国容何赫然"[②] 的时代背景下才得以存在，这也正是盛唐的时代精神风貌。宗白华把这种时代精神上升为民族自信力，民族精神：

> 他们（初盛唐诗人）都祈祷祝颂战争的胜利，虽也有几个非战诗人哀吟痛悼，诅咒战争的残忍；但他们诅咒战争，乃是国内的战乱，惋惜无辜的死亡，他们对于与别个民族争雄，却都存着同仇敌忾之志。如素被称为非战诗人的杜少陵，也有"男儿生世间，及北

---

① 李泽厚：《美学三书·美的历程》，安徽文艺出版社1999年版，第132页。
② 李白：《古风》其四十六，王琦注《李太白全集》，中华书局1977年版，第143页。

当封侯，战伐有功业，焉能守旧邱！""拔剑击大荒，日收胡马群，誓开玄冥北，持以奉吾君！"看吧！唐代的诗人怎样的具着"民族自信力"，一致地鼓吹民族精神！①

常乃悳在《中国思想小史》中曰："民族精神也不是天造地设地一成不变的，他的成因，一半是民族血统，一半是地域环境和时代环境所造成的。"②而唐代诗人之所以"怎样的具着'民族自信力'，一致地鼓吹民族精神"，其原因应该追溯至长安历时久远的尚武精神。长安文化的尚武精神使杜诗具有乐观自信的基调，后逐渐得到升华。"经过长安十年的磨练，尤其是安史乱后现实的教育，杜甫的豪情壮志得到了充实和提高，个人建功立业的成分减弱了，以国家人民为重，不惜为国为民自我牺牲的精神昂扬起来。这就使他的现实主义带上了积极浪漫主义的精神。"③

(三) 使杜诗呈现出豪迈雄健、风骨凛然的风格

杜甫尚武诗篇具有雄浑悲壮的风格，这是盛唐之音的艺术特征。对此，现以诗论的角度进行分析。历代诗论家对杜甫尚武之作多有评述，现择其涉及风格之言如下：

> 周珽曰："前后《出塞》诸作，奴隶黄初诸子而出，如将百万军，宝之，惜之，而又能风雨使之，直射潮之力，没羽之技。"（评前后《出塞》）
>
> 《唐诗选脉会通评林》："陈继儒曰：劈空出想，乃是风骨雄奇。"（评《后出塞》）
>
> 《唐诗快》："少陵前后《出塞》共十四首，童时即诵此一首，颇喜其风调悲壮，及今反复点堪，仍不出此一首。李、钟两家并选之，岂为无见。"（评《后出塞》其二）
>
> 《唐诗选脉会通评林》："刘辰翁曰：'起伏音节，壮丽甚伟，开

---

① 宗白华：《美学散步·唐人诗歌中所表现的民族精神》，上海人民出版社1981年版，第292页。
② 常乃悳：《中国思想小史》，上海古籍出版社2005年版，第2页。
③ 袁行霈：《中国诗歌艺术研究》，北京大学出版社1996年版，第236页。

口一语便奇；次，好句法。'"（评《魏将军歌》）

《杜诗镜铨》："此等诗以炼词炼句盛，亦所谓光焰万丈者，其气魄沉雄，却非长吉辈所及。"（评《魏将军歌》）

王嗣奭曰："此诗二十韵，字字犀利，句句雄壮，真是笔扫千军者。中间如'今日看天意'、'此辈感恩至'两联，排律中不用骈耦，更觉精神顿起。而锋先骑突，句法倒装，尤为警露。"（评《喜闻官军已临贼境二十韵》）

《杜诗镜铨》："字字精彩，句句雄壮。"（评《喜闻官军已临贼境二十韵》）

《后村诗话》："其叙时事，甚悲壮老健。"（评《喜闻官军已临贼境二十韵》）

唐汝询曰："《洗兵马》一篇，有典有则，雄浑阔大，足称唐雅。识者详味，当不在《老将行》下。"（评《洗兵马》）[1]

评语中涉及了杜诗的用字、句法、诗境、风调诸方面。用字造语："起伏音节，壮丽甚伟"，"光焰万丈"，"字字犀利，句句雄壮"，"字字精彩，句句雄壮"。"其叙时事，悲壮老健"，诗境"雄浑阔大"，"风骨雄奇"，有"直射潮之力，没羽之技"。风调"悲壮"，"气魄沉雄"。总其言，则"雄浑悲壮"可概括之。换言之，则是杜甫尚武诗篇中"犀利精彩"之语词、"光焰万丈"之精神、"笔扫千军"之气势，自然浑成之境界，共同形成了杜诗雄浑悲壮的风格。

雄浑悲壮成为杜诗的基本风格之一，不仅在尚武诗作中如此，其他诗篇也多有呈现。如《洗兵马》《登高》《蜀相》《秋兴八首》等优秀之作皆有此风格。雄浑悲壮的风格正是盛唐诗歌的整体风貌，亦是盛唐之音的艺术特征。严羽《答出继叔临安吴景仙书》曰："又谓盛唐之诗，雄深雅健。仆谓此四字，但可评文，于诗则用"健"字不得。不若《诗辨》雄浑悲壮之语，为得诗之体也。毫厘之差，不可不辨。坡、谷诸公之诗，如米元章之字，虽笔力劲健，终有子路事夫子时气象。盛唐诸公之诗，

---

[1] 陈伯海编：《唐诗汇评》，浙江教育出版社1995年版。

如颜鲁公书，既笔力雄壮，又气象浑厚，其不同如此。只此一字，便见吾叔脚根未点地处也。"傅绍良《盛唐气象的误读与重读》一文认为："严羽不同意用'健'来评盛唐诗歌，就因为'健'虽有力量，但有张扬、直露之象。'浑厚'的力量不是表现为外在的气势，而是以丰富的感情内蕴为依托的博大深厚；不表现为'蓬勃的朝气'，而表现为厚重的意蕴，是一种不十分劲健但却非常深永的力量与震撼。严羽十分清楚地看到了盛唐诗人的感情构成多为'悲壮'，所以他认为盛唐诗歌的气象不是'雄深雅健'，而是'雄浑悲壮'，这正符合以李白和杜甫为代表的盛唐诗歌的特质。"[①]

青春的朝气，无限的展望，是盛唐诗歌中明朗的一面，也是盛唐之音的主旋律。但诗人在具体实践中遭受的失意、挫折和痛苦，对现实的不满，对自身生存的忧虑，以及对现实黑暗面的揭露也是构成盛唐诗歌的重要组成部分。李白的超群轶伦、高华雅逸是盛唐之音的代表，杜甫的雄浑悲壮同样亦为盛唐之音的绝唱。由此，杜甫与盛唐的关系，以杜甫尚武诗作为一契机，可窥一斑而见全豹。

第三节　盛唐时期长安宴乐之风与杜诗

在中国音乐发展史上，唐代是音乐、歌舞极盛的时期，尤以开元天宝四十余年为最盛。唐代国力的强盛是音乐发展的社会基础。盛世所形成的唐人包容一切的气度使唐代音乐广收博采，种类繁多，其中西域外族乐种的大量传入且广为传播，成为唐代音乐的独特之处，这点和宋代比较尤为突出。而长安以国都之优势，成为音乐输入和传播的中心。宴会是音乐赖以生存和发展的土壤，由于唐人音乐观的影响和唐代帝王身体力行的倡导等因素，从而促成了长安宴乐之风的盛行。盛唐时期杜甫长安诗歌中的宴乐意象呈现出悲美的特征，这不仅与唐前宴乐以悲为美的审美传统有关，其中杜甫宴乐活动的求仕性质与杜甫以"悲"为核心

[①] 傅绍良：《盛唐气象的误读与重读》，《陕西师范大学学报（哲学社会科学版）》1999年第1期。

的心理结构具有更重要的主导作用。

一 初盛唐宴乐之风的形成和发展

唐代帝王的音乐观对唐代宴乐之风有着直接的推动作用,其中最有力者为唐太宗和唐玄宗。唐太宗的音乐思想为唐代宴乐之风的形成奠定了基础,而唐玄宗的音乐观和身体力行则使之达到全面盛行。

唐初,唐太宗敕制定礼乐。唐太宗与御史大夫杜淹论及音乐的一段话为宴乐之风的形成奠定了基础。

> 太宗曰:"礼乐之作,盖圣人缘物设教,以为撙节,治之隆替,岂此之由?"御史大夫杜淹对曰:"前代兴亡,实由于乐。陈将亡也,为《玉树后庭花》;齐将亡也,而为《伴侣曲》。行路闻之,莫不悲泣,所谓亡国之音也。以是观之,盖乐之由也。"太宗曰:"不然,夫音声能感人,自然之道也,故欢者闻之则悦,忧者听之则悲。悲欢之情,在于人心,非由乐也。将亡之政,其民必苦,然苦心所感,故闻之则悲耳。何有乐声哀怨,能使悦者悲乎?今《玉树》、《伴侣》之曲,其声具存,朕当为公奏之,知公必不悲矣。"[1]

唐太宗"悲欢之情,在于人心,非由乐也"的音乐思想否定了前代一直占统治地位的一种音乐观,即哀乐亡国。乐与政通,是先秦儒家的音乐思想,故孔子坚决反对动摇人性情的"郑声",提倡"乐而不淫,哀而不伤"的中和之乐。唐太宗亦承认音乐的教化作用,但没有走向音乐决定政治的极端。这种思想使音乐一定程度上脱离了政治的束缚,从而拥有更广阔的发展空间。由于音乐和政治没有直接的联系,所以在唐代音乐的娱乐作用开始居于主导地位,这就使宴乐之风的盛行成为可能。

初盛唐时期的音乐思想是沿着唐太宗的音乐观发展的,这就造成初唐至盛唐前期宫廷的宴乐之风盛行不衰。唐代帝王多是宴乐的倡导者,同时也成为宴乐活动的主体。谢偓《听歌赋》曰:"君王以政隙务闲,披

---

[1] 刘昫:《旧唐书》卷二八,中华书局1975年版,第1041页。

玩徐日。……于是征赵女，命齐倡。"① 君王不仅把音乐作为娱乐的方式，而且还赐予乐人官职。"贞观六年。监察御史马周上疏曰：'臣闻致化之道，在于求贤审官。……臣见王长通、白明达，本自乐工，舆皂杂类，韦盘提，斛斯正则，更无他材。独解调马来格，纵使术踰侪辈，材能可取，止可厚姆钱帛，以富其家，岂得列在士流，超授官爵。遂使朝会之位，万国来庭，邹子伶人，鸣玉曳绶，与夫朝贤君子，比肩而立，同坐而食。臣窃耻之。"② 马周对授予乐人官职的反对态度，从反面正可说明太宗对音乐的喜爱和推崇。太宗以后的帝王亦是如此，并有过之而无不及。

《庆善乐》，太宗所造也。太宗生于武功之庆善宫，既贵，宴宫中，赋诗，被以管弦。舞者六十四人，衣紫大袖裙襦，漆髻皮履。舞蹈安徐，以象文德洽而天下安乐也。③

十一月丙寅，上制乐章，有《上元》、《二仪》、《三才》、《四时》、《五行》、《六律》、《七政》、《八风》、《九宫》、《十洲》、《得一》、《庆云》之曲，诏有司，诸大祠享即奏之。④

上元元年，高宗御含元殿东翔鸾阁观大酺。时京城四县及太常音乐分为东西两朋，帝令雍王贤为东朋，周王讳为西朋，务以角胜为乐。⑤

时中宗数引近臣及修文学士，与之宴集，尝令各效伎艺，以为笑乐。工部尚书张锡为《谈容娘舞》，将作大匠宗晋卿舞《浑脱》，左卫将军张洽舞《黄麞》，左金吾卫将军杜元琰诵《婆罗门呪》，给事中李行言唱《驾车西河》，中书舍人卢藏用效道士上章。⑥

睿宗好乐，听之忘倦，玄宗又善音律。先天二年正月望，胡僧

---

① 董诰等编：《全唐文》卷一五六，中华书局1983年版，第1952页。
② 王溥：《唐会要》卷三四，中华书局1983年版，第624页。
③ 刘昫：《旧唐书》卷二九，中华书局1975年版，第1060页。
④ 刘昫：《旧唐书》卷五，中华书局1975年版，第98页。
⑤ 刘昫：《旧唐书》卷八四，中华书局1975年版，第2799页。
⑥ 刘昫：《旧唐书》卷一八九下，中华书局1975年版，第4970页。

婆陀请夜开门燃百千灯，睿宗御延喜门观乐，凡经四日。又追作先天元年大酺，睿宗御安福门楼观百司酺宴，以夜继昼，经月余日。①

从这些文献记载可看出初唐至盛唐前期宴乐之风的盛行情况，但只限于宫廷之内，多体现于帝王的娱乐活动。宴乐之风没有得到广泛普及的主要原因在于统治者对音乐教化作用的重视。王溥《唐会要·杂录》记载："（神龙二年）九月，敕三品已上，听有女乐一部，五品以上，女乐不过三人，皆不得有钟磬，乐师凡教乐，淫声、过声、凶声、慢声，皆禁之。淫声者，若郑卫；过声者，失哀乐之节；凶声者，亡国之音，若桑间濮上；慢声者，惰慢不恭之声也。"②玄宗登基之初，延续了初唐朝廷的这种政策，他颁布《禁断女乐敕》："自隋颓靡，庶政凋垂，徽声遍于郑卫，炫色过于燕赵。广场角抵，长袖生风，聚而观之，浸而为俗。所以鲁君夺志，夫子遂行也。朕方大变浇讹，用清淄蠹，著兹女乐。事切骄淫，伤风害政，莫斯为甚。既违令式，尤宜禁断。自今以后，不得更然。仍令御史金吾，严加捉溺。如有犯者，先罪长官，务令杜绝，以称联意。"③以上可见，宴乐之风没有盛行于民间的原因在于朝廷禁止失之中和的"淫声、过声、凶声、慢声"在民间流行，以免"伤风害政"。

使宴乐走出宫廷，传播在民间，特别是盛行于士大夫平日宴席之上，主要归功于唐玄宗在其统治后期音乐观的转变。久经承平之世，唐玄宗产生了与民同乐的思想。开元十二年（724）颁布《内出云韶舞敕》："自立云韶内府，百有余年，都不出于九重。今欲陈于万姓，冀与群公同乐，岂独娱于一身？"④

在"与民同乐"的思想指导下，唐玄宗一系列行为措施便促使了宴乐之风达到全面盛行。概述之，其行为主要体现在三个方面：（1）设立梨园、教坊等音乐机构。在唐代帝王中，唐玄宗的音乐造诣居首位。《新

---

① 刘昫：《旧唐书》卷九九，中华书局1975年版，第3103页。
② 王溥：《唐会要·杂录》卷三四，中华书局1983年版，第628—629页。
③ 宋敏求编，洪丕谟、张伯元、沈敖大点校：《唐大诏令集》卷八一，学林出版社1992年版，第421页。
④ 同上。

唐书·礼乐志》载:"玄宗既知音律,又酷爱法曲,选坐部伎子弟三百教于梨园,声有误者,帝必觉而正之,号'皇帝梨园弟子'。"① 这些音乐机构的设立,促进了音乐的发展。音乐本身艺术魅力的提升,为宴乐之风的盛行起到一定的刺激作用。安史之乱爆发,宫廷内的梨园教坊弟子,多流落于民间,同时也把音乐带出宫廷,许多只娱乐于宫廷的乐种,得以在民间流传。(2) 设立千秋节。"千秋节者,玄宗以八月五日生,因以其日名节,而君臣共为荒乐,当时流俗多传其事以为盛。"② 开元十七年(729),玄宗应朝臣之请求,以自己生日为千秋节,并下诏是日举国同庆。《千秋节赐父老宴饮敕》云:"自朝及野,福庆同之,并宜坐食,食讫乐饮。"③ 陈鸿祖《东城父老传》曰:"八月五日,中兴以后,制为千秋节,赐天下民牛酒,乐三日,命之曰'酺'。以为常也。大合乐于宫中,岁或酺于洛,元会于清明节,率皆在骊山。每至是日,万乐具举,六宫毕从,昌冠雕翠,金华冠,锦袖绣襦袴,执铎拂导群鸡。"④ 尽管玄宗本意是显示四海升平的治世功绩,但客观上却促进了宴乐之风的发展。(3) 向朝臣颁布诏书,以法令的形式倡导宴乐活动。开元十八年、开元十九年、开元二十年、开元二十二年、开元二十五年、天宝十载 (751)、天宝十四载,唐玄宗分别颁布诏书,允"百司每旬节休假,并不须亲职事,任追胜为乐"⑤,且"赐钱造食,任逐胜赏"⑥。朝廷诏书的颁布对宴乐之风的影响最为有力。诏书颁布的对象是朝臣,较之初唐朝廷的明令禁止,玄宗时期士大夫群体盛行宴乐走向合法化。

当然,上述之因素并不能作为宴乐之风盛行的全部条件,唐代音乐旺盛的生命力、唐人较高的艺术修养、唐代高涨的艺术氛围等等都是不可忽视的原因。在这些复杂原因的共同作用下,于是,天宝年间"行乐

---

① 欧阳修、宋祁:《新唐书》卷二二,中华书局1975年版,第476页。
② 同上书,第477页。
③ 唐玄宗:《千秋节赐父老宴饮敕》,董诰等编《全唐文》卷三五,中华书局1983年版,第389页。
④ 陈鸿祖:《东城父老传》,董诰等编《全唐文》卷七二〇,中华书局1983年版,第7413页。
⑤ 王溥:《唐会要》卷二九,中华书局1983年版,第540页。
⑥ 董诰等编:《全唐文》卷三〇,中华书局1983年版,第144页。

盛时，覃及中外"①，宴乐之风达到全面盛行。穆宗朝丁公著曾评论道："国家自天宝已后，风俗奢靡，宴席以喧哗沉湎为乐。而居重位、秉大权者，优杂倡肆于公吏之间，曾无愧耻。公私相效，渐以成俗，由是物务多废。"②由于安史之乱的爆发，宴乐之风走向沉寂，至贞元年间重又兴起。由于本书目的是探讨宴乐之风和杜甫的关系，贞元时宴乐的发展，兹不赘述。

二 杜诗中宴乐的悲美特征

杜甫旅食京华春的十余年，正值宴乐之风的高峰期，宴乐活动构成了杜甫长安生活的重要组成部分。自天宝五载（746）至天宝十四载，杜甫旅居长安所作宴乐诗约30多首（包括全篇和摘句）。本书对宴乐诗的界定较广泛，不但有杜甫本人宴乐活动时所作之诗，也指诗文中言及他人宴乐活动的诗歌，统称为宴乐诗。安史之乱后杜甫宴乐诗的数量和长安时所作大致相同。但二者在比重上却有很大的差异。前者与所作诗总量100多首比较，宴乐诗数量约占1/3，而后者与杜甫晚年流寓成都湖湘的约1300首的数量比较，所占比重微不足道。而且，杜甫长安宴乐诗包括著名诗篇《丽人行》《自京赴奉先县咏怀五百字》。现从杜甫宴乐诗的角度，考察长安宴乐之风对杜诗的影响。

根据杜诗中宴乐活动性质的不同，杜甫盛唐长安所作宴乐诗可分为三类：（1）饯行性质的宴乐活动。此为数名文人聚集、为友饯行的宴乐活动，送行席上，文人清谈赋诗，以杯酌献酬，以音乐助兴。《送孔巢父谢病归游江东兼呈李白》即为此类，在杜甫宴乐诗中所占比例较小。（2）宴享性质的宴乐活动。此类宴乐活动一般为皇室、贵戚、士大夫家宴性质的宴乐活动。《郑驸马宅宴洞中》《杜位宅守岁》等即为此类。杜诗中此类宴乐诗也不多。（3）游乐性的宴乐活动。游宴一般与节令、自然美景等有关，主要表现为赏花、游园宴乐，以及郊外的登山、水上的泛舟、登亭台楼阁赏景时所伴随的宴乐活动。有皇戚、贵族、文人官吏之游宴。

---

① 王溥：《唐会要》卷三四，中华书局1955年版，第630页。
② 刘昫：《旧唐书》卷一六，中华书局1975年版，第485—486页。

《城西陂泛舟》《渼陂行》《乐游园歌》《与鄠县源大少府宴渼陂》《陪诸贵公子丈八沟携妓纳凉晚际遇雨二首》《丽人行》等为此类，数量占杜甫长安宴乐诗的2/3。

从上述杜甫宴乐诗的分类可见，不论文人雅集所奏之乐，还是达官贵人宴享所奏之乐，它们的功能都是纯娱乐性，并不具备礼仪性和教化性。但在杜甫诗中它们却有一种共同的倾向——"悲"的审美特征。杜诗中叙及宴饮音乐多用"悲""哀"等凄楚之词，即使达官贵人欢宴游赏所奏之乐，杜甫仍多用"哀丝""哀吟""悲歌""悲管"等形容。

新亭结构罢，隐见清湖阴。迹籍台观旧，气冥海岳深。圆荷想自昔，遗堞感至今。芳宴此时具，哀丝千古心。主称寿尊客，筵秩宴北林。不阻蓬荜兴，得兼《梁甫吟》。（《同李太守登历下古城员外新亭》）

就中云幕椒房亲，赐名大国虢与秦。紫驼之峰出翠釜，水精之盘行素鳞。犀箸厌饫久未下，鸾刀缕切空纷纶。黄门飞鞚不动尘，御厨络绎送八珍。箫管哀吟感鬼神，宾从杂遝实要津。（《丽人行》）

青蛾皓齿在楼船，横笛短箫悲远天。春风自信牙樯动，迟日徐看锦缆牵。鱼吹细浪摇歌扇，燕蹴飞花落舞筵。不有小船能荡桨，百壶那送酒如泉。（《城西陂泛舟》）

况闻内金盘，尽在卫霍室。中堂有神仙，烟雾蒙玉质。暖客貂鼠裘，悲管逐清瑟。劝客驼蹄羹，霜橙压香橘。朱门酒肉臭，路有冻死骨。荣枯咫尺异，惆怅难再述。（《自京赴奉先县咏怀五百字》）

以上四首诗均作于天宝年间，《同李太守登历下古城员外新亭》作于天宝四载（745），杜甫次年入长安，此时正过着裘马轻狂的生活，但其作"芳宴"之上所奏为"哀丝"。后三首作于杜甫困居长安时期，《城西陂泛舟》作于天宝十三载，这是一首专咏宴游的诗歌，《杜诗详注》中仇兆鳌曰："此泛陂而志声妓之盛也。"① 仇兆鳌引顾宸语曰："天宝间，景物盛丽，士女游观，极尽饮燕歌舞之乐。此咏泛舟实事，不是讥刺明皇，亦非空为艳曲。"② 但此"饮燕歌舞之乐"却是"横笛短箫悲远天"。《丽人行》和《自京赴奉先县咏怀五百字》分别写于天宝十二载和天宝十四载。天宝十四载十一月安禄山反，此时正为动乱前夕，诗中均涉及宫中显贵宴饮之事。《资治通鉴》载："（天宝十载，）上命有司为安禄山治第于亲仁坊，敕令但穷壮丽，不限财力。既成，具幄帘器皿，充牣其中……虽禁中服御之物，殆不及也。……甲辰，禄山生日，上及贵妃赐衣服、宝器、酒馔甚厚。"③ 仇兆鳌："朱注：《旧唐书·玄宗纪》：天宝十四载，冬十月，上幸华清宫。十一月丙寅，禄山反。公赴奉先时，玄宗正在华清宫，所以诗中言骊山事特详。十一月九日，禄山反书至长安，玄宗犹未信，故诗中但言欢娱聚敛，乱在旦夕，而不及禄山反状。"④ 从以上记载可知，平日玄宗待安禄山甚厚，故禄山反书至，帝犹不信，与贵妃欢宴游赏当极尽欢乐之至，当无忧虑之嫌，但杜诗中谈及玄宗贵妃宴游之乐仍是"箫管哀吟感鬼神"和"悲管逐清瑟"。

安史之乱后言及宴饮音乐的杜诗亦是如此，但有明显不同之处，在丝竹管弦之"哀"中，其更多的成分是杜甫感时伤世之"泪"。此时国家动乱，诗人报国无门，漂流巴蜀湖湘。在"不须吹急管，衰老易悲伤"（《陪王使君晦日泛江就黄家亭子二首》）、"笛声愤怨哀中流，妙舞逶迤夜未休"（《陪王侍御同登东山最高顶宴姚通泉晚携酒泛江》）、"乐助长歌逸，杯饶旅思宽"（《宴忠州使君侄宅》）、"哀筝伤老大，华屋艳神仙"（《秋日夔府咏怀一百韵》）等诗句中，杜甫心境之"悲"如此明显，以至于很难把它与乐曲本身之"哀"严格区分开来。

如果说安史之乱后，杜诗多感时伤世，对于宴乐的描写，必然融入了诗人较多的主观情感，表现出"悲"的美学特征，那么，在安史之乱之前，达官贵人耽于享乐，夜夜笙歌，其音乐以纯粹的娱悦为主，何以

---

① 仇兆鳌：《杜诗详注》卷三，中华书局1979年版，第177页。
② 同上书，第178页。
③ 司马光：《资治通鉴》，中华书局1956年版，第6902—6903页。
④ 仇兆鳌：《杜诗详注》卷四，中华书局1979年版，第264页。

杜甫长安诗作中的宴乐亦以悲者居多？究其原因，有两点不容忽视：其一，自汉代始，中国对于宴饮音乐的"以悲为美"的审美传统使宴乐本身即具有"悲"的特质；其二，作为宴乐欣赏个体和诗歌创作主体的杜甫，其"悲"的心理结构也是重要因素之一。从美学的角度来说，前者造就了客体"悲"的特质，后者直接影响主体审美理念的形成，二者的结合，最终形成了杜甫诗中宴乐的"悲美"风格。

三 宴乐的传统风格与杜甫宴乐诗的创作心态

（一）宴乐的传统风格

宴饮音乐，古称之为"燕乐"，后又称为"宴乐"。燕乐者，宴享时所用之乐也。以西周礼乐文化为发端。周代国君和普通贵族"以飨、燕之礼，亲四方之宾客"（《周礼·大宗伯》），要奏乐为娱。其部分入乐之词至今还保留在《诗经》中。宴乐在产生之初，基本功能是娱乐，后逐渐发展为具有政治功用，从而又具有礼仪性和教化性。在周代社会"礼之用，和为贵"的政治理念下，其中庸、平和的风格倾向表现得较为突出。

至汉，宴饮音乐始有"悲美"风格。刘邦建国，社会上层多为楚人。楚文化成为汉代社会的主流文化，自然楚地音乐登堂入室，且为整个社会所崇尚，"不惟项羽会作那楚词式的歌，'力拔山兮气盖世'；就是汉高祖也会作楚词式的歌，'大风起兮云飞扬'"。[①] 而楚乐本身正是一种悲乐。从郭茂倩《乐府诗集》所记载的楚调曲来看，其曲词就多为慷慨哀怨之词。"离堂悲楚调，君奏豫章行"（陈羽《送殷华之洪州》）即是这种音乐特征在文学作品中反映。欣赏悲乐，于是就成为汉代社会的审美风尚。阮籍《乐论》载："汉桓帝闻楚琴，凄怆伤心，倚扆而悲，慷慨长息，曰：'善哉乎！为琴若此，一而已足矣。'"[②] 楚声，即是"清商乐"的源头。古音乐专家丘琼荪在《燕乐探微》中说："汉兴，这南方的楚声，随着政治势力而大量流到北方，久而久之，便从这楚声衍变为清商

[①] 李长之：《司马迁之人格与风格》，生活·读书·新知三联书店1984年版，第3页。
[②] 蔡仲德：《中国音乐美学史资料注译》，人民音乐出版社1990年版，第375页。

乐。其乐曲便是相和歌、相和引、相和五调等。这是清商的北派，这些相和歌，都是民间乐曲，后被采入乐府而成为'雅乐'"。① 而"在这两汉、魏、晋时代，南北音乐，可称统一，流行的都是清商"。② 虽然汉代用于宴饮的音乐还有鼓吹和外族乐，但以楚乐为主体的清商乐仍旧是主要流行的乐种，这同时也说明了汉代宴乐乐曲本身即具有"悲"的特质。

汉代人把欣赏悲乐作为一种审美享受。即使宴饮之时，亦是如此。范晔《后汉书·周举传》记载，外戚梁商在永和六年（141）三月上巳大会宾客于洛水，"商与亲昵酣饮极欢，及酒阑倡罢，继以《薤露》之歌，坐中闻者，皆为掩涕"。③ 其宴饮之时所奏之乐《薤露》即为丧歌。从这些音乐中可以感受到汉人普遍的感伤气质。这种"悲"是汉代人对人生和宇宙的深刻思考，是对人生短暂、世事无常的深刻体验，是一种特殊的审美感受。如爱杜阿德·汉斯立克所说："如果悲哀的音乐'都有使我们悲伤的力量——那谁还想活下去呢？……即使他把整个世纪所有痛苦作为它的题材，我们也还是感到内心的愉快'。"④ 由此可见，悲伤的音乐不仅具有超强的感染力，而且还能给人们带来一种特殊的审美愉悦。

魏晋时期，战乱频仍。恶劣的生存环境，动荡的社会形势，使得文人内心的悲剧意识愈加浓重。李泽厚《中国美学史》说："自楚汉以来至魏晋，音乐越来越倾向于表现哀，而不是表现乐。人们对音乐的欣赏，也日益以它能表现哀，使人流泪感动为贵。"⑤ 曹丕追怀昔日与文人相游的情景，是"高谈娱心，哀筝顺耳"（《与朝歌令吴质书》）。⑥ 王粲也以"管弦发徽音，曲度清且悲。合坐同所乐，但愬杯行迟"（《公宴诗》）⑦的诗句，来表示清且美的乐歌具有"悲"的美感享受。嵇康在《琴赋》序中对魏晋"悲音美"的时代风尚，作了精当的概括："称其才干，则以

---

① 丘琼荪：《燕乐探微》，上海古籍出版社1989年版，第29页。
② 同上。
③ 范晔：《后汉书》卷六一，中华书局1973年版，第2028页。
④ ［奥］爱杜阿德·汉斯立克：《论音乐的美》（中译本），人民音乐出版社1978年版，第86—87页。
⑤ 李泽厚：《中国美学史·魏晋南北朝编》，安徽文艺出版社1999年版，第197页。
⑥ 萧统：《文选》卷四二，上海古籍出版社1986年版，第1895页。
⑦ 萧统：《文选》卷二〇，上海古籍出版社1986年版，第944页。

危苦为上；赋其声音，则以悲哀为主；美其感化，则以垂涕为贵。"① 这种强烈的悲剧意识，是时代给予他们对于人生的最深切的体会，是魏晋人生观在审美领域中的渗透。他们希望建功立业，但世道混乱，政治险恶，目睹社会动乱的哀痛及人生无常的悲观情绪，浸染到他们心灵深处，而"导养神气，宣和情志，处穷独而不闷者，莫近于音声也"。② 于是他们把欣赏悲乐作为一种情感的宣泄。在品味悲乐的过程中，忧闷悲哀的心情得以宣泄，从而达到心境的宁静与和谐。

汉魏晋时期的以悲为美的音乐思想使具有悲的特质的清商盛行不衰，南北朝时期，社会的动乱使清商乐传播至北朝、江左等区域，后归入隋代的清商署。《旧唐书》卷二九载："清乐者，南朝旧乐也。永嘉之乱，五都沦覆，遗声旧制，散落江左，宋、梁之间，南朝文物，号为最盛；人谣国俗，亦世有新声。后魏孝文、宣武，用师淮、汉，收其所获南音，谓之清商乐。隋平陈，因置清商署，总谓之《清乐》，遭梁、陈亡乱，所存盖鲜。"③ 这里的清商乐不仅有汉魏流传的北派清商，而且主要是以吴歌、西曲为主体的南派清商。《旧唐书》卷二八载："开皇九年平陈，始获江左旧工及四悬乐器，帝令廷奏之，叹曰：'此华夏正声也，非吾此举，世何得闻。'乃调五音为五夏、二舞、登歌、房中等十四调，宾、祭用之。隋氏始有雅乐，因置清商署以掌之。既而协律郎祖孝孙依京房旧法，推五音十二律为六十音，又六之，有三百六十音，旋相为宫，因定庙乐。诸儒论难，竟不施用。隋世雅音，惟清乐十四调而已。隋末大乱，其乐犹全。"④ 可见，调主悲的清商乐是隋代宴乐的主要乐曲。隋祚不长，但却为唐代文化的开放奠定了基础，但就宴乐来说，"悲美"风格并未有本质的改变。

唐代高祖登基之后，享宴因隋旧制，用九部之乐，其后分为立坐二部。由于西域音乐的大量传入，唐代宴乐的来源就不再局限于清商乐，相反，清商乐逐渐走向衰落。在唐代史料中，"宴乐"与"燕乐"含义并

---

① 萧统：《文选》卷一八，上海古籍出版社 1986 年版，第 836 页。
② 同上。
③ 刘昫：《旧唐书》卷二九，中华书局 1975 年版，第 1062 页。
④ 刘昫：《旧唐书》卷二八，中华书局 1975 年版，第 1040 页。

不相同，如唐代九部乐中第一部是"燕乐"，此燕乐是一个乐种，指贞观十四年（640）张文收所造乐曲。而郭茂倩在《乐府诗集》里则把唐太宗时制定的十部乐总称为燕乐，这些概念与本书中的宴乐有着很大的不同。本书中的宴乐是个广泛的概念，是宴饮活动中所奏之乐，用丘琼荪之言，即唐代"这燕乐是雅俗兼施的，上自郊庙朝廷之所谓'雅'，下至陌头里巷之所谓'俗'。其中有中原乐，有边疆民族乐，也有外族乐；有歌，有舞；有新，有旧。应用的范围既很广泛，性质和内容又较复杂"。①

杜甫在长安时的天宝年间，此时是法曲的天下，而法曲却是清乐的化身。在隋唐时期，"以音乐来说：旧的外族乐继续流行，新的续有传入；而在自己，则一面流行清乐，一面将清乐与外族乐结合，创造了法曲和胡部新声"。②唐代梨园法部之盛，驰誉千古，著名的《霓裳羽衣曲》即是法曲。清乐虽然走向衰落，不再盛行于宫廷，但是却没有消失。丘琼荪所言"一面流行清乐"是指"这些清商乐，都不用在典礼中，而与日常娱乐游宴奏之"。③葛晓音在《盛唐清乐的衰落和古乐府诗的兴盛》一文中亦指出："初盛唐士大夫在日常饮宴、游览中用以自娱的音乐，仍多为清商乐。"④于是，"悲美"的音乐风尚在唐代得以延续。由于宴乐之风的盛行，宴乐活动的主体又多为士大夫之流，而这些士大夫的另一种身份——文人，从而便促使了宴乐诗的发展，具有悲美风格的宴乐就成为文人表现的对象，同时也成为文人抒发情感的载体。唐诗中"陆离轩盖，凄清管弦。萍疏波荡，柳弱风牵。未淹欢趣，林溪夕烟"（高球《三月三日宴王明府山亭》）、"丝管清且哀，一曲倾一杯"（张说《岳州宴别潭州王熊》）等宴乐诗，不胜枚举。

由此可见，自汉代始产生的宴乐"以悲为美"的审美风尚使宴饮之时所奏之乐具有"悲"的特质，此风延续至唐，尽管期间乐曲类型多有变动，但"悲"的特质没有发生本质的改变。这就对杜甫诗中宴乐"悲美"风格从审美客体的角度做出了合理的解释。

---

① 丘琼荪：《燕乐探微》，上海古籍出版社1989年版，第5页。
② 同上书，第46页。
③ 同上书，第48页。
④ 葛晓音：《诗国高潮与盛唐文化》，北京大学出版社1998年版，第147页。

(二) 杜甫宴乐诗的心理分析

在审美过程中,面对同一审美客体,不同的审美主体有着不同的体验,审美主体的心理结构也起着重要作用。唐太宗论乐之言颇有代表性:"夫音声能感人,自然之道也,故欢者闻之则悦,忧者听之则悲。悲欢之情,在于人心,非由乐也。"① 所以,宴乐乐曲本身"悲"的特质只是客观原因。作为欣赏音乐和诗歌创作的主体,杜甫的审美心理,对具有"悲美"特征的宴乐成为杜诗表现的对象和抒发感情的载体,同样具有决定性的作用。

在分析杜甫心理结构之前,需要对杜甫宴乐活动的性质作一考察。宴乐活动与唐代的行卷之风有着一定的联系。程千帆在《唐代进士行卷与文学》中对"行卷"一词作出解释:"所谓行卷,就是应试的举子将自己的文学创作加以编辑,写成卷轴,在考试以前呈送当时在社会上、政治上和文坛上有地位的人,请求他们向主司即主持考试的礼部侍郎推荐,从而增加自己及第的希望的一种手段。"② 行卷之风的形成与唐代科举试卷实行不糊名制有着直接的关系。由于主考官在检阅试卷时,考生的信息都是公开的,所以试卷的质量就不会成为士子是否被录取的唯一标准。"还有参考甚至于完全依据举子们平日的作品和誉望来决定去取的可能;也使得应试者有呈献平日的作品以表现自己和托人推荐的可能;也使得主试官的亲友有代他搜罗人才,加以甄别录取的可能。"③ 洪迈对此中情景论述详细:

> 唐世科举之柄,专付之主司,仍不糊名。又有交朋之厚者为之助,谓之通榜。故其取人也,畏于讥议,多公而审。亦有胁于权势,或挠于亲故,或累于子弟,皆常情所不能免者。若贤者临之则不然,未引试之前,其去取高下,固已定于胸中矣。④

---

① 刘昫:《旧唐书》卷二八,中华书局1975年版,第1041页。
② 程千帆:《唐代进士行卷与文学》,上海古籍出版社1980年版,第3页。
③ 同上书,第4页。
④ 洪迈:《容斋随笔·四笔》卷五,中华书局2005年版,第686—687页。

尽管有主考官或赏识后进，或畏于社会舆论而公平审核试卷，但由于"常情所不能免"，故录取举子时，"交朋之厚""胁于权势""挠于亲故""累于子弟"等非个人才能因素，皆在主考官考虑之列，而且占有很大比重。这样，长安应举之士子，莫不重视与名望之士、显贵之家的交往，而宴乐之风的盛行，则为其提供了合适的交往方式。《集异记》中记载王维早年为玉真公主奏乐献诗而显达一事，虽然是小说家言，但是从中可窥见当时的社会风尚。

王维右丞，年未弱冠，文章得名。性闲音律，妙能琵琶，遊历诸贵之间，尤为岐王之所眷重。时进士张九皋声称藉甚。客有出入于公主之门者，为其致公主邑司牒京兆试官，令以九皋为解头。维方将应举，具其事言于岐王，仍求庇借。岐王曰："贵主之强，不可力争，吾为子画焉。子之旧诗清越者，可录十篇，琵琶之新声怨切者，可度一曲，后五日当诣此。"维即依命，如期而至。岐王谓曰："子以文士，请谒贵主，何门可见哉！子能如吾之教乎？"维曰："谨奉命。"岐王则出锦绣衣服，鲜华奇异，遣维衣之。仍令赍琵琶，同至公主之第。岐王入曰："承贵主出内，故携酒乐奉讌。"即令张筵，诸伶旅进。维妙年洁白，风姿都美，立于前行，公主顾之，谓岐王曰："斯何人哉？"答曰："知音者也。"即令独奏新曲，声调哀切，满座动容。公主自询曰："此曲何名？"维起曰："号《郁轮袍》。"公主大奇之。岐王曰："此生非止音律，至于词学，无出其右。"公主尤异之，则曰："子有所为文乎？"维即出献怀中诗卷。公主览读，惊骇曰："皆我素所诵习者，常谓古人佳作，乃子之为乎？"因令更衣，升之客右。维风流蕴藉，语言谐戏，大为诸贵之所钦瞩。岐王因曰："若使京兆今年得此生为解头，诚为国华矣。"公主乃曰："何不遣其应举？"岐王曰："此生不得首荐，义不就试，然已承贵主论托张九皋矣。"公主笑曰："何预儿事，本为他人所托。"顾谓维曰："子诚取解，当为子力。"维起谦谢。公主则召试官至第，遣宫婢传教。维遂作解头，而一举登第。①

王维的状元及第，虽然与其超卓的才华分不开，但玉真公主的举荐当起到十分重要的作用。此事虽是小说家言，但亦可窥见当时风尚，亦可见出宴乐活动在士子求仕中的重要作用。

同样，唐代的宴乐之风与行卷之风的相互作用使杜甫的宴乐活动具有求仕的性质。杜甫天宝六载（747）制举下第后，旅居长安数十年，目的即是求取官职，以实现其"致君尧舜上，再使风俗淳"的理想。在杜甫长安求仕过程中，与显贵的交往成为必不可少的内容。从杜诗中看出，杜甫与显贵交往的方式主要为投赠诗作、宴乐活动，二者都可作为杜甫求仕的重要组成部分。而杜甫实际与显贵发生直接接触且交往最多的方式主要是宴乐活动。杜甫宴乐诗中涉及的人物有：唐玄宗、杨贵妃姐妹、郑潜曜驸马、崔惠童驸马、孔巢父、蔡侯、汝阳王、杨长史、杜位、郑虔、何将军、杨国忠、诸贵公子（不详何人）、岑参兄弟、鄠县源大少府。唐玄宗、杨国忠、杨贵妃姐妹的宴乐活动，杜甫是旁观者。在杜甫实际参与的宴乐活动中，除孔巢父、郑虔、岑参兄弟是其好友，其他均为显贵。"自是秦楼压郑谷，时闻杂佩声珊珊"（《郑驸马宅宴洞中》），"朱瀚曰：末句暗用《毛诗》'杂佩以问之'，亦见公主有好贤之意"。②杜甫以之赞主家之贤。"已忝归曹植，何如对李膺。招要恩屡至，崇重力难胜"（《赠特进汝阳王二十二韵》），"此感王接遇之厚"。③"淮王门有客，终不愧孙登"（《赠特进汝阳王二十二韵》），"喜见知于王也"。④ 在与郑驸马、汝阳王等交往过程中，受到赏识，赢得誉望，从而能够得以引荐，是杜甫频繁出入显贵之家的目的所在。由此可见，和权贵交往的娱乐性质的宴乐活动，在杜甫心中带上了求仕的色彩。

对于杜甫长安时期心理结构的分析，现有成果的切入点多集中于干

---

① 薛用弱：《集异记》卷二，谷神子、薛用弱《博异志、集异记》，中华书局1980年版，第9—10页。
② 仇兆鳌：《杜诗详注》卷一，中华书局1979年版，第47页。
③ 同上书，第63页。
④ 同上书，第64页。

谒诗、曲江诗等,而从宴乐诗入手较为少见。但宴乐诗和干谒诗、曲江诗比较,在展现杜甫心态上,却更具有代表性。如果说后者只代表杜甫心理的某一侧面,那么宴乐诗在展现杜甫心理上是全方位的。现从个体人格的压抑——悲辛心态、理想与现实的冲突——悲愤心态、儒家仁学的导向作用——悲悯心态三个方面,以宴乐诗为切入点,以见长安宴乐之风对杜甫心理的影响,以及在杜诗中的表现。

1. 自我人格的压抑——悲辛心态

杜甫对自我人格的定位,很大程度上受到孟子的影响。在儒家学说中,孔子强调"社会的人"的重要性,而孟子却发扬了个体人格的美。孟子的"我善养吾浩然之气"说,是其对个体人格的根本观点。

> "敢问夫子恶乎长?"曰:"我知言,我善养吾浩然之气。""敢问何谓浩然之气?"曰:"难言也。其为气也,至大至刚,以直养而无害,则塞于天地之间。其为气也,配义与道;无是,馁也。是集义所生者,非义袭而取之也。行有不慊于心,则馁矣。"①

孟子的"浩然之气"是"配义与道",是"集义所生者"的,至大至刚,是一种为实现自己所追求的理想目标而无所畏惧的状态。"富贵不能淫,贫贱不能移,威武不能屈"是对"浩然之气"的最佳解释。杜甫一生服膺儒学,孟子对个体人格的肯定和发扬对其产生了重要影响。《去矣行》曰:"君不见鞲上鹰,一饱即飞掣。焉能作堂上燕,衔泥附炎热。野人旷荡无靦颜,岂可久在王侯间。未试囊中餐玉法,明朝且入蓝田山。""鞲上鹰"可谓是杜甫自身的写照:"宁为鹰之飏,不为燕之附,以野性旷荡,不屑靦颜侯门也。餐玉蓝田,盖将托之以遁世矣。"② 可见出浩然之气。《高都护骢马行》:"安西都护胡青骢,声价歘然来向东。此马临阵久无敌,与人一心成大功。功成惠养随所致,飘飘远自流沙至。雄姿未受伏枥恩,猛气犹思战场利。腕促蹄高如踣铁,交河几蹴曾冰裂。

---

① 杨伯峻:《孟子译注》,中华书局1960年版,第62页。
② 仇兆鳌:《杜诗详注》卷三,中华书局1979年版,第246页。

五花散作云满身,万里方看汗流血。长安壮儿不敢骑,走过掣电倾城知。青丝络头为君老,何由却出横门道。"张綖曰:"凡诗人题咏,必胸次高超,下笔方能卓绝。此诗'雄姿未受伏枥恩,猛气犹思战场利','青丝络头为君老,何由却出横门道',如此状物,不唯格韵特高,亦见少陵人品。若曹唐《病马》诗:'一朝千里心犹在,曾敢潜忘秣饲恩。'乃乞儿语也。"① 梁启超在《情圣杜甫》中评价杜甫"是一位极热肠的人,又是一位极有脾气的人。从小便心高气傲,不肯趋承人"。②

杜甫对自身才学的肯定更是加深了其对自我人格的维护。"赋料扬雄敌,诗看子建亲。李邕求识面,王翰愿为邻。自谓颇挺出,立登要路津。致君尧舜上,再使风俗淳。""忆献三赋蓬莱宫,自怪一日声烜赫。集贤学士如堵墙,观我落笔中书堂。"这些诗句中充满着杜甫对自己才学的自信,从而赋予自身极大的社会责任感和历史使命感。"自谓颇挺出"是杜甫的自我定位,所以"致君尧舜上"是自然之事,不必衔泥附炎热而求得官职。"白鸥没浩荡,万里谁能驯"和"谁能更拘束,烂醉是生涯"之类的自我表达充斥杜甫诗集中。

天宝六载(747)应诏下第是杜甫心理的重大转折点。应诏之前在长安所作宴乐诗《郑驸马宅宴洞中》和《赠特进汝阳王二十二韵》如下:

> 主家阴洞细烟雾,留客夏簟青琅玕。春酒杯浓琥珀薄,冰浆碗碧玛瑙寒。误疑茅堂过江麓,已入风磴霾云端。自是秦楼压郑谷,时闻杂佩声珊珊。

> 已忝归曹植,何如对李膺。招要恩屡至,崇重力难胜。披雾初欢夕,高秋爽气澄。樽罍临极浦,凫雁宿张灯。花月穷游宴,炎天避郁蒸。砚寒金井水,簷动玉壶冰。瓢饮惟三径,岩栖在百层。谬持蠡测海,况把酒如渑。鸿宝宁全秘,丹梯庶可凌。淮王门有客,终不愧孙登。

---

① 仇兆鳌:《杜诗详注》卷二,中华书局1979年版,第88页。
② 梁启超:《情圣杜甫》,《杜甫研究论文集》第一辑,中华书局1962年版,第3页。

这两首诗中充满祥和之气,感激主家款待之厚、知遇之恩,赞叹自己处盛世、遇贤人,与下第后所作诗中充满愁苦之音大相径庭。就杜甫而言,这是和显贵交往的理想状态,故诗中没有丝毫人格受挫之感。但这种状态是短暂的,应诏下第后,杜甫感受更多的是"取笑同学翁",在以后的宴乐诗中再也没有出现类似的诗意。

对杜甫应诏下第后的宴乐诗,从字面分析,很难见到杜甫心理的直接显露。但在其他诗中,杜甫却真切表达了宴乐活动中的心境。"骑驴十三载,旅食京华春。朝扣富儿门,暮随肥马尘。残杯与冷炙,到处潜悲辛"(《奉赠韦左丞丈二十二韵》),此句是解读在与显贵宴乐活动中杜甫心理的关键。在与显贵游宴的"朝扣富儿门,暮随肥马尘"的生活中,杜甫感受的是"残杯与冷炙,到处潜悲辛"。杜甫离开长安后,关于此中经历,有诗《狂歌行赠四兄》曰:"长安秋雨十日泥,我曹鞴马听晨鸡。公卿朱门未开锁,我曹已到肩相齐。"在长安为实现理想,杜甫不惜屈己以求仕。在投诗权贵的诗作中不惜使用"顾深惭锻炼,才小辱提携""为公歌此曲,涕泪在衣巾"和"不谓矜余力,还来谒大巫"等诗句,希望得到援引。早年自负的杜甫在长安与显贵的交往中,如此卑躬屈膝,此中"悲辛",是一种人格压抑后的悲苦和酸辛。马端临在《文献通考》中记载了唐代士子长安求仕的情状,虽然只是投赠诗文一事,但其中心境与杜甫颇有相通之处,如下:

> 王公大人,巍然于上,以先达自居,不复求士。天下之士,什什伍伍,戴破帽,骑蹇驴,未到门百步,辄下马奉币刺,再拜以谒于典客者,投其所为之文,名之曰求知己;如是而不问,则再如前之所为者,名之曰温卷。如是而又不问,则有执贽于马前,自赞曰:某人上谒者。[①]

2. 理想与现实的冲突——悲愤心态

盛唐强盛的国力和开放的政治环境赋予唐人积极进取的心态,盛唐

[①] 马端临:《文献通考》卷二九《选举考》二,浙江古籍出版社1988年版,第274页。

时期的文人大多都赋予自己极强的社会责任感。杜甫天宝五载（746）入长安，尽管六载应制失败对其造成很大的打击，但还是选择旅食长安。为求取官职以实现抱负，投诗干谒、交游权贵、献三大礼赋等各种求仕方法，杜甫都无一遗漏，却无一成功。此中心态在宴乐诗中有所表现。

  岑参兄弟皆好奇，携我远来游渼陂。天地黪惨忽异色，波涛万顷堆琉璃。琉璃汗漫泛舟入，事殊兴极忧思集。鼍作鲸吞不复知，恶风白浪何嗟及。主人锦帆相为开，舟子喜甚无氛埃。凫鹥散乱棹讴发，丝管啁啾空翠来。沉竿续缦深莫测，菱叶荷花净如拭。宛在中流渤澥清，下归无极终南黑。半陂以南纯浸，动影袅窕冲融间。船舷瞑戛云际寺，水面月出蓝田关。此时骊龙亦吐珠，冯夷击鼓群龙趋。湘妃汉女出歌舞，金支翠旗光有无。咫尺但愁雷雨至，苍茫不晓神灵意。少壮几时奈老何，向来哀乐何其多。（《渼陂行》）

  乐游古园崒森爽，烟绵碧草萋萋长。公子华筵势最高，秦川对酒平如掌。长生木瓢示真率，更调鞍马狂欢赏。青春波浪芙蓉园，白日雷霆夹城仗。阊阖晴开昳荡荡，曲江翠幙排银榜。拂水低回舞袖翻，缘云清切歌声上。却忆年年人醉时，只今未醉已先悲。数茎白发那抛得，百罚深杯辞不辞。圣朝亦知贱士丑，一物但荷皇天慈。此身饮罢无归处，独立苍茫自咏诗。（《乐游园歌》）

《渼陂行》是天宝十三载与岑参兄弟游渼陂而作。"'此时骊龙'六句，凄怆之容，窈渺之思"[①]《乐游园歌》是在长安乐游园与贺兰杨长史游宴，醉中而作。是极欢宴时，不胜身世之感。《杜臆》云："'此身饮罢无归处'，境真语痛，非实历安得有此？"[②] 杜甫理想在残酷的现实面前，此时只剩得"却忆年年人醉时，只今未醉已先悲"。此"悲"中含"愤"，"圣朝亦知贱士丑"，杜甫自言处此"圣朝"，曰己"贱士"，乃愤

[①] 周敬、周珽辑，陈继儒等评点：《唐诗选脉会通评林》，明崇祯八年毂采斋刻本，陈伯海编《唐诗汇评》，浙江教育出版社1995年版，第934页。

[②] 王嗣奭：《杜臆》卷一，上海古籍出版社1983年版，第16页。

激之词，这是杜甫在理想与现实的冲突中真实心态的显露。即使在与郑虔游何将军山林时，在恬静幽雅的诗意中仍有"词赋工无益，山林迹未赊"（《陪郑广文游何将军山林十首》）的诗句出现，《杜臆》曰："卖书典宅，正见其穷，此愤激之词，非实语也。"①

面对自己怀才不遇，杜甫在长安诗作中，虽然"宁纡长者辙，归老任乾坤"（《赠比部萧郎中十兄》）、"浊酒寻陶令，丹砂访葛洪"（《奉寄河南韦尹丈人》）之类归隐之语颇多，"自断此生休问天，杜曲幸有桑麻田，故将移住南山边。短衣匹马随李广，看射猛虎终残年"（《曲江三章章五句》其三），"从此具扁舟，弥年逐清景"（《渼陂西南台》），"欲整还乡旆，长怀禁掖垣"（《奉留赠集贤院崔国辅于休烈二学士》）这类心理的表达频频出现。但道家出世思想的影响只是浅层，并未植根于杜甫思想的深处。安史之乱中，王维在作着"万户伤心生野烟，百官何日再朝天。秋槐花落空宫里，凝碧池头奏管弦"②的诗歌时，杜甫却以"麻鞋见天子"（《述怀》）的行为，昭示着儒家思想在其心中的主宰地位。杜甫对自己理想的执著，在社会责任感中的自我定位，使其对长安的遭遇不能释怀。儒家"天下有道则见，无道则隐"和"穷则独善其身"的思想对杜甫并没有产生很大的影响。"纨袴不饿死，儒冠多误身"（《奉赠韦左丞丈二十二韵》），"破胆遭前政，阴谋独秉钧。微生沾忌刻，万事益酸辛"（《奉赠鲜于京兆二十韵》），"儒术于我何有哉，孔丘盗跖俱尘埃"（《醉时歌》），这些愤激之词透露出杜甫当时真实的心理。王嗣奭曰："此篇总属不平之鸣，无可奈何之词，非真谓垂名无用，非真谓薄儒术，非真齐孔、跖，亦非真以酒为乐也。"③"儒冠误身""孔跖齐观""圣朝""贱士"之类反语的使用，"相如逸才亲涤器，子云识字终投阁"的自我安慰，更见杜甫心中"悲愤"之深。

3. 儒家仁学的导向作用——悲悯心态

"仁"是儒家思想的核心，既是个体的心理原则，又是实行王道的基

---

① 王嗣奭：《杜臆》卷一，上海古籍出版社1983年版，第21页。
② 王维：《菩提寺禁裴迪来相看说逆贼等凝碧池上作音乐供奉人等举声便一时泪下私成口号诵示裴迪》，《全唐诗》卷一二八，第1307—1308页。
③ 王嗣奭：《杜臆》卷一，上海古籍出版社1983年版，第23页。

础。在《论语》中，孔子把"孝悌"作为仁的基础，把"亲亲尊尊"作为仁的标准。由"亲"及人，由"爱有差等"而"泛爱众"，由"亲亲"而"仁民"。把实行仁政的政治目标与个体情感的内在需求相联系，使"仁"既是历史责任感又属主体能动性。孟子在继承孔子仁学的思想体系的同时，把"仁"建立在"不忍人之心"的心理原则上。

人皆有不忍人之心。先王有不忍人之心，斯有不忍人之政矣。以不忍人之心，行不忍人之政，治天下可运之掌上。①

老吾老，以及人之老；幼吾幼，以及人之幼。天下可运于掌。……故推恩足以保四海，不推恩无以保妻子。②

孟子认为这种"不忍人之心"是"仁"的萌芽，即"恻隐之心，仁之端也"。③"孟子把孔子的'推己及人'的所谓'忠恕之道'极大地扩展了，使它竟成了'治国平天下'的基础。"④杜甫一生服膺儒学，他在诗文中不仅以儒者自居（"纨袴不饿死，儒冠多误身"，"有儒愁饿死，早晚报平津"，"江汉思归客，乾坤一腐儒"，等等），而且也以"醇儒"（'学业醇儒富，辞华哲匠能'）、"旧儒"（"左辖频虚位，今年得旧儒"）称颂友人。儒家思想是杜甫思想的主要构成，杜甫《祭远祖当阳君文》曰："不敢忘本，不敢违仁。"杜甫以诗作和具体行为对儒家之"仁"做出了最佳诠释。

在长安十年中，如果说制举下第使杜甫对当权者有了清醒的认识，那么宴乐活动则增加了杜甫对上层社会的更为具体的感受。

落日放船好，轻风生浪迟。竹深留客处，荷净纳凉时。公子调冰水，佳人雪藕丝。片云头上黑，应是雨催诗。

雨来沾席上，风急打船头。越女红裙湿，燕姬翠黛愁。缆侵堤

---

① 杨伯峻：《孟子译注》，中华书局1960年版，第79页。
② 同上书，第16页。
③ 同上书，第80页。
④ 李泽厚：《新版中国古代思想史》，天津社会科学院出版社2008年版，第39页。

柳系,幔卷浪花浮。归路翻萧飒,陂塘五月秋。(《陪诸贵公子丈八沟携妓纳凉晚际遇雨二首》)

乐游古园崒森爽,烟绵碧草萋萋长。公子华筵势最高,秦川对酒平如掌。长生木瓢示真率,更调鞍马狂欢赏。青春波浪芙蓉园,白日雷霆夹城仗。阊阖晴开䀰荡荡,曲江翠幙排银牓。拂水低回舞袖翻,缘云清切歌声上。(《乐游园歌》)

三月三日天气新,长安水边多丽人。态浓意远淑且真,肌理细腻骨肉匀。绣罗衣裳照莫春,蹙金孔雀银麒麟。头上何所有?翠微盍叶垂鬓唇。背后何所见?珠压腰衱稳称身。就中云幕椒房亲,赐名大国虢与秦。紫驼之峰出翠釜,水精之盘行素鳞。犀箸厌饫久未下,鸾刀缕切空纷纶。黄门飞鞚不动尘,御厨络绎送八珍。箫管哀吟感鬼神,宾从杂遝实要津。后来鞍马何逡巡,当轩下马入锦茵。杨花雪落覆白苹,青鸟飞去衔红巾。炙手可热势绝伦,慎莫近前丞相瞋。(《丽人行》)

瑶池气郁律,羽林相摩戛。君臣留欢娱,乐动殷胶葛。赐浴皆长缨,与宴非短褐。彤庭所分帛,本自寒女出。鞭挞其夫家,聚敛贡城阙。圣人筐篚恩,实愿邦国活。臣如忽至理,君岂弃此物。多士盈朝廷,仁者宜战栗。况闻内金盘,尽在卫霍室。中堂有神仙,烟雾蒙玉质。暖客貂鼠裘,悲管逐清瑟。劝客驼蹄羹,霜橙压香橘。(《自京赴奉先县咏怀五百字》)

从以上宴乐诗中可以看出杜甫对上层社会的描写有两点:其一,奸臣当道,政治腐败。"炙手可热势绝伦,慎莫近前丞相瞋",仇兆鳌曰:"末乃指言国忠,形容其烜赫声势也。秦、虢前行,国忠殿后,鞍马逡巡,见拥护填街,按辔徐行之象。当轩下马,见意气洋洋,旁若无人之状。……游人不敢仰视也,一时气焰可畏如此。"[1] 此诗作于天宝十二载(753),天宝十一载李林甫死后杨国忠专权,二人在专权、排除异己上并无本质的区别。李林甫专政期间,"媚事左右,迎合上意,以固其宠;杜

---

[1] 仇兆鳌:《杜诗详注》卷二,中华书局1979年版,第160页。

绝言路，掩蔽聪明，以成其奸；妒贤疾能，排抑胜己，以保其位；屡起大狱，诛逐贵臣，以张其势。自皇太子以下，畏之侧足"。① 杜甫就是李林甫在天宝六载制造的"野无余贤"闹剧的直接牺牲品。杨国忠与之相比，手段没有李林甫高明，但性质不变。《资治通鉴》记载："国忠为人强辩而轻躁，无威仪。既为相，以天下为己任，裁决机务，果敢不疑；居朝廷，攘袂扼腕，公卿以下，颐指气使，莫不震慑。自侍御史至为相，凡领四十馀使。台省官有才行时名，不为己用者，皆出之。"② 天宝十二载，"十二月，杨国忠欲收人望，建议：'文部选人，无问贤不肖，选深者留之，依资据阙注官。'滞淹者翕然称之。国忠凡所施置，皆曲徇时人所欲，故颇得众誉。"③ "及杨国忠以宰相领文部尚书，欲自示精敏，乃遣令史先于私第密定名阙。"④ 而唐玄宗"晚年自恃承平，以为天下无复可忧，遂深居禁中，专以声色自娱，悉委政事于林甫"。⑤ 玄宗早期励精图治、重视人才，多次于含元殿、洛城南门楼、兴庆门亲自策试举子。至天宝年间，玄宗的下诏求贤已成为粉饰太平、表现政治清明的幌子。

其二，统治者享乐奢侈无度。曲江游宴，贵妃姐妹着装通体华贵，面对"紫驼之峰出翠釜，水精之盘行素鳞"，犹是"犀箸厌饫久未下"。玄宗华清宫宴饮，"君臣留欢娱，乐动殷胶葛。赐浴皆长缨，与宴非短褐"。宴会之上，"况闻内金盘，尽在卫霍室。中堂有神仙，烟雾蒙玉质。暖客貂鼠裘，悲管逐清瑟。劝客驼蹄羹，霜橙压香橘"。仇兆鳌引朱鹤龄言曰："勋戚奢侈而不念民穷，其致乱盖有由矣。"⑥ 浦起龙评价《乐游园》曰："'青春'六句，一气读。虽纪游，实感事也。是时诸杨专宠，宫禁荡轶，舆马填塞，幄幕云布，读此如目击矣。"⑦ 统治者豪奢无度，其背后是以民脂民膏作为支撑。善敛民财的臣子因能满足主上的需求而

---

① 司马光：《资治通鉴》卷一一六，中华书局1956年版，第6914页。
② 同上书，第6914—6915页。
③ 同上书，第6916页。
④ 同上书，第6917页。
⑤ 同上书，第6914页。
⑥ 仇兆鳌：《杜诗详注》卷四，中华书局1979年版，第270页。
⑦ 浦起龙：《读杜心解》，中华书局1961年版，第230页。

受重用。《资治通鉴》载："上（玄宗）在位久，用度日侈，后宫赏赐无节，不欲数于左、右藏取之。铦探知上指，岁贡额外钱百亿万，贮于内库，以供宫中宴赐，曰：'此皆不出于租庸调，无预经费。'上以铦为能富国，益厚遇之。铦务为割剥以求媚，中外嗟怨。丙子，以铦为御史中丞、京畿采访使。"①

面对玄宗与尧舜、李杨与尹吕的巨大反差，历史使命感和社会责任感使杜甫悲的心理不再局限于对个人遭遇的悲愤和人格压抑的酸辛，而是把眼光投注在人民和君国上。对苍生的怜悯和对君国的忧虑构成了杜甫悲悯心态的主要内容。

> 边庭流血成海水，武皇开边意未已。君不闻，汉家山东二百州，千村万落生荆杞。纵有健妇把锄犁，禾生陇亩无东西。况复秦兵耐苦战，被驱不异犬与鸡。（《兵车行》）
>
> 吁嗟乎苍生，稼穑不可救。安得诛云师，畴能补天漏。大明韬日月，旷野号禽兽。君子强逶迤，小人困驰骤。（《九日寄岑参》）
>
> 高标跨苍穹，烈风无时休。自非旷士怀，登兹翻百忧。（《同诸公登慈恩寺塔》）
>
> 朱门酒肉臭，路有冻死骨。荣枯咫尺异，惆怅难再述。……生常免租税，名不隶征伐。抚迹犹酸辛，平人固骚屑。默思失业徒，因念远戍卒。忧端齐终南，澒洞不可掇。（《自京赴奉先县咏怀五百字》）

此类悲民忧国的诗句在杜诗中不胜枚举，杜甫在后世深入人心的是"中原未得平安报，醉里眉攒万国愁"和"穷年忧黎元，叹息肠内热"的形象。杜甫长安十年的遭遇使其"悲悯"心态的内涵不再局限于孔孟的范围。在孔孟的"仁政爱民"思想中，"爱民"是"仁政"的手段，对人民施以仁爱之心的最终目的是实现儒家所谓的"王道"，其实质是为统治者服务。杜甫入长安之前所作《临邑舍弟书至苦雨黄河泛溢堤防之患

---

① 司马光：《资治通鉴》二一五，中华书局1956年版，第6869页。

簿领所忧因寄此诗用宽其意》诗中的苦雨忧民之叹,出发点即是如此。此诗与长安所作"君不见,青海头,古来白骨无人收。新鬼烦冤旧鬼哭,天阴雨湿声啾啾"(《兵车行》)、"彤庭所分帛,本自寒女出"(《自京赴奉先县咏怀五百字》)等诗句相比,其思想的深度不可同日而语。长安十年使杜甫的悲悯心态不仅建立在对现实清醒的认识上,更是建立在对人民悲苦生活的深切体验上。在宴乐活动中对上层社会的具体认识,加深了在杜甫心中权贵与人民的强烈对比,从而使杜甫写出"朱门酒肉臭,路有冻死骨"(《自京赴奉先县咏怀五百字》)的千古绝唱,也使杜诗在诠释儒家仁学上以手段超越了目的。

个体人格压抑的悲辛、现实与理想冲突中的悲愤、悯苍生忧君国的悲悯,构成了杜甫长安十年中以"悲"为主体的心理结构。这也是杜甫诗中宴乐悲美风格的主观因素。在审美生发之始,既定的心理构成使审美主体对引起情兴的外物有一定的选择,主体总是乐于接受那些符合自己既定的人格倾向和心理结构的事物,对它们的感受特别灵敏,并与之发生强烈的共鸣。本身即具有"悲"的特质的宴乐,就较易于与杜甫产生心灵的碰撞,"悲"成为杜甫与宴乐发生共鸣的契合点,具有悲美风格的宴乐也就成为杜甫抒发感情的载体,也成为杜诗中一类独特的意象。

杜甫的为人近于屈原,使其无法从悲的心理结构中走出,如陶渊明、苏轼般放怀自遣。缪钺在《诗词散论》中曰:

> 盖诗以情为主,故诗人皆深于哀乐,而又有两种殊异之方式,一为入而能出,一为往而不返,入而能出者超旷,往而不返者缠绵,庄子与屈原恰好为此两种诗人之代表。……惟庄子虽深于哀乐,而不滞于哀乐,虽善感而又能自遣。屈原则不然,其用情专一,沉绵深曲,生平忠君爱国,当遭谗被放之后,犹悱恻思君,潺湲流涕,忧伤悼痛,不能自已。……盖庄子之用情,如蜻蜓点水,旋点旋飞;屈原之用情,则如春蚕作茧,愈缚愈紧。自汉魏以降之诗人,率不出此两种典型,或偏近于庄,或偏近于屈,或兼具庄、屈两种成分,而其分配之比例又因人而异,遂有种种不同之方式,而以近于屈者

为多，如曹植、阮籍、谢灵运、谢朓、张九龄、杜甫、柳宗元等皆是。①

由此可见，"悲"郁结于胸，层积的"悲"成了杜甫的主要心理结构。不仅在长安，漂流巴蜀湖湘亦是如此，只是内涵有所不同。这种心理结构对杜甫创作的影响，主要体现在三个方面：首先，悲的情感体验造成的杜甫独特的思维方式使其较易于选择悲愁的意象作为情感载体。在长安所作诗中不仅有"哀丝""悲管"之类的听觉意象，更有"饥鹰""哀鸿""残花""白发""秋风""孤鸿"等孤愁的视觉意象。这类意象出现的频率以及在组合中密集的程度与安史之乱后的诗作比较，还处于形成期。安史之乱之后，杜诗逐渐形成了充满悲愁之意的固定的意象群，如"秋"："渭水逶迤白日静，陇山萧瑟秋云高。"（《近闻》）"萧萧古塞冷，漠漠秋云低。"（《秦州杂诗二十首》）"不见秋云动，悲风稍稍飞。"（《秋笛》）"万壑树声满，千崖秋气高。"（《王阆州筵奉酬十一舅惜别之作》）"曲江萧条秋气高，菱荷枯折随风涛。"（《曲江三章章五句》）"清秋幕府井梧寒，独宿江城蜡炬残。"（《宿府》）在萧瑟的秋风中，衬托出杜甫乱世的哀愁和个人迟暮之感。其他如病马、瘦马、病柏、病橘、枯棕、枯柟也是杜诗典型的意象群。在杜甫后期诗中这些意象结合紧密，创造出深沉、凝重而阔大的意境，如《登高》即是这方面的杰作。其次，这种心理结构是杜诗沉郁顿挫风格形成的心理基础。杜诗中九曲回肠的缠绵郁结之情和杜甫"人溺己溺"的阔大胸怀，使杜诗呈现出沉郁顿挫的风格。再次，悲的心态使杜甫创作眼光下移，开启了杜甫诗歌写实的创作倾向。自长安后杜诗逐渐倾向于对人民苦难生活状态的描绘上，此心态与杜甫笃实的性格相结合，逐渐形成以叙事为主要特征的现实主义创作模式，至安史之乱期间，杜甫颠沛流离的苦难经历使之创作出大量叙写现实的作品，最终奠定了杜诗在中国文学史上的"诗史"地位。

---

① 缪钺：《诗词散论·论李义山诗》，陕西师范大学出版社2008年版，第21—22页。

第四章

乱世长安文化与杜诗

唐代天宝后期,社会繁华的背后是危机四伏。承平世界已如绚烂美丽的海市蜃楼,掩盖其下的是政治腐败、民不聊生。深沉的忧患意识和敏锐的政治洞察力使杜甫对唐王朝的将来充满忧虑,天宝十三载(754),杜甫与储光羲、高适、岑参、薛据同登慈恩寺塔,共作同题诗《同诸公登慈恩寺塔》,唯有杜甫写下"自非旷士怀,登兹翻百忧",社会矛盾的加剧,终致安史之乱的爆发。对于唐王朝而言,安史之乱是一次巨大的破坏,此后唐朝坠入藩镇割据、宦官专权的深渊,贞观之治、开元盛世的局面一去不返。

安史之乱爆发,长安沦陷,这一时期长安文化较为明显的变化是儒释道思想格局发生了改变。

儒释道三种思想并存是长安文化包容性特征的体现。安史之乱之前,唐太宗尊老子为祖,使道家地位显著提高。武则天对佛教的提倡使长安佛寺林立,崇佛成风。狄仁杰在向武则天上疏中曰:

> 今之伽蓝,制过宫阙,穷奢极壮,画缋尽工,宝珠殚于缀饰,环材竭于轮奂。工不使鬼,止在役人,物不天来,终须地出,不损百姓,将何以求?生之有时,用之无度,编户所奉,常若不充,痛切肌肤,不辞箠楚。游僧一说,矫陈祸福,剪发解衣,仍渐其少。亦有离间骨肉,事均路人,身自纳妻,谓无彼我。皆托佛法,诖误生人。里陌动有经坊,阛阓亦立精舍。化诱倍急,切于官征;法事所须,严于制敕。膏腴美业,倍取其多。水碾庄园,数亦非少,逃

丁避罪,并集法门,无名之僧,凡有几万,都下检括,已得数千。且一夫不耕,犹受其弊,浮食者众,又劫人财。臣每思惟,实所悲痛。①

此论可见长安崇佛之风的高涨。道教发展至玄宗达到高峰,玄宗不仅屡次给老子追加封号,而且把《老子》《庄子》列入科举考试项目。故"在八世纪上半叶,过去作为边缘的佛教、道教,却成为那个时代最活跃的、最富于生机的知识、思想与信仰,过去并不占主流的异族生活方式与观念形态,也渐渐成为那个时代最新鲜、最风行的时尚,仿佛春秋战国时期的那句话说的一样'南夷与北狄交,中国不绝若线',支脉对主流,边缘对中心,已经形成了无言的威胁"。②虽然太宗、玄宗等亦有重视儒家的举措,但与对佛道的推崇相比较,显得微不足道,所以就三教实际的社会影响和势力而言,应是佛教第一,道教第二,儒家居末。③在社会的普遍风气中,士子只重对儒家经典的记诵而对其经意不求甚解。"过去推崇的笃实庄重的经学,渐渐被轻浮华丽的文学所替代,射策的题目和答案常常如同儿戏,行卷的文章倒比严肃的著述更容易赢得声誉,诗歌的写作成了殚精竭虑的主课,声韵讲究的赋体表达着并不深刻的意思。文学是这个时代的风尚,知识与思想的生产与再生产,常常要依赖装饰性的文学词语的推陈出新来维持着它的过程,人们把更多的精力放在文词的琢磨、故事的构思、声韵的推敲上,在文学上的争奇斗艳,使得知识充满装饰的意味,思想变成包装的工具,整个社会都弥漫着一种非学术化的趋向。"④在唐代帝王的引领下,长安的儒学相对处于衰落的状态。

天宝末期,已经有儒学之士如萧颖士、贾至等针对儒学的衰落,开始提出宗经重道的主张。安史之乱的爆发,更是加剧了儒学复兴的进程,从而改变了长安儒释道三种思想的格局,儒家思想开始跃居首位。

---

① 刘昫:《旧唐书》卷八九,中华书局1975年版,第2893—2894页。
② 葛兆光:《中国思想史》第二卷,复旦大学出版社2004年版,第13页。
③ 任继愈:《中国哲学发展史·隋唐卷·绪论》,人民出版社1994年版,第19页。
④ 葛兆光:《中国思想史》第二卷,复旦大学出版社2004年版,第22页。

安史之乱爆发之后，儒学之士开始反思致乱之由。杨琯上疏曰：

> 近炀帝始置进士之科，当时犹试策而已。至高宗朝，刘思立为考功员外郎，又奏进士加杂文，明经填帖，从此积弊，浸转成俗。幼能就学，皆诵当代之诗。长而博文，不越诸家之集。递相党与，用致虚声，《六经》则未尝开卷，《三史》则皆同挂壁。况复征以孔门之道，责其君子之儒者哉！祖习既深，奔竞为务。矜者曾无愧色，勇进者但欲凌人，以毁讟为常谈，以向背为己任。投刺干谒，驱驰于要津。露才扬己，喧腾于当代。古之贤良方正，岂有如此者乎。朝之公卿，以此待士，家之长老，以此垂训。欲其返淳朴，怀礼让，守忠信，识廉隅，何可得也。譬之于水，其流已浊，若不澄本，何当复清。方今圣德御天，再宁寰宇，四海之内，颙颙向化，皆延颈举踵，思圣朝之理也。不以此时而理之，则太平之政又乖矣。①

杨琯认为儒学的衰落，世人对儒家伦理纲常的忽视，是引起安史之乱的根本原因。贾至、刘峣上等皆有此论。儒家的救世思想成为这一时期的主流，爱国思想空前高涨，这些也引起了文学观的变化。要求文学反映时事，抒写民生疾苦，强调文学的政教经世作用；反对不合时宜的骈俪文体，倡导散体化。文学的创作风格已由盛唐诗人所体现的独创新奇的艺术性和兼容并蓄的开阔气象转向了平易流利和单一务实的现实主义创作，从而成为元白讽喻诗创作与韩柳古文运动的先声。

坚持以儒家思想为立身之本的杜甫更是在社会动乱外因的刺激下，在长安儒学复兴的思潮中，其思想与诗歌发生了巨大变化。杜甫一生可划分为三个时期：盛唐长安时期、安史之乱时期、漂泊巴蜀湖湘时期，安史之乱时期是杜甫儒家思想最为高昂的时期。在安史之乱时期杜甫在长安的诗歌中，既无"儒术于我何有哉，孔丘盗跖俱尘埃"（《醉时歌》）的愤激之词，也未有"未试囊中餐玉法，明朝且入蓝田山"（《去矣行》）的隐居之意。儒家的救世思想在这一时期杜甫心中占据首位，所以，杜

---

① 刘昫：《旧唐书》卷一一九，中华书局1975年版，第3430—3431页。

甫能在历经艰险逃归凤翔，并且反映事实的诗作在这一时期激增。这一时期的杜诗突出表现了所受长安文化世俗精神的影响。

第一节 杜甫"致君"理想的实现

一 杜甫授职左拾遗

天宝年间，安禄山身兼范阳节度使、平卢节度使、河东节度使、云中太守兼充河东节度采访使等数职，深受玄宗恩宠，故太子李亨、杨国忠数言安禄山欲反，而玄宗犹言："禄山，朕推心待之，必无异志。东北二虏，藉其镇遏。朕自保之，卿等勿忧也！"① 天宝十四载（755）十一月九日，以讨杨国忠为名，"禄山发所部兵及同罗、奚、契丹、室韦凡十五万众，号二十万，反于范阳"。② 时玄宗尚在骊山华清宫，反书至长安，帝犹未信。"禄山乘铁舆，步骑精锐，烟尘千里，鼓噪震地。时海内久承平，百姓累世不识兵革，猝闻范阳兵起，远近震骇。河北皆禄山统内，所过州县，望风瓦解。守令或开门出迎，或弃城窜匿，或为所擒戮，无敢拒之者。"③

高仙芝、封常清新募之兵多市井子弟，面对安禄山精兵，多败绩。"高仙芝之东征也，监军边令诚数以事干之，仙芝多不从。令诚入奏事，具言仙芝、常清桡败之状，且云：'常清以贼摇众，而仙芝弃陕地数百里，又盗减军士粮赐。'上大怒，癸卯，遣令诚赍敕即军中斩仙芝及常清。"④ 时局危乱，正值用人之际，而曾立下赫赫战功的高仙芝、封常清却被宦官所诬，惨遭杀戮。

天宝十四载（755）十二月，安禄山攻陷洛阳。玄宗命哥舒翰守潼关，"国忠疑翰谋己，言于上，以贼方无备，而翰逗留，将失机会。上以为然，续遣中使趣之，项背相望。翰不得已，抚膺恸哭；丙戌，引兵出

---

① 司马光：《资治通鉴》卷二一七，中华书局1956年版，第6930页。
② 同上书，第6934页。
③ 同上书，第6935页。
④ 同上书，第6942页。

关"。① 十五载六月，哥舒翰遇崔乾祐之军于灵宝西原。

> 翰以毡车驾马为前驱，欲以冲贼。日过中，东风暴急，乾祐以草车数十乘塞毡车之前，纵火焚之，烟焰所被，官军不能开目，妄自相杀，谓贼在烟中，聚弓弩而射之。日暮，矢尽，乃知无贼。乾祐遣同罗精骑自南山过，出官军之后击之，官军首尾骇乱，不知所备，于是大败；或弃甲窜匿山谷，或相挤排入河溺死，嚣声振天地，贼乘胜蹙之。后军见前军败，皆自溃，河北军望之亦溃。②

哥舒翰被擒，潼关陷落，长安落于安禄山之手。在潼关攻破之时，玄宗逃出长安，奔蜀地。"（上）独与贵妃姊妹、皇子、妃、主、皇孙、杨国忠、韦见素、魏方进、陈玄礼及亲近宦官、宫人出延秋门，妃、主、皇孙之在外者，皆委之而去。"③ 马嵬坡政变后，玄宗将入蜀。"及行，父老皆遮道请留，曰：'宫阙，陛下家居，陵寝，陛下坟墓，今舍此，欲何之？'上为之按辔久之，乃命太子于后宣慰父老。父老因曰：'至尊既不肯留，某等愿帅子弟从殿下东破贼，取长安。若殿下与至尊皆入蜀，使中原百姓谁为之主？'须臾，众至数千人。"④ "广平王俶亦劝太子留。父老共拥太子马，不得行。"⑤ 于是玄宗"乃分后军二千人及飞龙厩马从太子，且谕将士曰：'太子仁孝，可奉宗庙，汝曹善辅佐之。'"⑥

玄宗幸蜀后，太子李亨天宝十五载七月在灵武即位。"时塞上精兵皆选入讨贼，惟余老弱守边，文武官不满三十人，披草莱，立朝廷，制度草创，武人骄慢。"⑦ 五月间，杜甫至奉先避难，携家往白水，寄居舅父崔十九高斋，《白水崔少府十九翁高斋三十韵》一诗中"兵气涨林峦，川

---

① 司马光：《资治通鉴》卷二一八，中华书局1956年版，第6967页。
② 同上书，第6968—6969页。
③ 同上书，第6971页。
④ 同上书，第6975页。
⑤ 同上书，第6976页。
⑥ 同上。
⑦ 同上书，第6983页。

光杂锋镝"和"烟氛霭崷崒,魍魉森惨戚",是当时战乱频仍的真实反映。六月,杜甫自白水,取道华原,赴鄜州,途经三川,作《三川观水涨二十韵》。七月,闻肃宗在灵武即位,孑身奔赴行在所灵武。从杜甫所作《哀王孙》《春望》《月夜》等诗可见,杜甫在奔赴灵武途中为叛军所擒,押赴长安。

杜甫陷于长安约八个月,目睹了安史叛军对长安的破坏。"禄山闻向日百姓乘乱多盗库物,既得长安,命大索三日,并其私财尽掠之。又令府县推按,铢两之物无不穷治,连引搜捕,支蔓无穷,民间骚然,益思唐室。"[1] 安禄山不仅对长安财物大肆掠夺,而且进行了血腥屠杀。"禄山命搜捕百官、宦者、宫女等,每获数百人,辄以兵卫送洛阳。王、侯、将、相扈从车驾、家留长安者,诛及婴孩。"[2] 为报玄宗杀其子安庆宗之仇,"安禄山使孙孝哲杀霍国长公主及王妃、驸马等于崇仁坊,刳其心,以祭安庆宗。凡杨国忠、高力士之党及禄山素所恶者皆杀之,凡八十三人,或以铁棓揭其脑盖,流血满街。己巳,又杀皇孙及郡、县主二十馀人"。[3] "昨夜东风吹血腥,东来橐驼满旧都"(《哀王孙》)、"群胡归来雪洗箭,仍唱夷歌饮都市"(《悲陈陶》),是当时长安境况的真实写照。

安禄山占领长安后,不思恤民,反而为一己之私,肆意破坏,故民心向唐,"都人回面向北啼,日夜更望官军至"(《悲陈陶》)。至德二载(757)二月,"上(肃宗)至凤翔旬日,陇右、河西、安西、西域之兵皆会,江、淮庸调亦至洋川、汉中,上自散关通表成都,信使骆驿。长安人闻车驾至,从贼中自拔而来者日夜不绝"[4],杜甫即是其中之一。四月,杜甫从长安金光门逃出,奔凤翔。后来上任华州司功参军时,亦出此门,有诗《至德二载甫自京金光门出间道归凤翔乾元初从左拾遗移华州掾与亲故别因出此门有悲往事》忆及此事,曰:"此道昔归顺,西郊胡正繁。至今犹破胆,应有未招魂。"《自京窜至凤翔喜达行在所》记录了杜甫从长安逃归凤翔的真实感受。

---

[1] 司马光:《资治通鉴》卷二一八,中华书局1956年版,第6994页。
[2] 同上书,第6980页。
[3] 同上书,第6984页。
[4] 司马光:《资治通鉴》卷二一九,中华书局1956年版,第7018页。

西忆岐阳信，无人遂却回。眼穿当落日，心死著寒灰。茂树行相引，连山望忽开。所亲惊老瘦，辛苦贼中来。（其一）

愁思胡笳夕，凄凉汉苑春。生还今日事，间道暂时人。司隶章初睹，南阳气已新。喜心翻倒极，呜咽泪沾巾。（其二）

死去凭谁报，归来始自怜。犹瞻太白雪，喜遇武功天。影静千官里，心苏七校前。今朝汉社稷，新数中兴年。（其三）

"眼穿""心死"，极言杜甫贼中思唐室之切；"胡笳""汉苑"，追言贼中愁悴之感；"影静""心苏"，使人想见途中种种奔窜惊危之状。肝胆肺腑，不假雕饰。

杜甫至凤翔，"麻鞋见天子，衣袖见两肘"。至德二载（757）五月十六日，杜甫拜左拾遗。钱谦益在《述怀一首》注文中记载了唐授杜甫左拾遗诰：

襄阳杜甫，尔之才德，朕深知之。今特命为宣义郎行在左拾遗。授职之后，宜勤是职，毋怠！

命中书侍郎张镐齎符告谕，至德二载五月十六日行。右敕用黄纸，高广皆可四尺，字大二寸许。年月有御宝，宝方五寸许。今藏湖广岳州府平江县裔孙杜富家。①

左拾遗，唐前无此官职，武后时设立。《旧唐书·职官志二》记载："左补阙二员，从七品上。左拾遗二员。从八品上。古无此官名。天后垂拱元年二月二十九日敕：'记言书事，每切于旁求；补阙拾遗，未弘于注选。瞻言共理，必藉众才，寄以登贤，期之进善。宜置左右补阙各二员，从七品上，左右拾遗各二员，从八品上，掌供奉讽谏，行立次左右史之下。仍附于令。'天授二年二月，加置三员，通前五员。大历四年，补阙、拾遗，各置内供奉两员。七年五月十一日敕，补阙、拾遗，宜各置

---

① 钱谦益：《钱注杜诗》卷二，上海古籍出版社1958年版，第51页。

两员也。"① 其职责主要是"掌供奉讽谏，扈从乘舆。凡发令举事，有不便于时，不合于道，大则廷议，小则上封。若贤良之遗滞于下，忠孝之不闻于上，则条其事状而荐言之"。②

二 杜甫对左拾遗一职的心理认同

安史之乱爆发前杜甫长安十年求仕，最终得右卫率府兵曹之职，此与杜甫实现"致君尧舜上，再使风俗淳"的理想相去甚远，为生计杜甫最终接受了这个官职，并作《官定后戏赠》以自嘲："不作河西尉，凄凉为折腰。老夫怕趋走，率府且逍遥。耽酒须微禄，狂歌托圣朝。故山归兴尽，回首向风飙。""曰'向风飙'，知率府亦非所欲，为贫而仕，不得已也。不平之意，具在言外。"③一"且"字充分道出杜甫对此职的不满以及出任此职的无奈。杜甫任职左拾遗的心态与任右卫率府兵曹有着天壤之别。相反，杜甫对左拾遗之职有着极深的心理认同，主要表现在以下三个方面。

（一）授职左拾遗，感激涕零

左拾遗，属谏官，尽管品位较低，从八品上，但能"扈从乘舆"，随侍皇上左右，是皇帝近臣。对皇上"发令举事，有不便于时，不合于道"者，能拾失补遗。"若贤良之遗滞于下，忠孝之不闻于上，则条其事状而荐言之"。对皇上成为尧舜之君，有着更直接的促进作用。儒家思想中，"王道""仁政"的直接实施者是帝王，只有"致君尧舜上"，才能"再使风俗淳"，故千百年来，士子都把辅佐君主，使之贤能，作为终生奋斗的理想。终身服膺儒学的杜甫，自然更是如此。作于凤翔的《述怀》一诗，可窥见杜甫在初授左拾遗的心理。

去年潼关破，妻子隔绝久。今夏草木长，脱身得西走。麻鞋见天子，衣袖见两肘。朝廷愍生还，亲故伤老丑。涕泪受拾遗，流离

---

① 刘昫：《旧唐书》卷四三，中华书局1975年版，第1845页。
② 同上。
③ 王嗣奭：《杜臆》卷一，上海古籍出版社1983年版，第38页。

主恩厚。柴门虽得去,未忍即开口。寄书问三川,不知家在否?比闻同罹祸,杀戮到鸡狗。

"愍"字表示朝廷垂怜之意,杜甫以"涕泪受拾遗,流离主恩厚"之句,表达自己对唐肃宗朝廷的感激之情。长安十年"朝扣富儿门,暮随肥马尘"的努力没有让杜甫如愿以偿,此时杜甫四十六岁,已近暮年,却以"麻鞋见天子,衣袖见两肘"的忠心换得左拾遗之职。此职不止饱含杜甫求仕的辛酸,更让他看到实现理想的希望,授职左拾遗,杜甫感激、喜悦之情可知。

即使房琯事件使肃宗对杜甫有隙,杜甫在沾受皇恩时,仍然感激涕零。杜甫鄜州省家回长安后,仍任左拾遗之职,遇节日曾作诗《腊日》《端午日赐衣》。

腊日常年暖尚遥,今年腊日冻全消。侵陵雪色还萱草,漏泄春光有柳条。纵酒欲谋良夜醉,归家初散紫宸朝。口脂面药随恩泽,翠管银罂下九霄。

宫衣亦有名,端午被恩荣。细葛含风软,香罗叠雪轻。自天题处湿,当暑著来清。意内称长短,终身荷圣情。

此二首诗皆是为受到皇帝恩赐所写,虽然此事不过是朝廷在节日对臣下的赏赐,属于例行公事之举,但蕴含皇恩的口脂面药和细软轻柔的宫衣,使"荷圣情"的杜甫对朝廷充满感激。

(二)拾遗任上恪遵职守

安史之乱爆发之始,杨国忠曰:"今反者独禄山耳,将士皆不欲也。不过旬日,必传首诣行在。"[1] 时唐人多持此看法,认为安史之乱不过是边将反叛,不久即将平息,不会对唐王朝的统治造成威胁,受盛唐精神影响的杜甫更是坚信国家中兴将至。杜甫初至凤翔,形容肃宗朝廷"司隶章初睹,南阳气已新"(《自京窜至凤翔喜达行在所》)、"今朝汉社稷,

---

[1] 司马光:《资治通鉴》卷二一七,中华书局1956年版,第6935页。

新数中兴年"(《自京窜至凤翔喜达行在所》),用光武中兴比肃宗兴复。送别郑虔,亦曰"万里伤心严谴日,百年垂死中兴时"(《送郑十八虔贬台州司户伤其临老陷贼之故阙为面别情见于诗》)。同时,诗中亦多次用"中兴主"形容肃宗,如"陶唐歌遗民,后汉更列帝"(《送樊二十三侍御赴汉中判官》)、"近贺中兴主,神兵动朔方"(《送灵州李判官》)、"君诚中兴主,经纬固密勿"(《北征》)。

安史之乱,玄宗奔蜀,唐人把国家兴复的希望寄托在新主身上,于是尽力辅佐肃宗就成为有志之士努力所在。左拾遗之职给予杜甫匡世补阙的最佳途径,恪遵职守是杜甫对左拾遗心理认同的实际行为表现。类似上表之书的《北征》开始即曰:

拜辞诣阙下,怵惕久未出。虽乏谏诤姿,恐君有遗失。君诚中兴主,经纬固密勿。东胡反未已,臣甫愤所切。挥涕恋行在,道途犹恍惚。乾坤含疮痍,忧虞何时毕。

杜甫其始就本着"恐君有遗失"的谏诤之姿对待拾遗之职,对"不便于时,不合于道","若贤良之遗滞于下,忠孝之不闻于上"者,尽讽谏之责。

在拾遗任上所作诗中,多见杜甫忧君谏政之心。《春宿左省》是杜甫省家回长安后任左拾遗时所作,曰:

花隐掖垣暮,啾啾栖鸟过。星临万户动,月傍九霄多。不寝听金钥,因风想玉珂。明朝有封事,数问夜如何?

诗中尽忠之意,溢于言表,"金钥",指宫门钥匙。"不寝听金钥",杜甫恐宫门已经开启。"因风想玉珂",杜甫想象朝士上殿之景。"'明朝有封事,数问夜如何?'盖忧君欲谏之心切,则通夕为之不寐。想其犯颜逆耳,必不为身谋也。"[①] 抚民之爱,勤政为国之意,毕陈于此。

---

① 葛立方:《韵语阳秋》卷一一,上海古籍出版社1984年版,第135页。

《晚出左掖》亦是同时所作，是杜甫任职左拾遗一天的缩影。

> 昼刻传呼浅，春旗簇仗齐。退朝花底散，归院柳边迷。楼雪融城湿，宫云去殿低。避人焚谏草，骑马欲鸡栖。

左拾遗之职，是谏官，所属门下省，杜甫每日办公之处即在门下省。此诗记录了杜甫一天的任职情况。首二句言上朝面圣之景，三四句言退朝归门下省，五六句写省中春景，七八句写出门下省归家。"避人焚谏草，骑马欲鸡栖"，"谏草"，即谏书的草稿。杜甫归家之前，焚去谏草，以见任职态度之严谨。尽管杜甫以如此严谨的态度恪遵职守，但仍然唯恐没有为国君补过拾遗，《题省中壁》曰："腐儒衰晚谬通籍，退食迟回违寸心。衮职曾无一字补，许身愧比双南金。"尽显谏臣之体。

最能够体现杜甫恪遵职守的是疏救房琯一事。房琯为玄宗朝臣子，天宝十五载（756）与左相韦见素、门下侍郎崔涣等奉玄宗旨出使灵武，册立肃宗，为肃宗所重。琯好宾客，喜谈论，用兵素非所长，但肃宗采其虚声，授其兵马节度使等职，望其收复两京，结果造成唐军陈涛斜、青坂的惨败。《资治通鉴》"至德二年"条记载："房琯性高简，时国家多难，而琯多称病不朝谒，不以职事为意，日与庶子刘秩、谏议大夫李揖，高谈释、老，或听门客董庭兰鼓琴，庭兰以是大招权利。御史奏庭兰赃贿，丁巳，罢琯为太子少师。"① 房琯获罪是在至德二载（757）四五月间，杜甫五月十六日拜左拾遗，任职不久即为房琯事件不惜廷忤肃宗。《新唐书·杜甫本传》曰：

> （甫）与房琯为布衣交，琯时败陈涛斜，又以客董廷兰，罢宰相。甫上疏，言："罪细不宜免大臣。"帝怒，诏三司杂问。宰相张镐曰："甫若抵罪，绝言者路。"帝乃解。甫谢，且称："琯宰相子，少自树立为醇儒，有大臣体，时论许琯才堪公辅，陛下果委而相之，观其深念主忧，义形于色，然性失于简。酷嗜鼓琴，廷兰托琯门下，

---

① 司马光：《资治通鉴》二一九，中华书局1956年版，第7024页。

贫疾昏老，依倚为非，琯爱惜人情，一至玷污。臣叹其功名未就，志气挫衄，觊陛下弃细录大，所以冒死称述，涉近讦激，违忤圣心。陛下赦臣百死，再赐骸骨，天下之幸，非臣独蒙。"然帝自是不甚省录。①

杜甫在上疏中以"罪细不宜免大臣"为由，希望肃宗"弃细录大"。《新唐书·韦陟传》记载："会杜甫论房琯，词意迂慢，帝令陟与崔光远、颜真卿按之，陟奏：'甫言虽狂，不失谏臣体。'帝繇是疏之。"② 由此观之，杜甫当时上疏言辞激切，触怒肃宗，幸张镐、韦陟等搭救才免于之罪，但帝自是不甚省录，从此也埋下了杜甫受肃宗疏远的祸根。从杜甫《奉谢口敕放三司推问状》一文中可窥见当时杜甫进谏的态度："臣以陷身贼庭，愤惋成疾，实从间道，获谒龙颜。猾逆未除，愁痛难过，猥厕衮职，愿少裨补。"杜甫离开长安后言及此事，亦言"伏奏无成，终身愧耻"（《祭故相国清河房公文》）、"牵裾恨不死，漏网辱殊恩"（《建都十二韵》），在杜甫心中始终认为此次上疏是为履行谏臣职责，虽死不辞。申涵光曰："人亦有一时感激，事过辄悔者。公以不死为恨，真谏臣也。"③

（三）拾遗任上中期所作诗歌充满春容祥和之气

杜甫任职左拾遗约一年，期间所作诗歌可分为三个阶段：至德二载（757）五月拜左拾遗至十一月鄜州省家后归长安为初期；杜甫省家归长安至乾元元年（758）春贾至被贬汝州刺史为中期；乾元元年春至乾元元年六月杜甫出为华州司功参军为后期。

初期创作的主要地点在凤翔和鄜州，时两京未复，干戈未消，且杜甫颇怀为国效忠之想，故这个时期诗歌内容无论是勉励自己还是送别友人，大多以扫除胡乱、兴复唐室为主题，战争时局成为杜甫主要关注的对象。拾遗任上杜甫创作中期是体现杜甫对左拾遗之职心态的重点，下

---

① 欧阳修、宋祁：《新唐书》卷二〇一，中华书局1975年版，第5737页。
② 欧阳修、宋祁：《新唐书》卷一二二，中华书局1975年版，第4352页。
③ 仇兆鳌：《杜诗详注》卷九，中华书局1979年版，第776页。

有论述。乾元元年春贾至被贬是杜甫心态转变的一个分界线。贾至、严武、杜甫皆属房琯党。钱谦益在《送贾阁老出汝州》笺注中曰："贾至本传不载出守之故，杜有《别贾严二阁老》及《寄岳州两阁老》诗，知其为房琯党也。琯与武尚未贬，而先出至者，以普安郡制置天下之诏，至实当制，故先去之也。"① "按十五载八月，玄宗幸普安郡，制置天下之诏，房琯建议，而至当制，琯将贬而至先出守，其坐琯党无疑矣。"② 省家后在杜甫心中房琯事件已经过去，自己稳坐左拾遗之职，故初回长安时诗歌多描绘宫廷富丽之象，诗中充满舒缓从容之意。贾至被贬使杜甫警觉到自身的危难，同时也意识到尽"供奉讽谏"之责的艰难。初期"明朝有封事，数问夜如何"（《春宿左省》）的杜甫在后期却自言"问君话我为官在，头白昏昏只醉眠"（《因许八奉寄江宁旻上人》）、"纵饮久判人共弃，懒朝真与世相违。吏情更觉沧洲远，老大徒伤未拂衣"（《曲江对酒》），劝己"细推物理须行乐，何用浮名绊此身"（《曲江二首》其一），二者相差何其之大。

左拾遗之职与杜甫心理最为契合的是中期。杜甫鄜州省家归长安在至德二载（757）十二月左右。贾至由中书舍人出汝州刺史在两《唐书》贾至本传中均未记载，此事最早见于杜甫《送贾阁老出汝州》："西掖梧桐树，空留一院阴。艰难归故里，去住损春心。宫殿青门隔，云山紫逻深。人生五马贵，莫受二毛侵。"仇兆鳌曰："据此诗，贾出汝州在乾元元年之春。考《肃宗本纪》：九节度师溃，刺史贾至奔于襄邓，在次年三月，与此诗前后相合。"③ 贾至被贬之后，本年六月杜甫受房琯被贬之牵连亦出为华州司功参军。由此可见，该时期的创作时间大约五个月。因为两京已经恢复，此时国人士气大振，肃宗君臣回长安后便迫不及待地享受歌舞升平，著名宫廷诗《早朝大明宫呈两省僚友》（贾至）即写于此时。杜甫回长安后仍任左拾遗，君臣营造的承平气象使之没有预见后来的政治风波，相反却与贾至、岑参、王维诗酒唱和，写下诸多花团锦绣

---

① 钱谦益：《钱注杜诗》卷一〇，上海古籍出版社1958年版，第332页。
② 同上书，第364页。
③ 仇兆鳌：《杜诗详注》卷六，中华书局1979年版，第443页。

的宫廷诗歌，其雍容华贵的富丽气象，是其他时期绝无仅有的。诗中春容之气充分显示出杜甫踌躇满志之意以及对此时自身境况的满足。

陈贻焮曰："老杜从去年年底写《腊日》以来，由于暂时像是坐稳了京官，开始真正得到了身为近臣的荣宠，心里一高兴，也就接二连三地写起华丽的宫廷诗来了。他的《奉和贾至舍人早朝大明宫》就是其中最突出的一首。"①

> 五夜漏声催晓箭，九重春色醉仙桃。旌旗日暖龙蛇动，宫殿风微燕雀高。朝罢香烟携满袖，诗成珠玉在挥毫。欲知世掌丝纶美，池上于今有凤毛。

"'用醉仙桃'衬朝仪，'日暖''风微'，赞气象，'炉烟'拟宠荣，'珠玉'比才华。"②"旌旗日暖龙蛇动，宫殿风微燕雀高"，描景声才壮丽，妙复生动。最具有春容富丽之象的是《紫宸殿退朝口号》，曰：

> 户外昭容紫袖垂，双瞻御座引朝仪。香飘合殿春风转，花覆千官淑景移。昼漏稀闻高阁报，天颜有喜近臣知。宫中每出归东省，会送夔龙集凤池。

此诗情景宛然，写出皇家富丽。对此诗，历代多以"从容富丽"③"春容瑰丽"④"春容大雅"⑤ 来形容，"'天颜有喜近臣知'，无限恩幸，有味外

---

① 陈贻焮：《杜甫评传》，北京大学出版社2003年版，第379页。
② 刘文蔚辑注：《唐诗合选详解》，上海扫叶山房1917年石印本，陈伯海编《唐诗汇评》，浙江教育出版社1995年版，第1107页。
③ 高棅辑：《唐诗品汇》，上海古籍出版社1982年影印本，陈伯海编《唐诗汇评》，浙江教育出版社1995年版，第1101页。
④ 邢昉编：《唐风定》，贵阳邢氏思适斋1934年影明刻本，陈伯海编《唐诗汇评》，浙江教育出版社1995年版，第1101页。
⑤ 李因培选评，凌应曾注：《唐诗观澜集》，清乾隆二十四年刻本，陈伯海编《唐诗汇评》，浙江教育出版社1995年版，第1101页。

味"①，更是见出杜甫任职左拾遗的志得意满。

杜甫对平日办公之处——门下省也多有描述，"掖垣竹埤梧十寻，洞门对雪常阴阴。落花游丝白日静，鸣鸠乳燕青春深"(《题省中壁》)。浦起龙曰："'常阴阴'，从'梧十寻'见出。'静'字，'深'字，都从'常阴阴'见出。生意、乐意、恬适意，豪端流露；而省院之清邃，悠然可想也。"②出入"天门日射黄金榜，春殿晴曛赤羽旗。宫草霏霏承委珮，炉烟细细驻游丝"的宫殿间，杜甫"缓步归青琐"，"从容出每迟"，其踌躇满志之态可见。离开长安后杜甫在秦州回忆起这段生活，曰："月分梁汉米，春给水衡钱。内蕊繁于缬，宫莎软胜绵。恩荣同拜手，出入最随肩。晚著华堂醉，寒重绣被眠。謦欬兼秉烛，书枉满怀笺。"(《寄岳州贾司马六丈巴州严八使君两阁老五十韵》)诗中仍是悠然从容。

由上可见，杜甫对左拾遗之职有着极深的心理认同。作为近臣的荣宠，只是其心理认同的表面原因，关键是左拾遗之职，给予了杜甫"致君"的机会，使其"再使风俗淳"的理想和现实更为接近。

三 杜甫理想实现的原因探析

左拾遗是杜甫仕宦生涯中最为心理认同的官职，尽管为官时间短暂，但成为杜甫一生中最为惬意辉煌的经历。安史之乱爆发前，尽管社会存有各种矛盾，但毕竟不是战乱频仍。盛唐时期长安十年，应制举、干谒、献赋各种求仕方法杜甫皆用，但仍然没有得到理想的官职。反而，安史之乱却让杜甫如愿以偿。其中原因，可从以下三个方面探析。

(一) 新建肃宗朝纲纪未立，名器不轨

杜甫授职左拾遗是至德二载(757)五月，此时唐朝廷与安史叛军相比，处于劣势。相反，安史叛军气焰高涨。天宝十四载(755)十一月安史之乱爆发，十二月安禄山陷洛阳，在至德元载(756)六月攻破长安后，势力大振，"西胁汧、陇，南侵江、汉，北割河东之半"。③十月，叛

---

① 陆时雍辑：《唐诗镜》，《四库全书》本，陈伯海编《唐诗汇评》，浙江教育出版社1995年版，第1101页。
② 浦起龙：《读杜心解》，中华书局1961年版，第608—609页。
③ 司马光：《资治通鉴》卷二一八，中华书局1956年版，第6980页。

军在陈涛斜、青坂大败房琯。至德二载正月,安禄山在洛阳为其子安庆绪所杀,安庆绪即位。安禄山死后,唐军企图夺回长安,但五月长安城西清渠一役,唐军又败绩,军资器械,丧失殆尽,唐朝廷不得已向回纥求救。

面对突如其来的安史叛乱,玄宗逃奔蜀地,肃宗在灵武即位。"时塞上精兵皆选入讨贼,惟余老弱守边,文武官不满三十人,披草莱,立朝廷,制度草创,武人骄慢。大将管崇嗣在朝堂,背阙而坐,言笑自若。"①

国家危难之际,杜甫笔下的"中兴主"——肃宗此时一系列行为却显示其不过是一个"志微远略"的帝王。首先,不会知人善任。其突出的表现就是以有高志而无实才的房琯为帅,许之收复两京,造成陈涛斜的惨败。陈涛、青坂的惨败,不仅使唐军大伤元气,而且沉重挫伤了官军的士气。其次,目光短浅,无远谋。至德二载(757)五月清渠战役的惨败,使肃宗被迫向回纥求救。"初,帝欲得京师,与回纥约曰:'克城之日土地庶归唐,金帛女子皆归回纥。'"② 后收复洛阳,"回纥及西域诸胡纵兵大掠三日,军士为之向导,府库及士民之室皆空。回纥意犹未厌,倪患之。父老请率罗绵万匹以赂回纥,回纥乃止"。③ "肃宗姑务欲速,不为远谋,至使诸胡纵掠,与贼无异,其失民也不亦甚乎!……则倚戎狄以成功,与之共事,未有不为患者也。"④ 再次,兴国志微。"帝在彭原,廨舍隘狭,帝与张良娣博打子声闻于外,李泌言诸军奏报停壅,帝乃潜令刻乾树鸡为子,不欲有声。良娣以是怨泌。"⑤ 搏打子,是唐代游戏的一种。"明皇播迁于蜀,肃宗越在草莽,宗庙焚毁,社稷丘墟,此痛心尝胆之时也,而于军旅之中与妇人嬉戏,岂非以位为乐乎!肃宗之志不及远矣。享国不永,此其兆欤!"⑥

至德二载(757)二月,肃宗至凤翔。"关内节度使王思礼军武功,

---

① 司马光:《资治通鉴》卷二一八,中华书局1956年版,第6983页。
② 范祖禹:《唐鉴》卷六,上海古籍出版社1981年版,第153页。
③ 同上书,第153—154页。
④ 同上书,第154页。
⑤ 同上书,第152页。
⑥ 同上。

兵马使郭英乂军东原，王难得军西原。丁酉，安守忠等寇武功，郭英乂战不利，矢贯其颐而走；王难得望之不救，亦走；思礼退军扶风。贼游兵至大和关，去凤翔五十里，凤翔大骇，戒严。"① "偷取一时之安，不思永久之患"② 的肃宗，自然此时在铨选上名器不轨。《旧唐书》载：

> 初，肃宗在凤翔，丧乱之后，纲纪未立，兵吏三铨，簿籍煨烬，南曹选人，文符悉多伪滥，上以凶丑未灭，且示招怀，据到注拟，一无检括。见素曰："臣典选岁久，周知此弊。今寰区未复，员阙不多。若总无条纲，恐难持久。"上然之，未暇厘革。及还京，选人数千，补授无所，喧诉于朝，由是行见素之言。③

唐时选举官员，凡应试获选者先由尚书省登录，经考询后再按其才能拟定官职，称为"注拟"。肃宗即位后，陆续奔灵武、凤翔之人渐多，所到之人皆是"据到注拟，一无检括"，不经查察，即到即授予官职。当时新建肃宗朝不仅文官的铨选悉多伪滥，武将的任用亦是如此。

> 是时府库无蓄积，朝廷专以官爵赏功，诸将出征，皆给空名告身，自开府、特进、列卿、大将军，下至中郎、郎将，听临事注名。其后又听以信牒授人官爵，有至异姓王者。诸军但以职任相统摄，不复计官爵高下。及清渠之败，复以官爵收散卒。由是官爵轻而货重，大将军告身一通，才易一醉。凡应募入军者，一切衣金紫，至有朝士僮仆衣金紫，称大官，而执贱役者。名器之滥，至是而极焉。④

名器，即古代代表等级、地位的爵号和车服仪制，是帝王授职贤能之人进行治理国家的一种方式，岂可无论贤愚，才能与否，悉受官职？故范

---

① 司马光：《资治通鉴》卷二一九，中华书局1956年版，第7018—7019页。
② 司马光：《资治通鉴》卷二二〇，中华书局1956年版，第7065页。
③ 刘昫：《旧唐书》卷一〇八，中华书局1975年版，第3278页。
④ 司马光：《资治通鉴》卷二一九，中华书局1956年版，第7023—7024页。

祖禹曰："《传》曰：'不轨不物，谓之乱政。'官爵者，人君所以驭天下，不可以虚名而轻用也，君以为贵，则人贵之；君以为贱，则人贱之。难得而加于君子，则贵矣；易得而施之小人，则贱矣。肃宗欲以苟简成功，而滥假名器，轻于粪土，以乱政之极也。唐室之不竞，不亦宜哉。"①

（二）唐朝廷以示招怀

《旧唐书·韦见素传》曰："初，肃宗在凤翔，丧乱之后，纲纪未立，兵吏三铨，簿籍煨烬，南曹选人，文符悉多伪滥，上以凶丑未灭，且示招怀，据到注拟，一无检括。"可见国家遭遇叛乱，朝廷"且示招怀"也是杜甫授职左拾遗的重要因素之一。

天宝年间玄宗失德，唐朝廷黩武开边不仅使农民承担沉重的兵役，而且要支付庞大的军费开支。加之玄宗奢侈糜费，在宫中设立琼林、大盈二库，以贮州郡贡献。其时百姓已经负荷过重，其连锁反应即是均田制的破坏、府兵制的瓦解。作为士子进身之阶的科举制度，因为权臣的把持，也已经丧失了为国选才的初衷。朝廷内部亦是矛盾重重。玄宗后期的唐朝廷开始逐渐丧失人心。

安史之乱爆发后，部分臣子附逆。安禄山反叛之始，河南尹达奚珣投降，至德元载（756），"正月，乙卯朔，禄山自称大燕皇帝，改元圣武，以达奚珣为侍中"。② 六月，长安陷落，"陈希烈以晚节失恩，怨上，与张均、张垍等皆降于贼。禄山以希烈、垍为相，自馀朝士皆授以官"。③ 陈希烈，玄宗时"累迁兼兵部尚书、左相，封颍川郡开国公，宠遇侔于林甫。及林甫死，杨国忠用事，素忌嫉之。乃引韦见素同列，罢希烈知政事，守太子太师"。④ 张均、张垍是宰相张说之子，张均，玄宗时为大理寺卿。张垍，尚玄宗之女宁亲公主，特受恩宠。三人降安禄山，陈希烈、张垍任宰相，张均为中书令。两京收复后，唐朝廷对陷贼官六等定罪，从肃宗敕"达奚珣等一十八人，并宜处斩；陈希烈等七人，并赐自

---

① 范祖禹：《唐鉴》卷六，上海古籍出版社1981年版，第153页。
② 司马光：《资治通鉴》卷二一七，中华书局1956年版，第6951页。
③ 司马光：《资治通鉴》卷二一八，中华书局1956年版，第6980页。
④ 刘昫：《旧唐书》卷九七，中华书局1975年版，第3059页。

尽；前大理卿张均特宜免死，配流合浦郡"。① 除此之外，还有此时仍有留在安禄山朝中者，可见，当时附逆者甚众。

不仅部分朝臣附逆，而且敌占区百姓已经承认安禄山所建立的大燕政权。至德元载（756）正月，安禄山自称大燕皇帝，改元"圣武"。当时洛阳百姓在墓志铭中多使用"圣武"纪年。《唐故左威卫中候内闲厩长上上骑都尉陈府君墓志》中曰："（夫人李氏）天宝十四载十一月八日寝疾弥留，终于东京铜马拖里第，享年七十二。无何，会燕朝革命，天宝十五载正月一日改为圣武元年，兹年五月十三日迁葬就府君早穴合葬。"② 可见人们正以改朝换代的观念看待安史之乱。至德二载，安庆绪即位，并没有改元，现存这一时期的洛阳地区的墓志，在这一年基本是采用"圣初二年"纪年，其中有二月的《呼延府君夫人张氏墓志》《贺兰公及夫豆卢氏墓志》，五月的《任金墓志》，八月的《曹公及夫人康氏墓志》，十月的《王清墓志》。

唐朝廷为挽回人心，肃宗朝初立之时，即大肆对朝臣封官加爵，特别是对从贼中逃出者，更是厚待以示恩宠。除杜甫以率府兵曹之职谒见肃宗，授左拾遗之职外，尚有多人亦是如此，如：

> （崔）光远乃与长安令苏震帅府、县官十馀人来奔。己卯，至灵武，上以光远为御史大夫兼京兆尹，使之渭北招集吏民；以震为中丞。③

> 侍御史吕諲、右拾遗杨绾、奉天令安平崔器相继诣灵武；以諲、器为御史中丞，绾为起居舍人、知制诰。④

> 及长安失守，（苗）晋卿潜窜山谷；上至凤翔，手敕征之为左相，军国大务悉咨之。⑤

---

① 刘昫：《旧唐书》卷一〇，中华书局1975年版，第250—251页。
② 周绍良：《唐代墓志汇编》，上海古籍出版社1992年版，第1725页。
③ 司马光：《资治通鉴》卷二一八，中华书局1956年版，第6987页。
④ 同上。
⑤ 司马光：《资治通鉴》卷二一九，中华书局1956年版，第7022页。

（至德二载）四月，颜真卿自荆、襄北诣凤翔，上以为宪部尚书。①

国家危难之时、用人之际，肃宗招怀之举确实对人心归附起到了一定的作用，杜甫就是一个最好的说明。加之"贼每破一城，城中人衣服、财贿、妇人皆为所掠。男子、壮者使之负担，羸、病、老、幼皆以刀槊戏杀之"。②长安攻破后，亦遭受安史叛军的大肆掠夺和血腥屠杀。故"（至德元载）自上（玄宗）离马嵬北行，民间相传太子北收兵来取长安，长安民日夜望之，或时相惊曰：'太子大军至矣！'则皆走，市里为空，贼望见北方尘起，辄惊欲走。京畿豪杰往往杀贼官吏，遥应官军；诛而复起，相继不绝，贼不能制。其始自京畿、鄜、坊至于岐、陇皆附之，至是西门之外率为敌垒，贼兵力所及者，南不出武关，北不过云阳，西不过武功"。③

（三）杜甫逃归凤翔之举的意义

作为帝都长安的沦陷，使长安儒家救世思想空前高涨，佛道思想开始退居次要地位。巨大的社会动乱引起了以儒士为主的士人群体对安史之乱的反思，贾至在《议杨绾条奏贡举疏》一文中的议论可作为当时儒士的共识：

今试学者以帖字为精通，而不穷旨义，岂能知迁怒、贰过之道乎？考文者以声病为是非，而惟择浮艳，岂能知移风易俗化天下之事乎？是以上失其源，而下袭其流，乘流波荡，不知所止，先王之道，莫能行也。夫先王之道消，则小人之道长；小人之道长，则乱臣贼子由是生焉。臣杀其君，子杀其父，非一朝一夕之故，其所由来者渐矣。渐者何？谓忠信之陵颓，耻尚之失所，末学之驰骋，儒道之不举，四者皆由取士之失也。夫一国之士，系一人之本，谓之

---

① 司马光：《资治通鉴》卷二一九，中华书局1956年版，第7021—7022页。
② 同上书，第7006页。
③ 司马光：《资治通鉴》卷二一八，中华书局1956年版，第6995页。

风。赞扬其风,系卿大夫也,卿大夫何尝不出于士乎?今取士试之小道,而不以远者大者,使干禄之徒,趋于末术,是诱道之差也。夫以蜗蚓之饵,杂乘沧海,而望吞舟之鱼至,不亦难乎?所以食乘饵者皆小鱼,就科目者皆小艺。四人之业,士最关于风化。近代趋仕,靡然同风,致使禄山一呼而四海震荡,思明再乱而十年不复。向使礼让之道宏,仁义之风著,则忠臣孝子,比屋可封,逆节不得而萌也,人心不得而摇也。①

贾至认为唐代科举考试重视帖经、诗赋而忽视经学之意,导致"末学之驰骋,儒道之不举",因"末学之驰骋,儒道之不举","致使禄山一呼而四海震荡,思明再乱而十年不复"。儒道的兴废,关系着国家的安危,"向使礼让之道宏,仁义之风著,则忠臣孝子,比屋可封,逆节不得而萌也,人心不得而摇也"。在此观念的支配下,以贾至、萧颖士、李华为首的儒士群掀起了"文章中兴"热潮,强调文学的政治教化作用,但其最根本的目的并不在文学本身,而是儒家经世思想的复兴。

唐代长安,是佛、道、儒三教鼎立并日渐融合。虽然关于三教的座次,有唐初的"老先,次孔,末后释宗"的规定和武则天时期释居道前的变化,但就三教实际的社会影响和势力而言,应是佛教第一,道教第二,儒家居末。②儒学的衰落,士人的价值观念多由社会转向自身。安史之乱爆发后儒家的复兴,其实质就是唤起个体的社会责任感,建立稳定的儒家社会伦常秩序。

杜甫从贼中逃归凤翔的举动在上述社会背景下就具有一定的意义。

首先,是对忠君意识的强化。儒家思想体系发展至汉代,个体的人生已经与国家社稷密不可分,但自魏晋以来玄学的兴盛削弱了士人的社会责任感,转而求诸自身的自由发展。士人在追求自身人格完善的同时,忠君意识也随之淡化。对其而言,政权的更替只是一家一姓之事,此种

---

① 贾至:《议杨绾条奏贡举疏》,董诰等编《全唐文》卷三六八,中华书局1983年版,第3735页。

② 任继愈:《中国哲学发展史·隋唐卷·绪论》,人民出版社1994年版,第19页。

价值观对唐代人产生了一定的影响。面对突如其来的安史之乱，就忠君程度而论，当时士人的行为大致可分为三种：第一种，奔走救国或投奔唐朝廷者。如颜真卿、萧颖士、杜甫等。第二种，陷身贼中、心在唐室者。如王维、郑虔。第三种，躲避江南者。如刘长卿、钱起等。这三种行为表示忠君程度的三个层次。杜甫以窘迫之身逃归凤翔，其"麻鞋见天子"的行为可谓是士人群体中忠君意识的最高体现。强调为臣者的社会责任感，肯定忠臣的社会价值，安史之乱后，这一政治品格已经成为唐王朝维系人心、巩固王权的精神支柱。

其次，对个体德行的彰显。安禄山反，元结父元延祖召元结诫曰："尔曹逢世多故，不得自安山林，勉树名节，无近羞辱。"① "勉树名节"就是儒士在乱世中的人格精神，即不可降贼以保性命或为保全一己清高之名而远祸避害。而唐人"幼能就学，皆诵当代之诗，长而博文，不越诸家之集，递相党与，用致虚声，六经则未尝开卷，三史则皆同挂壁，况复征以孔孟之道"②，甚至，因为国家"驱驰于才艺，不务于德行。夫德行者可以化人成俗，才艺者可以约法立名，故有朝登甲科而夕陷刑辟"③。杜甫逃归凤翔之举，是个体德行节操的彰显，是个体道德的完善与兼济天下的社会价值相结合的体现。

李白、王维也是经历安史之乱的诗人，战乱间李白入叛臣永王李璘幕府、王维陷贼中被迫授予伪职，二者与杜甫"麻鞋见天子，衣袖见两肘"的行为形成强烈的对比。闻一多说："李、杜、王三位诗人的人格和诗境，都可以从他们在安史之乱中的表现行为作为判断高下的标准。杜甫一生的理想，是存在于儒家所提出的对社会的义务关系之中，这关系是安定社会的基本因素。太白却不承认这种义务关系，只重自我权利之享受，尽量发展个性，像不受管束的野孩子一样。王维则取中和态度，他的理想是不知生活而享受生活，他的生活态度极其自然，只求在平淡

---

① 欧阳修、宋祁：《新唐书》卷一四三，中华书局1975年版，第4682页。
② 杨绾：《条奏贡举疏》，董诰等编《全唐文》卷三三一，中华书局1983年版，第3357页。
③ 刘峣上：《取士先德行而后才艺疏》，杜佑《通典》卷一七，中华书局1988年版，第406页。

闲适生活中安然度此一生，这是庄子的一个方面。"①

在安史之乱中，复兴儒家思想的主体是儒士，其行为表现是多样化的。"这些杰出分子一方面敏锐地感觉到，维护王权的政治斗争需要一种更有力的意识形态政策的支持；另一方面也痛感传统儒学的陈腐衰败，深知不努力推陈出新就不能挽救儒学的生命。他们开始为本阶级制定一个长久而有效的意识形态目标。事实上，正是由于他们推动统治阶层逐渐实行意识形态领域内的全面调整，最终在全社会再次建立起儒学为统治思想的不可动摇的地位。"②

唐朝廷授予杜甫左拾遗之职，其行为本身代表着唐代统治者对社会失序、儒学衰落的一种补救。收复长安后肃宗对附逆者的严惩和对忠君行为的褒扬，亦可证明这一点，如：

> （至德二载十一月）庚午，制："人臣之节，有死无二；为国之体，叛而必诛。况乎委质贼廷，宴安逆命，就受宠禄，淹延岁时，不顾恩义，助其效用，此其可宥，法将何施？达奚珣等或受任台辅，位极人臣；或累叶宠荣，姻联戚里；或历践台阁，或职通中外。夫以犬马微贱之畜，犹知恋主；龟蛇蠢动之类，皆能报恩。岂曰人臣，曾无感激？自逆胡作乱，倾覆邦家，凡在黎元，皆含怨愤，杀身殉国者，不可胜数。此等黔首，犹不背国恩。受任于枭獍之间，咨谋于豺虺之辈，静言此情，何可放宥。达奚珣等一十八人，并宜处斩；陈希烈等七人，并赐自尽；前大理卿张均特宜免死，配流合浦郡。"是日斩达奚珣等于子城西南隅独柳树，仍集百僚往观之。③

> 属安禄山反，西京失守，洪陷于贼，贼授官，将见委任，洪与浩及法、漼、浑同奔山谷，以投行在。至谷口，洪、浩、浑及洪子四人并为贼所擒，并命于通衢。洪重交友，籍甚于时，见者掩涕，肃宗闻其重臣子，能以忠而死，赠太常卿。浩赠吏部郎中，浑赠太

---

① 闻一多：《论先秦两汉文学与唐诗·篪吹弦诵传薪录》，上海古籍出版社2002年版，第121—122页。
② 谢思炜：《白居易集纵论》，中国社会科学出版社1997年版，第204页。
③ 刘昫：《旧唐书》卷一〇，中华书局1975年版，第250—251页。

常少卿。汯，上元中为谏议大夫。①

综上所述，儒释道并存是长安文化包容性特征的体现，乱世引起的长安文化的思想格局发生了变化，儒学的复兴对杜甫思想及其诗歌产生了巨大影响，使杜甫获左拾遗之职，实现了"致君"的理想。杜甫对左拾遗之职有着极深的心理认同，具体表现为：初任左拾遗的感激；拾遗任上恪遵职守；诗歌的舂容富丽。而新建肃宗朝纲纪未立、名器不轨，唐朝廷以示招怀，杜甫逃归凤翔之举与唐朝廷褒扬忠君的契合，是其实现理想的根本原因。

第二节 杜诗"诗史"地位的确立

乱世中长安儒学的兴起，对杜诗的影响之一是杜诗中反映时事的诗篇剧增，这些诗歌卓越的艺术成就，使杜诗"诗史"的地位得以确立。自唐代孟棨《本事诗》以"诗史"称誉杜诗以来，历经宋、元、明、清，"诗史"称誉经受了不同方式和不同角度的解读，其内涵也不断变化，但杜诗"诗史"的地位稳如磐石。安史之乱对杜诗"诗史"的促成作用也已经成为学界共识，以下论述在理清杜诗"诗史"含义的基础上，以探究安史之乱时期长安文化中的政治因素对杜诗"诗史"的影响。

一 "诗史"内涵分析

根据现存文献记载，杜诗"诗史"之誉始自晚唐孟棨的《本事诗》，在"高逸第三"中曰："杜逢禄山之难，流离陇蜀，毕陈于诗，推见至隐，殆无遗事，故当时号为'诗史'。"② 孟棨此语可传达出几个信息：（1）"杜逢禄山之难"，即杜甫遭受安史之乱是促成杜诗"诗史"之誉的根本原因。（2）"诗史"含义是指杜甫"流离陇蜀，毕陈于诗，推见至隐，殆无遗事"，即杜甫辗转战乱之中的行迹见闻皆详见于杜诗。（3）

---

① 刘昫：《旧唐书》卷九七，中华书局1975年版，第3079页。
② 孟棨：《本事诗》，《唐五代笔记小说大观》，上海古籍出版社2000年版，第1247页。

"当时号为'诗史'",意味着此称誉并不是孟棨自谓,而是转述当时人的称赞。这段记载代表着当时人对杜甫在安史之乱爆发之后所作诗歌的看法,"诗史"内涵指杜诗中不仅有战乱中的社会时事描绘,更有战乱中颠沛流离的个人经历的表现。

宋代以后,杜诗"诗史"之誉也开始受到较多的关注。诗评家从不同层次、不同角度解读杜甫"诗史",其内涵可大致分为以下几类:

(一)善陈时事

杜诗"善陈时事",是多数人所持有的观点。安史之乱的爆发,打断了杜甫在长安的求仕生涯。杜甫在战乱期间辗转流离,对耳闻目睹的社会战争时事,多形之于笔端。杜诗反映社会时事的特点,已经成为共识。后世在论及杜诗"诗史"称誉时,多持此看法。

> 甫又善陈时事,律切精深,至千言不少衰,世号"诗史"。①
> 杜少陵子美诗多纪当时事,皆有据依,古号诗史。②
> 盖其引物连类,掎摭前事,往往而是,韩退之谓"光焰万丈长",而世号为"诗史",信哉!③
> 唐人称子美为诗史者,谓能纪一时事耳。④
> 予以谓世称子美为"诗史",盖实录也。⑤
> 诗之有史也,自杜少陵始也。少陵生天宝末,所为诸什,一一皆以天宝实录系之,后人读其诗如读唐史然。⑥

"善陈时事","多纪当时事,皆有据依","能纪一时事耳","读之可以知其世",读杜诗如读唐史,这些是杜诗被称为"诗史"的重要原因。

---

① 欧阳修、宋祁:《新唐书》卷二〇一,中华书局1975年版,第5738页。
② 陈岩肖:《庚溪诗话》卷上,《四库全书》本。
③ 王彦辅:《增注杜工部诗序》,张忠纲《杜甫诗话校注五种》,书目文献出版社1994年版,第81页。
④ 李朴:《与杨宣德书》,王正德《诗余录》卷三,四库全书本。
⑤ 吴文治主编:《宋诗话全编·王得臣诗话》,江苏古籍出版社1998年版,第873页。
⑥ 何永绍:《昌谷集序》,王琦注《李贺诗歌集注》,上海古籍出版社1978年版,第378页。

（二）个人自传

从孟棨的《本事诗》记载有"流离陇蜀，毕陈于诗"之语后，唐代之后人多有追随。认为"诗史"内涵不仅指杜诗是社会时事的一面镜子，更是一部杜甫自传史。宋人胡宗愈在《成都新刻草堂先生诗碑序》中曰：

> 先生以诗鸣于唐，凡出处去就，动息劳佚，悲欢忧乐，忠愤感激，好贤恶恶，一见于诗。读之，可以知其世。学士大夫，谓之诗史。①

胡宗愈认为杜甫"出处去就，动息劳佚"之行踪，"悲欢忧乐，忠愤感激，好贤恶恶"之感情，皆毕陈于诗，因此谓之"诗史"。杨伦《杜诗镜铨》引邵子湘评《悲陈陶》《悲青坂》云："'日夜更望官军至'，人情如此；'忍待明年莫仓卒'，军机如此。此杜所以为诗史也。"② 杨伦之语中"诗史"含义不仅有时事战争军机，同时也包括杜甫爱国的情感。

（三）善于长篇叙事

宋代以后，在诗论家解读"诗史"的诸多观点之中，杜诗善用长篇叙事手法反映时事也成为内容之一。

> 子美诗善叙事，故号"诗史"。（蔡居厚《蔡宽夫诗话》）③
> 唐杜甫辈始盛为长篇纪事，古人称为"诗史"。④

杜诗善于长篇叙事与"善陈时事"的观点所关注的是同一对象——杜甫反映时事的诗歌，不同之处在于前者重在表现手法，后者重在表现内容。

宋代以后，经学盛行，出现了以经学角度看待杜诗。于是，使用史笔的叙事方法也成为杜诗"诗史"的内涵之一。

---

① 仇兆鳌：《杜诗详注·附编》，中华书局1979年版，第2243页。
② 杨伦：《杜诗镜铨》卷三，上海古籍出版社1962年版，第125页。
③ 胡仔：《苕溪渔隐丛话》前集卷一八，人民文学出版社1962年版，第119页。
④ 窦光鼐：《平定两金川方略·艺文二·平定两金川诗》，《四库全书》本。

子美世号"诗史",观《北征诗》云:"皇帝二载秋,闰八月初吉。"《送李校书》云:"乾元元年春,万姓始安宅。"又《戏友》二诗:"元年建巳月,郎有焦校书。""元年建巳月,官有王司直。"史笔森严,未易及也。①

　　或谓诗史者,有年月地理本末之类,故名"诗史"。盖唐人尝目杜甫为"诗史",本出孟棨《本事》。②

　　世称老杜为诗史,以其所著,备见时事,予谓老杜非直纪事史也,有春秋之法也。其旨直而婉,其辞隐而见,如《东灵湫》、《陈陶》、《花门》、《杜鹃》、《东狩》、《石壕》、《花卿》、《前后出塞》等作是也。故知杜诗者,春秋之诗也,岂徒史也。③

杜诗叙事诗中有"年月地里本末之类",具有史家实录精神。同时,文意表达"其旨直而婉,其辞隐而见",有春秋笔法。

（四）众体皆备

众体皆备,指"至于子美,盖所谓上薄《风》《雅》,下该沈宋,言夺苏李,气吞曹刘,掩颜谢之孤高,杂徐庾之流丽,尽得古今之体势,而兼文人之所独专矣"。④ 认为杜诗"诗史"指众体皆备之义,持此种观点者极为少数,只有宋代释普闻在《诗论》中言之,曰:

　　老杜之诗,备于众体,是为"诗史"。⑤

在此句中"诗史"之义与叙述社会时事之"史"有所不同,与"诗史"称誉产生之初唐人的看法大相径庭。

---

① 黄彻:《䂬溪诗话》卷一,人民文学出版社1986年版,第10页。
② 姚宽:《西溪丛语》卷上,《四库全书》本。
③ 杨维桢:《东维子集·梧溪诗集序》卷七,《四库全书》本。
④ 元稹:《唐故检校工部员外郎杜君墓系铭并序》,仇兆鳌《杜诗详注·附编》,中华书局1979年版,第2235—2236页。
⑤ 释普闻:《诗论》,陶宗仪《说郛》卷六七下,涵芬楼据铅印本。

以上是古人对杜诗"诗史"之誉的不同阐释,可以看出,根据个人立足点的不同,从不同角度解读杜诗,"诗史"内容各有侧重。除第四种外,其他三种观点,都肯定了杜诗"善陈时事"的特点或在其基础上有所阐发。杜甫对安史之乱时事的写实,是多数人所持的观点,也是杜诗被称为"诗史"的原因所在。今人对杜甫"诗史"的看法也多与此相同,如:

> 杜甫便在这兵连祸结,天下鼎沸的时代,将自己所身受的,所观察到的,一一捉入他的苦吟的诗篇里去。这使他的诗,被称为伟大的"诗史"。差不多整个痛苦的时代,都表现在他的诗里了。[①]

再如:

> 安史之乱带来了无数灾难,也给诗歌创作带来了变化。……最早而且最全面反映这场大战乱所造成的大破坏、大灾难的,是杜甫。杜甫用他的诗,写了这场战争中的许多重要事件,写了百姓在战中承受的苦难,以深广生动、血肉饱满的形象,展现了战争中整个社会生活的广阔画面。他的诗,被后人称为"诗史"。[②]

今人对杜诗的认识,较之古人,有着更为详细的阐释,正如郭预衡所言,"像杜诗这样刻画如此众多'乱离人'的群相,这样广泛地反映他们的生活,这样真实而深刻地表达他们的思想感情,确是前无古人的。这是杜诗之所以堪称一代诗史的重要原因"。[③] 但是,"诗歌并不会仅仅因为记载了某些史实就成为好诗。杜甫其实并非有意于史;他的那些具有历史纪实性的诗篇,以及那些纪述自身经历而折射出历史面目的诗篇,乃是他的生命与历史相随而饱经忧患的结晶,是浸透着他个人的辛酸血泪。后

[①] 郑振铎:《插图本中国文学史》,中国书籍出版社2017年版,第295页。
[②] 袁行霈、罗宗强主编:《中国文学史》(第二版),高等教育出版社1999年版,第233页。
[③] 郭预衡主编:《中国古代文学史》,上海古籍出版社1998年版,第254页。

代有些诗人虽然也关注社会政治问题，但往往有意于史，所以他们的诗作难以像杜诗一样引起我们的感动"。①

可见，杜诗既是蕴含国家兴亡的社会时事之史，又是切合诗人亲身经历的血泪史，二者完美结合于杜诗中，这才是更接近"诗史"原意的解读。此种理解与"诗史"产生之初的孟棨之言较为接近，孟棨时处晚唐，与杜甫处于同一时代，《本事诗》的记载应该最接近原意，和后世相比较，处于思想解放时代的唐人也较少受到当权者在思想上给予士人的束缚。只是孟棨之言较为简略，今人叙述更加详尽而已。

二 善陈时事与个人自传的结合

安史之乱从天宝十四载（755）十一月爆发，至宝应二年（763）正月史朝义败死，历经玄宗、肃宗、代宗三朝，历时七年。当时社会时局的变化都可在杜诗中找到或浓或淡的痕迹。同时，杜诗也反映了处于战乱之中杜甫的行踪经历、感情思想等。战乱之史与杜甫自传之史以诗的语言完美交融于杜甫笔下，成就了"诗史"的伟大美誉，《北征》《述怀》和"三吏""三别"等皆是这方面的杰出的代表作。以杜甫在安史之乱期间于长安所作诗歌为主要考察对象，杜诗"诗史"的表现可体现于以下两个方面。

（一）在战争的描绘中蕴含忠君爱国之情

在安史之乱期间，发生了四次重大的战役：造成长安陷落的潼关之役、肃宗反攻惨败的陈涛斜和青坂之战、收复长安的香积寺大捷、九州节度使溃败的邺城之战。战争是杜甫极为关注的对象，对战争的描绘成为杜诗主要题材之一。杜诗对这几次重大战役的反映，不仅基本上勾勒出安史之乱发展的全过程，而且诗中充满对战局的关心，杜甫忠君爱国之情得到充分的展现。

（1）潼关之役。洛阳陷落之后，封常清、高仙芝被斩，哥舒翰镇守潼关。从天宝十四载（755）十二月至天宝十五载六月，哥舒翰一直坚驰守城勿战的正确策略，使安史叛军始终无法攻破潼关。但由于杨国忠的

---

① 章培恒、骆玉明主编：《中国文学史》，复旦大学出版社2004年版，第115页。

猜忌，玄宗派宦官督战，哥舒翰于六月四日被迫出关迎敌，六月七日的灵宝一战使唐军全军覆没，哥舒翰被叛军所擒。

此时杜甫为避战乱至奉先，后携家到白水暂时寄寓舅父崔十九家。其诗《白水崔少府十九翁高斋三十韵》曰："兵气涨林峦，川光杂锋镝。知是相公军，铁马云雾积。玉觞淡无味，胡羯岂强敌。长歌激屋梁，泪下流衽席。"杜甫作此诗时潼关尚未攻破，"相公军"即哥舒翰率领的镇守潼关的军队。杜甫身在白水，遥望潼关方向，以"兵气涨林峦，川光杂锋镝"表现出敌我双方的胶着状态。此时距叛乱爆发只有半年，唐人并未认识到安史之乱对社会造成的危害之大，故杜甫以"玉觞淡无味，胡羯岂强敌"表达了自己对唐军必胜的信心。潼关失守之后，杜甫在《北征》中回忆了此次战役，"潼关百万师，往者散何卒。遂令半秦民，残害为异物"，《潼关吏》曰："哀哉桃林战，百万化为鱼。"诗中充满了对唐朝廷战败的痛惜，以至于叮咛潼关吏"请嘱防关将，慎勿学哥舒"。

（2）陈陶、青坂之战。至德元载（756）七月，肃宗在灵武即位。任命宰相房琯统率三军，对安史叛军进行反攻，但有高志而无实才的房琯指挥失当，造成惨败。《资治通鉴》记载：

> 房琯以中军、北军为前锋，庚子，至便桥。辛丑，二军遇贼将安守忠于咸阳之陈涛斜。琯效古法，用车战，以牛车二千乘，马步夹之；贼顺风鼓噪，牛皆震骇。贼纵火焚之，人畜大乱，官军死伤者四万馀人，存者数千而已。癸卯，琯自以南军战，又败。[①]

此段话记载了陈涛、青坂之战的经过。此时杜甫欲奔肃宗行在灵武，但途中为叛军所擒，押送至长安。杜甫与房琯素有交往，得其惨败消息，写下了著名的《悲陈陶》和《悲青坂》。

> 孟冬十郡良家子，血作陈陶泽中水。野旷天清无战声，四万义军同日死。群胡归来血洗箭，仍唱夷歌饮都市。都人回面向北啼，

---

① 司马光：《资治通鉴》卷二一九，中华书局1956年版，第7004页。

日夜更望官军至。

　　我军青坂在东门，天寒饮马太白窟。黄头奚儿日向西，数骑弯弓敢驰突。山雪河冰晚萧瑟，青是烽烟白是骨。焉得附书与我军，忍待明年莫仓卒。

　　"孟冬十郡良家子，血作陈陶泽中水"的描绘较之史书"官军死伤者四万馀人，存者数千而已"冰冷的数字，更加给人以心灵的震撼。历史的记载无论如何详尽、准确，都无法和充满感情的诗歌语言相比。"野旷天清无战声，四万义军同日死"（《悲陈陶》）、"山雪河冰晚萧瑟，青是烽烟白是骨"（《悲青坂》），刻画出战场的悲惨和凄凉。"群胡归来血洗箭，仍唱夷歌饮都市"（《悲陈陶》）描绘出安史叛军的得意和嚣张。"读此二诗，孰弗垂泪者。"① 尽管杜甫与房琯素日交好，但"陈涛斜之败，不为房琯讳，故曰'诗史'"。② "'日夜更望官军至'，人情如此；'忍待明年莫仓卒'，军机如此。此杜所以为诗史也。"③

　　（3）香积寺大捷。陈涛、青坂战役失利，之后长安城西清渠一役，唐军又败绩，军资器械，丧失殆尽。肃宗不得已向回纥求救。至德二载（757）九月，唐军在回纥四千精兵相助下，与安史叛军交战于长安城西香积寺北。《资治通鉴》载：

　　庚子，诸军俱发；壬寅，至长安西，陈于香积寺北澧水之东。李嗣业为前军，郭子仪为中军，王思礼为后军。贼众十万陈于其北，李归仁出挑战，官军逐之，逼于其陈。……李嗣业又与回纥出贼陈后，与大军夹击，自午及酉，斩首六万级，填沟堑死者甚众，贼遂大溃。余众走入城，迫夜，嚣声不止。④

---

① 王嗣奭：《杜臆》卷二，上海古籍出版社1983年版，第44页。
② 吴乔：《围炉诗话》，《清诗话续编》本，陈伯海编《唐诗汇评》，浙江教育出版社1995年版，第944页。
③ 杨伦：《杜诗镜铨》卷三，上海古籍出版社1962年版，第125页。
④ 司马光：《资治通鉴》卷二二〇，中华书局1956年版，第7033—7034页。

此次战役唐军大胜，安史叛军败退，弃长安东逃。由此，唐收复了长安，"俶（后来的代宗）整众入城，百姓老幼夹道欢呼悲泣"。① 此时杜甫因上疏救房琯，触怒肃宗，被敕回鄜州省家。闻此消息，杜甫在战前作诗《喜闻官军已临贼境二十韵》，对敌我双方战事描述详尽，"胡骑潜京县，官军拥贼壕。鼎鱼犹假息，穴蚁欲何逃"，杜甫以鼎中之鱼、穴中之蚁暗示叛军的苟延残喘，并以"乞降那更得，尚诈莫徒劳"形容敌军负隅顽抗的徒劳。"帐殿罗玄冕，辕门照白袍"，以见唐军有穿白袍的回纥军相助。"元帅归龙种，司空握豹韬。前军苏武节，左将吕虔刀"，言唐军气势之盛。诗中杜甫充满对胜利的希望，"喜觉都城动，悲怜子女号。家家卖钗钏，只待献香醪"。全诗"字字精彩，句句雄壮，全是喜极涕零语。逐色铺张，觉一片快情，飞动纸上"。② 收复长安后，杜甫有诗《收京三首》，不仅表达了收京后的喜悦，"汗马收宫阙，春城铲贼壕。赏应歌《杕杜》，归及荐樱桃"，而且有对收京后外族之兵居功邀赏、功臣奢侈无度的忧虑，"杂虏横戈数，功臣甲第高"，对国忠爱之诚蔼然可见。

（4）邺城溃败。安史叛军经过香积寺北的惨败，弃长安，退守邺城。乾元元年（758）九月，唐朝廷"命朔方郭子仪、淮西鲁炅、兴平李奂、滑濮许叔冀、镇西北庭李嗣业、郑蔡季广琛、河南崔光远七节度使及平卢兵马使董秦将步骑二十万讨庆绪；又命河东李光弼、关内泽潞王思礼二节度使将所部兵助之。"③ 至十月，连败安军，包围邺城。但是，"肃宗遭唐中衰，幸而复国，是宜正上下之礼以纲纪四方；而偷取一时之安，不思永久之患。彼命将帅，统藩维，国之大事也，乃委一介之使，徇行伍之情，无问贤不肖，惟其所欲与者则授之"。④ "上（肃宗）以子仪、光弼皆元勋，难相统属，故不置元帅，但以宦官开府仪同三司鱼朝恩为观军容宣慰处置使。"⑤ 此举造成了唐军的惨败，乾元二年三月，安庆绪在史思明的相助下，在安阳河以北击败了九节度使军队。《资治通鉴》记

---

① 司马光：《资治通鉴》卷二二〇，中华书局1956年版，第7035页。
② 杨伦：《杜诗镜铨》卷四，上海古籍出版社1962年版，第169页。
③ 司马光：《资治通鉴》卷二二〇，中华书局1956年版，第7061页。
④ 同上书，第7065页。
⑤ 同上书，第7061页。

载甚详,曰:

> 三月,壬申,官军步骑六十万陈于安阳河北,思明自将精兵五万敌之,诸军望之,以为游军,未介意。思明直前奋击,李光弼、王思礼、许叔冀、鲁炅先与之战,杀伤相半;鲁炅中流矢。郭子仪承其后,未及布陈,大风忽起,吹沙拔木,天地昼晦,咫尺不相辨。两军大惊,官军溃而南,贼溃而北,弃甲仗辎重委积于路。子仪以朔方军断河阳桥保东京。战马万匹,惟存三千,甲仗十万,遗弃殆尽。东京士民惊骇,散奔山谷;留守崔圆、河南尹苏震等官吏南奔襄、邓;诸节度各溃归本镇。①

邺城战役后,安庆绪被杀,史思明称帝,之后洛阳再次被叛军占领。直至宝应元年唐又向回纥请援,才收回洛阳。唐朝廷下诏九节度使讨伐安庆绪之时,杜甫在华州任司功参军之职。李嗣业奉诏率军自怀州赴关中待命,途经华州,杜甫作《观安西兵过赴关中待命二首》。诗中赞李嗣业神勇将才,"临危经久战,用急始如神",士卒"四镇富精锐,摧锋皆绝伦"。"北庭送壮士,貔虎数尤多","奇兵不在众,万马救中原","莫守邺城下,斩鲸辽海波",短短几句,交代了邺城之战的前奏,诗句中杜甫对唐军充满了信心和胜利的期望。"谈笑无河北,心肝奉至尊",虽言李嗣业报国,此中杜甫忠君爱国之心亦可见。

乾元元年(758)冬末,杜甫因事回洛阳旧居陆浑庄,期间作《洗兵行》言及邺城之战,"中兴诸将收山东,捷书夜报清昼同。河广传闻一苇过,胡危命在破竹中。祇残邺城不日得,独任朔方无限功",诗中仍然对唐军胜利毫不怀疑。杜甫从洛阳回华州途中,唐军邺城溃败,杜甫一路耳闻目睹了兵败的后果,于是写下了著名的"三吏""三别"。在秦州所写《遣兴三首》中亦曰:"邺中事反覆,死人积如丘。诸将已茅土,载驱谁与谋。"战事失利,朝廷为补充兵力,对人民强征入伍,于是出现半夜抓丁、老妪服役、垂老从戎、新婚离别的悲惨场景。被抓的短小中男,

---

① 司马光:《资治通鉴》卷二二一,中华书局1956年版,第7069页。

半夜逾墙走的老翁，急应河阳役的老妪，新婚离别的征夫，垂老慷慨从戎的老人，这些典型形象是当时千万人民的缩影，诗中充满对人民苦难的同情以及对慷慨为国的从戎老人、新婚女子的赞美。"陈继儒曰：'老杜'三吏'、'三别'等作，触时兴思，发出忠爱慨叹意出，真性情之诗，动千载人悲痛。浑厚苍峭，为世绝调，有不待言说者。"①"（《新安吏》《石壕吏》《三别》）此五首非亲见不能作，他人虽亲见亦不能作。公以事至东都，目击成诗，若有神使之，遂下千秋之泪。"②

由上可见，战争之事与杜甫忠爱之心在杜诗中交相辉映，对失败战争的痛惜、对敌军的愤慨、对胜利战争的喜悦，无不展示出杜甫忠君爱国之心与国家的兴衰存亡紧密相连。

（二）自身颠沛流离的苦难经历与战乱中社会时局的反映相交织

安史之乱造成了社会的动荡不安，杜甫颠沛流离，受尽战乱之苦，杜甫经历较之李白、王维，其亲见亲历之事，更加接近社会的底层，使杜甫更加清醒地看到战争给人民造成的灾难，使其诗歌更加靠近现实主义的创作倾向。在杜诗中，杜甫流离辗转的苦难经历、思想感情，"毕陈于诗，推见至隐，殆无遗事"。③ 而诗中杜甫自传性经历与对安史之乱中社会现状的描述相结合，使个体的展现交融于社会大环境之中，增强了诗歌的真实性和感染力。

杜甫战乱中颠沛流离的苦难主要表现于三个时段：长安陷落前避乱至奉先鄜州；陷贼中逃归凤翔；华州弃官流寓秦州同谷。

（1）长安陷落前避乱至奉先鄜州。安史之乱爆发之始，杜甫为避战乱，至奉先白水，把家眷安置在鄜州的羌村。途中经历在《彭衙行》一诗中进行了详细的描述。

> 忆昔避贼初，北走经险艰。夜深彭衙道，月照白水山。尽室久徒步，逢人多厚颜。参差谷鸟吟，不见游子还。痴女饥咬我，啼畏

---

① 周敬、周珽辑，陈继儒等评点：《唐诗选脉会通评林》，明崇祯八年毂采斋刻本，陈伯海编《唐诗汇评》，浙江教育出版社1995年版，第977页。

② 王嗣奭：《杜臆》，上海古籍出版社1983年版，第83页。

③ 孟棨：《本事诗》，《唐五代笔记小说大观》，上海古籍出版社2000年版，第1247页。

虎狼闻。怀中掩其口，反侧声愈嗔。小儿强解事，故索苦李餐。一旬半雷雨，泥泞相攀牵。既无御雨备，径滑衣又寒。有时经契阔，竟日数里间。野果充糇粮，卑枝成屋椽。早行石上水，暮宿天边烟。小留同家洼，欲出芦子关。故人有孙宰，高义薄曾云。延客已曛黑，张灯启重门。暖汤濯我足，剪纸招我魂。从此出妻孥，相视涕阑干。众雏烂熳睡，唤起沾盘飧。誓将与夫子，永结为弟昆。遂空所坐堂，安居奉我欢。谁肯艰难际，豁达露心肝。别来岁月周，胡羯仍构患。何当有翅翎，飞去堕尔前。

这首诗是杜甫回鄜州省家时所作，途经彭衙之西，忆起战乱之初举家逃难经过彭衙的情景而作，因为感激孙宰的高义，故写诗记之。诗歌写尽逃难的情状，"自家奔走穷困之状，往往从儿女、妻孥情事写出，便不必说向自家身上矣"。① "早行石上水，暮宿天边烟"，描绘了途中情形，何义门曰："望见白水，以为晓光，几坠深渊；遥指晚烟，以为村落，仅宿空林。深山间道，奔窜之苦，尽此十字矣。"② "兵气涨林峦，川光杂锋镝。知是相公军，铁马云雾积"是当时唐朝廷与安史叛军正处于僵持状态的真实写照。

（2）陷贼中逃归凤翔。杜甫把家眷安置鄜州之后，只身奔赴肃宗行在灵武，途中被叛军所擒，押赴长安。被叛军占领的长安遭受大肆的掠夺和血腥的屠杀，"昨夜东风吹血腥，东来橐驼满旧都"和"群胡归来雪洗箭，仍唱夷歌饮都市"是杜甫的亲见亲历。长安人民是"都人回面向北啼，日夜更望官军至"。杜甫陷贼之中，对亲人的思念、对国破的痛苦、对唐朝廷的期望构成此时杜甫感情主要内容。杜甫陷于贼中情状表现于《哀江头》《春望》《月夜》等诗中。

至德二载（757）四月，杜甫从金光门出长安逃归凤翔。此中经历，《自京窜至凤翔喜达行在所》述之甚详。

---

① 钟惺、谭元春辑：《唐诗归》，明末刻三色套印本，陈伯海编《唐诗汇评》，浙江教育出版社1995年版，第953页。
② 何焯撰，蒋维钧辑：《义门读书记》，清乾隆三十四年承恩堂刻本，陈伯海编《唐诗汇评》，浙江教育出版社1995年版，第953页。

西忆岐阳信，无人遂却回。眼穿当落日，心死著寒灰。茂树行相引，连山望忽开。所亲惊老瘦，辛苦贼中来。（其一）

　　愁思胡笳夕，凄凉汉苑春。生还今日事，间道暂时人。司隶章初睹，南阳气已新。喜心翻倒极，呜咽泪沾巾。（其二）

　　死去凭谁报，归来始自怜。犹瞻太白雪，喜遇武功天。影静千官里，心苏七校前。今朝汉社稷，新数中兴年。（其三）

杜甫以"所亲惊老瘦，辛苦贼中来""生还今日事，间道暂时人"来形容逃归经历。"麻鞋见天子，衣袖见两肘"，只此一语，道出杜甫在叛军中奔窜所受之苦。对于《喜达行在所三首》，《载酒园诗话》曰："此是子美身陷贼中，艰难窜徙，得赴行在，痛定思痛，不觉悲喜交集。"[1]

（3）华州弃官流寓秦州同谷。杜甫弃官华州司功参军在乾元二年（759）七月，"时天下饥馑……诸军乏食，人思自溃"。[2] 邺城战役溃败之后，唐人士气陡然下降，邺城战役不仅打垮了朝廷的军队，也打垮了杜甫对唐室中兴的信心。杜甫《夏日叹》曰："万人尚流冗，举目惟蒿莱。至今大河北，化作虎与豺。浩荡想幽蓟，王师安在哉。对食不能餐，我心殊未谐。眇然贞观初，难与数子偕。"是时关中饥馑，杜甫弃官去秦州。

杜甫至秦州所作《秦州杂诗二十首》具体记载了杜甫居秦州的生活和心理状态。诗篇开首"满目悲生事，因人作远游。迟回度陇怯，浩荡及关愁。水落鱼龙夜，山空鸟鼠秋。西征问烽火，心折此淹留"表现出杜甫漂流秦州的悲伤和无奈。

后赴同谷，途经赤谷、铁堂峡、盐井、寒峡、法镜寺、青阳峡、龙门镇、石龛、积草岭、泥功山、凤凰台，历尽艰辛，杜诗清晰地记录了杜甫的足迹。如：

---

[1] 贺裳：《载酒园诗话又编》，《清诗话续编》本，陈伯海编《唐诗汇评》，浙江教育出版社1995年版，第1097页。

[2] 司马光：《资治通鉴》二二一，中华书局1956年版，第7069页。

  天寒霜雪繁,游子有所之。岂但岁月暮,重来未有期。晨发赤谷亭,险艰方自兹。乱石无改辙,我车已载脂。山深苦多风,落日童稚饥。悄然村墟迥,烟火何由追。贫病转零落,故乡不可思。常恐死道路,永为高人嗤。(《赤谷》)

  山风吹游子,缥缈乘险绝。硖形藏堂隍,壁色立精铁。径摩穹苍蟠,石与厚地裂。修纤无垠竹,嵌空太始雪。威迟哀壑底,徒旅惨不悦。水寒长冰横,我马骨正折。生涯抵弧矢,盗贼殊未灭。飘蓬逾三年,回首肝肺热。(《铁堂峡》)

  熊罴咆我东,虎豹号我西。我后鬼长啸,我前狖又啼。天寒昏无日,山远道路迷。驱车石龛下,仲冬见虹霓。伐竹者谁子,悲歌上云梯。为官采美箭,五岁供梁齐。苦云直竿尽,无以应提携。奈何渔阳骑,飒飒惊蒸黎。(《石龛》)

  从秦州至同谷途中所作诸诗,其主体大多写道路之艰险,行役之辛苦。《赤谷》是出发秦州的第一首,暮年流离、世事无常,无限悲苦蕴藉其中,"晨发赤谷亭,险艰方自兹"中"险艰方自兹"将发秦州诸诗通盘提起。《石龛》云:"熊罴咆我东,虎豹号我西。我后鬼长啸,我前狖又啼。"万惨毕集,似屈原《招魂》读。道路危苦、乱中惊魂、颠沛流离,莫过于此。诗歌历叙途中艰险,过于恸哭。

  安史之乱中,尽管杜甫在长安任左拾遗有过短暂的平静和惬意,写下典雅明丽的《早朝大明宫》,但转眼即逝,留给世人的还是处于苦难中的"诗圣"形象。杜甫虽然苦难,却爱国矢志不渝,对人民始终保持悲悯之心。杜诗忠实记录了当时的社会历史和杜甫伟大的情感,诗中"诗"与"史"高度融合。"杜诗的一大本事,就是把敏锐深刻的诗性直觉,投入历史事件和社会情境之中,把事件和情境点化为审美意象,从中体验着民族的生存境遇和天道运行的法则,使他的诗变得沉重厚实。诗使他把握到的史出现一种精彩的沉痛,从而产生了异质文体思维方式于瞬间遇合中爆发出来的动人心弦的力度。"[①] 安史之乱的经历,不仅使杜甫现

[①] 杨义:《杜甫的"诗史"思维(上)》,《杭州师范学院学报》2000年第1期。

实主义的创作方式得到确立、沉郁顿挫的诗风得以定型,而且使杜甫的人格魅力、忧国忧民的精神得到升华。杜诗感动着、激励着一代又一代的仁人志士,杜诗精神成为中华民族伟大的文化瑰宝。

第 五 章

杜甫晚年诗中的长安情结

　　长安情结来源于长安文化的向心力。长安文化的向心力主要指长安文化在唐人心理上产生的一种凝聚作用，其主要表现是唐人对长安热烈的追求与崇尚，这种追求与崇尚程度之深以至于构成一种情结。

　　长安，自先秦始即作为国都而存在，但只有发展至唐代，长安文化才具有强大的向心力，其原因是多方面的，其中政治因素是较为重要的原因。

　　首先，是科举制度的实行。唐继隋建国，沿袭了隋文帝时期创建的科举考试制度。"所谓'怀牒自列'，即不需要地方长官的察举，更不需要中央九品中正评定，把仕进之门扩大打开，经由各人各自到地方政府报名，参加中央之考试。"[①] 唐代这种选拔人才的方式打破了高族门阀对政治的垄断，给予了寒门庶族士子更多仕进的机会。"所以就此点论，我们可以说唐代的政治又进步了。当时一般非门第中人，贫穷子弟，为要应考，往往借佛寺道院读书。如王播即是借读于和尚寺而以后做到宰相之一人，饭后钟的故事，至今传为佳话。"[②]

　　其次，唐代实行州县制的政治体制。州县制是唐代地方政府的一种体制，是唐代加强中央集权的一种体现，与汉代郡县制有很大不同。唐代州与县在数量上远远超过汉代的郡与县，并且在官职级别上划分更多的等级，由此唐代地方官在职权比重上远低于汉代。同时，"汉制三年考

[①] 钱穆：《中国历代政治得失》，生活・读书・新知三联书店2001年版，第55页。
[②] 同上书，第57页。

绩一次，三考始定黜陟，因阶级少，升迁机会优越，故能各安于位，人事变动不大，而行政效率也因之提高。唐代则迁调虽速，下级的永远沉沦在下级，轻易不会升迁到上级去"。① 并且，"在汉代由郡太守县令长自行辟署任用，唐代则任用之权集中于中央之吏部。州县长官无权任用部属，全由中央分发。任地方官者，因其本身地位低，不得不希望升迁，各怀五日京兆之心"。② 从而，在汉代，士子对藩王的依附，到唐代即变为对君主的依附，君臣之间的关系变得更加直接而明晰。

再次，唐朝廷重内轻外，并且把贬出长安作为对官员的一种政治惩罚手段。唐代在京官的任用上，选授甚精，俸禄丰厚，且具有很高的名望。地方官则多为名望低的官员，不受君主重视。同时，由京官改任外官成为唐朝廷的一种政治惩罚手段，并且，无朝廷征召，不得入京。《唐会要》卷六八载："伏准汉法，免罢郡守，自非诏征，不得到京师。建中初敕，常参官及外五品以上，替后不得擅至京师。自今已后，请据旧章，刺史及五品以上常参官，在外应受替去任，非有征诏，不得到京。"③ 因此唐人普遍多重京官而轻外任，正如王建在《归昭应留别城中》诗中曰："喜得近京城，官卑意亦荣。"④ 大和年间，文宗出李德裕为兴元节度使，"德裕中谢日，自陈恋阙，不愿出藩，追敕守兵部尚书"。⑤ 熹宗时，郑从谠镇守岭南，"以久在番禺，不乐风土，思归恋阙，形于赋咏，累上章求为分司散秩。熹宗征还，用为刑部尚书"。⑥ 此类表现在唐代史料中比比皆是。

另外，长安文化中繁盛的物质、精神财富也是唐人趋之若鹜的重要原因之一。"唐人所咏长安都会之繁盛，宫阙之壮丽，以及韦曲莺花，曲江亭馆，广运潭之奇瑶异锦，华清宫之香车宝马，至天宝而极矣。"⑦ 虽

---

① 钱穆：《中国历代政治得失》，生活·读书·新知三联书店2001年版，第48页。
② 同上。
③ 王溥：《唐会要》卷六八《刺史上》，中华书局1955年版，第1206页。
④ 王建：《归昭应留别城中》，《全唐诗》卷二九九，中华书局1999年版，第3386页。
⑤ 刘昫：《旧唐书》卷一七四，中华书局1975年版，第4520页。
⑥ 刘昫：《旧唐书》卷一五八，中华书局1975年版，第4169页。
⑦ 赵翼：《廿二史札记》卷二〇，中华书局2001年版，第404页。

然安史之乱后,长安有所衰落,但作为一国之都,其繁盛气象在全国还是居于首位。长安,天下财富聚集之地,繁华的生活,使唐人流连忘返。张祜《杭州开元寺牡丹》曰:"浓艳初开小药栏,人人惆怅出长安。风流却是钱塘寺,不踏红尘见牡丹。"① 长安浓厚的艺术文化氛围,使唐人沉醉不归,刘禹锡《曹刚》曰:"大弦嘈嘈小弦清,喷雪含风意思生。一听曹刚弹薄媚,人生不合出京城。"②

因此,在长安文化向心力的影响下,"长安"作为君国一体的象征,在唐代士子心中就具有了非同一般的意义。

首先,多把"致君尧舜"作为人生追求的目标。唐代士子人生理想实现与否,政治前途顺畅与否,与君主有着直接的关系。故士子多把辅佐君主使之成为尧舜之君作为实际行动中的直接目标。白居易在为元稹所作《墓志铭》中曰:"观其述作编纂之旨,岂止于文章刀笔哉?实有心在于安人活国,致君尧、舜,致身伊皋耳。"③ 文宗朝郭承嘏论及宰相曰:"宰相者,上调阴阳,下安黎庶,致君尧、舜,致时清平。"④ 懿宗朝左仆射杜悰曰:"悰受恩六朝,所望致君尧、舜,不欲朝廷以爱憎行法。"⑤ 此类描述,在唐代史料中不胜枚举。

其次,多把长安作为实现理想之地。在长安文化向心力的影响下,唐代士子对长安趋之若鹜。长安成为个人飞黄腾达的起点,成为个体人生价值得到体现的最佳之地,在长安的成败得失成为士子人生荣耀与否的标准。在长安历抵卿相,平交王侯,是唐代士子理想所在。高适《别韦参军》曰:"二十解书剑,西游长安城。举头望君门,屈指取公卿。"⑥ 肃宗朝中书舍人贾至作《早朝大明宫呈两省僚友》,诗中富贵典雅之象是士子理想实现之后心态的典型表现。当士子仕进无门或遭贬黜,被迫离开长安,回望长安就成为其生命中永恒的追求。李白被玄宗赐金放还,

---

① 张祜:《杭州开元寺牡丹》,《全唐诗》卷五一一,第5878页。
② 刘禹锡:《曹刚》,《全唐诗》卷三六五,第4140页。
③ 丁如明、聂世美校点:《白居易全集》卷七〇,上海古籍出版社1999年版,第966页。
④ 刘昫:《旧唐书》卷一六五,中华书局1975年版,第4319页。
⑤ 司马光:《资治通鉴》卷二五〇,中华书局1956年版,第8093页。
⑥ 高适:《别韦参军》,《全唐诗》卷二一三,第2221页。

发出"总为浮云能蔽日，长安不见使人愁"①的感叹。刘禹锡遭贬，《谪居悼往二首》曰："郁郁何郁郁，长安远如日。"②刘长卿《初至洞庭怀灞陵别业》曰："长安邈千里，日夕怀双阙。已是洞庭人，犹看灞陵月。"③

在长安文化向心力的影响下，"致君尧舜"同样也是杜甫一生的理想，加之杜甫具有崇尚儒学的家学渊源，尤其杜预与杜审言对其影响至深，奉儒守官是其一生的行为准则。故杜甫"致君尧舜"的追求较之李白、王维，在执著的程度上，有过之而无不及。并且，在杜甫"致君尧舜"的理想中不仅有个体人生价值的实现，而且也存在一种超越个体对国家、对人民、对生命的终极关怀。于是，"长安"也就成为杜甫毕生追求所在。盛唐时期杜甫在长安十年求仕无果而终，安史之乱中长安沦陷，杜甫逃奔凤翔，使其得到左拾遗之职，纵然官阶品位不高，但作为皇帝近臣，可尽讽谏供奉之责，可谓是致君理想的实现，但任职只维持一年即被贬华州。杜甫身处长安，但最终无法融入长安，当其乾元二年（759）离开华州之后，余生再未至长安。杜甫晚年对长安的执著就表现得尤为明显，且更加强烈，突出体现了长安文化的执著精神。

对长安的执著回望，在空间上与长安的远离，二者在杜甫晚年诗中形成一种巨大的张力，随着远离长安的日渐久远，而杜甫思之愈切。童庆炰在《中国古代心理诗学和美学》中说："当诗人处于痛苦、忧伤、焦虑中时，对其所失去的或力求获得的对象，就往往充满一种向往之情。""决定一个人的心理世界的因素很多，而他的缺失性体验则是其中一个重要因素。他的缺失、痛苦、焦虑、忧伤等是如此刻骨铭心，以至于构成一种'情结'，无论他感知什么对象，想象什么图景，都不能不受这一'情结'的影响或支配，从而出现感知的变异，想象的意向性等等。"④由此，杜甫的长安情结使"长安"成为杜甫晚年诗中一类独特的意象群。对长

---

① 李白：《登金陵凤凰台》，王琦注《李太白全集》卷二一，中华书局1977年版，第986页。
② 刘禹锡：《谪居悼往二首》之二，《全唐诗》卷三五五，第3995页。
③ 刘长卿：《初至洞庭怀灞陵别业》，《全唐诗》卷一四九，第1532页。
④ 童庆炰：《中国古代心理诗学和美学》，中华书局1992年版，第33、35页。

安风物和交游人物的怀恋、对长安经历的理性思考、对长安理想的执著,构成了杜诗中长安情结的基本内涵。杜甫晚年诗中的长安情结,不仅反映了杜甫个体人格的升华、文人恋阙心态的深化,同时,也成为杜甫创作的强大动力,使其达到创作的辉煌,使杜诗臻至化境,夔州诗歌的成就即是一证明,杜甫长安情结的深挚也更加突出了杜诗的沉郁之风。

第一节 对长安风物与交游人物的怀恋

从上述几章对杜甫长安诗歌的分析中可以见出,长安的很多人与物都成为杜甫的诗材,是杜甫诗兴与情感的重要载体或表现对象。远离长安,对长安风物的回忆与对长安交游人物的怀恋首先成为杜甫晚年诗中的重要组成部分。

一 对长安风物的怀念

长安被誉为是唐代诗人的精神家园,"作为帝都,长安代表着君王、国家、权利、崇高、神圣,代表着繁华、财富、享乐、太平、理想,长安是都—君—国三位一体的文化符号,是唐代大多数诗人理想的居住地,是精神寄托之所,是他们的'精神家园'"。[①] 长安沦陷,被安史叛军所俘的杜甫即写下"国破山河在,城春草木深"(《春望》)之诗,纵然此时叛军只是占领长安,并未造成唐王朝的覆灭,但杜甫诗中仍然用"国破"一词来形容。杜甫晚年诗中仍多用"故国"一词形容长安,如"一辞故国十经秋,每见秋瓜忆故丘"(《解闷十二首》其三),"故国三年一消息,终南渭水寒悠悠"(《锦树行》)。长安山水成为故国山河的象征,长安草木在杜诗中成为长安的代名词。

由于情感受长安情结的支配,杜甫诗歌出现想象的意象性,故其在巴蜀所观之物都蒙上了长安的色彩。《泛江》曰:"方舟不用楫,极目总无波。长日容杯酒,深江净绮罗。乱离还奏乐,飘泊且听歌。故国流清

[①] 欧明俊、陈堃:《长安——唐代诗人的"精神家园"》,李炳武、刘锋焘主编《长安学丛书·文学卷》,陕西师范大学出版社、三秦出版社2009年版,第240页。

渭，如今花正多。"此诗杜甫作于收京之后，故望蜀江而思长安渭水。《峡中览物》曰：

> 曾为掾吏趋三辅，忆在潼关诗兴多。巫峡忽如瞻华岳，蜀江犹似见黄河。舟中得病移衾枕，洞口经春长薜萝。形胜有余风土恶，几时回首一高歌。

杜甫漂流巴蜀，观巫峡如华岳，蜀江犹黄河。"向贬司功，而诗兴偏多，以华岳、黄河足引壮思也。今峡江相似，而卧病经春，无复前此兴会矣。盖此间形胜虽佳，风土殊恶，几时得回首北归，仍动长歌之兴乎？"①

秋瓜、生菜、书画等平常之物亦是引起杜甫长安之思的触发点，诗曰：

> 春日春盘细生菜，忽忆两京全盛时。盘出高门行白玉，菜传纤手送青丝。巫峡寒江那对眼，杜陵远客不胜悲。此身未知归定处，呼儿觅纸一题诗。（《立春》）
>
> 一辞故国十经秋，每见秋瓜忆故丘。今日南湖采薇蕨，何人为觅郑瓜州？（《解闷十二首》其三）
>
> 忆昔咸阳都市合，山水之图张卖时。巫峡曾经宝屏见，楚宫犹对碧峰疑。（《夔州歌十绝句》其八）

"立春"，意味着春之将至，唐代此日有吃春盘生菜的习俗，蜀地立春的生菜引起杜甫对长安立春时节"盘出高门行白玉，菜传纤手送青丝"的回忆。《解闷十二首》其三是为郑监审而作，"忆故丘"，因而忆郑监。郑监长安所居，与故丘相近。而《夔州歌十绝句》其八则是目睹夔州山水而思昔日长安所观画图。

人文胜地与故国山河相比，其文化意蕴更为浓厚，与社会政治文化氛围息息相关。曲江、昆明池、渼陂等出现于杜诗中的人文景观意象，

---

① 仇兆鳌：《杜诗详注》卷一五，中华书局1979年版，第1289页。

较之秦山渭水，承载着杜甫更为丰富的情感。《秋兴八首》即是关于这方面的一首大型组诗，其六是回忆曲江，曰：

> 瞿唐峡口曲江头，万里风烟接素秋。花萼夹城通御气，芙蓉小苑入边愁。珠帘绣柱围黄鹄，锦缆牙樯起白鸥。回首可怜歌舞地，秦中自古帝王州。

曲江是杜甫长安时期常游之地，亦有《乐游原歌》《九日曲江》《曲江对酒》《曲江二首》《曲江对雨》等曲江诗。大历元年杜甫身处夔州素秋之节，起曲江之思，诗中选取的画面定格于帝王游览，曲江昔日的繁华与今日的凋零形成巨大的反差，并使人联想到帝王昔日游宴与今日凋零曲江之间的关系。"'瞿唐峡口曲江头，万里风烟接素秋'，言两地极远，而秋怀是同，不忘魏阙也。故即叙长安事，而曰'花萼夹城通御气'，言此二地是圣驾所常游幸。而又曰'芙蓉小苑入边愁'，则转出兵乱矣。又曰'珠帘绣柱'不围人而'围黄鹄'，'锦缆牙樯'无人迹而'起白鸥'，则荒凉至极也，是以'可怜'。又叹关中自秦、汉至唐皆为帝都，而今乃至于此也。"① 此诗借曲江今昔对比抒发帝都盛衰之叹。

《秋兴八首》其七忆长安昆明池，曰：

> 昆明池水汉时功，武帝旌旗在眼中。织女机丝虚夜月，石鲸鳞甲动秋风。波漂菰米沉云黑，露冷莲房坠粉红。关塞极天唯鸟道，江湖满地一渔翁。

此诗写昆明池景之壮丽与衰谢，"菰米不收而任其沉，莲房不采而任其坠，兵戈乱离之状具见矣"。② 汉武帝曾造昆明池操练水兵，此诗借汉言唐。

---

① 吴乔：《围炉诗话》，《清诗话续编》本，陈伯海编《唐诗汇评》，浙江教育出版社1995年版，第1222—1223页。
② 杨慎：《升庵诗话》卷六，丁福保《历代诗话续编》，中华书局2006年版，第753页。

《秋兴八首》其八忆长安渼陂，曰：

> 昆吾御宿自逶迤，紫阁峰阴入渼陂。香稻啄残鹦鹉粒，碧梧栖老凤凰枝。佳人拾翠春相问，仙侣同舟晚更移。彩笔昔曾干气象，白头今望苦低垂。

渼陂是长安名胜，在天宝年间杜甫曾与岑参等人数度游览，《城西陂泛舟》《渼陂行》《渼陂西南台》《与鄠县源大少府宴渼陂》皆是当时所作，此诗中"彩笔昔曾干气象"即指此事。"香稻啄残鹦鹉粒，碧梧栖老凤凰枝"，字中化境；"佳人拾翠春相问，仙侣同舟晚更移"，记游览之盛，字句秀丽明媚。杜甫身居夔州，远望渼陂，白首低垂，"此'望'字与望京华相应，既望而又低垂，并不能望矣。笔于气象，昔何其壮；头白低垂，今何其惫。诗至此，声泪俱尽，故遂终焉"。①

杜甫怀念灞上之游，曰："怅望东陵道，平生灞上游。春浓停野骑，夜敞宿云楼。离别人谁在，经过老自休。眼前今古意，江汉一归舟。"（《怀灞上游》）回忆白阁、皇陂，《偶题》诗曰："稼穑分诗兴，柴荆学土宜。故山迷白阁，秋水忆黄陂。"

由于吐蕃入侵、军阀混战，长安风物不得见的悲愁充斥杜甫诗中。如：

> 渭水流关内，终南在日边。胆销豺虎窟，泪入犬羊天。起晚堪从事，行迟更学仙。镜中衰谢色，万一故人怜。（《览镜呈柏中丞》）

> 十年戎马暗南国，异域宾客老孤城。渭水秦山得见否，人今罢病虎纵横。（《愁》）

> 杜陵斜晚照，潏水带寒淤。莫话清溪发，萧萧白映梳。（《赠李八秘书别三十韵》）

> 多病马卿无日起，穷途阮籍几时醒。未闻细柳散金甲，肠断秦川流浊泾。（《即事》）

---

① 仇兆鳌：《杜诗详注》卷一七引陈冢宰注，中华书局1979年版，第1497页。

干戈况复尘随眼，鬓发还应雪满头。玉垒题书心绪乱，何时更得曲江游。(《寄杜位》)

故国三年一消息。终南渭水寒悠悠。五陵豪贵反颠倒，乡里小儿狐白裘。(《锦树行》)

"秦山""渭水""终南""细柳营""曲江""灞上"等长安风物，都寄托着杜甫美好的回忆，是心之向往的长安的象征。远离长安，这些事物成为杜甫飘零凄楚之心的慰藉物，在杜甫晚年诗中长安风物皆呈现出美化的特征。

二 对长安交游人物的眷恋

杜甫长安时期交游之人众多，与长安诗人的交游使杜甫吸取了时代诗歌的精华，淳朴的长安平民故交的关怀给了杜甫心灵的慰藉，当然，也不乏"软裘快马"之人给予杜甫世俗的白眼。经过时间的洗礼，远离长安的杜甫心中存留的是对挚交的深深眷恋。杜甫晚年诗中出现的长安交游诗人可分为两类：一是杜甫离开长安后再无交集之人，如郑虔、苏源明、汝阳王李琎等。一是杜甫在巴蜀湖湘时期继续交往之人，如高适、严武等。现以诗中言及长安交游之事的友人为主要考察对象，论述杜甫晚年诗中对长安交游人物的怀念与眷恋。

杜诗中怀念盛唐时期长安交游人物主要有郑虔、苏源明、薛据、顾戒奢、汝阳王李琎、杜位等。其中郑虔与苏源明是杜甫交情最为深厚者，杜甫晚年言及二人的诗篇最多，如《九日五首》与《怀旧》曰：

旧与苏司业，兼随郑广文。采花香泛泛，坐客醉纷纷。野树敧还倚，秋砧醒却闻。欢娱两冥漠，西北有孤云。

地下苏司业，情亲独有君。那因丧乱后，便有死生分。老罢知明镜，归来望白云。自从失辞伯，不复更论文。

杜甫长安时期曾有诗"忘形到尔汝，痛饮真吾师"(《醉时歌》)，"赖有苏司业，时时乞酒钱"(《戏简郑广文兼呈苏司业》)，"第五桥东流恨水，皇陂岸北结愁亭"(《题郑十八著作丈故居》)抒写三人交往之情,《九日五首》和《怀旧》诗中采花泛香,醉客纷纷,辞伯论文,皆是言长安时期与郑、苏二人的交游往事。郑虔年老远谪台州,杜甫作《有怀台州郑十八司户》怀之:"天台隔三江,风浪无晨暮。郑公纵得归,老病不识路。昔如水上鸥,今为罝中兔。性命由他人,悲辛但狂顾。山鬼独一脚,蝮蛇长如树。呼号傍孤城,岁月谁与度。"诗中纯是一片交情,一字一泪。

杜甫流离巴蜀湖湘时期,郑虔病死贬所台州,苏源明饿死长安,《八哀诗》中《故著作郎贬台州司户荥阳郑公虔》与《故秘书少监武功苏公源明》即是对二人的追念和哀悼,曰:

  春深秦山秀,叶坠清渭朗。剧谈王侯门,野税林下鞅。操纸终夕酣,时物集遐想。词场竟疏阔,平昔滥推奖。百年见存殁,牢落吾安放。萧条阮咸在,出处同世网。他日访江楼,含凄述飘荡。

  结交三十载,吾与谁游衍?荥阳复冥寞,罪罟已横胃。呜呼子逝日,始泰则终蹇。长安米万钱,凋丧尽余喘。战伐何当解,归帆阻清沔。尚缠漳水疾,永负蒿里饯。

郑苏不以贫贱相轻,相反能成为诗文知音,杜甫晚年以"故旧谁怜我,平生郑与苏"(《哭台州郑司户苏少监》)、"早岁与苏郑,痛饮情相亲"(《寄薛三郎中据》)来形容与二人交情之厚。二人俱殁,杜甫痛而悼之。

杜位,为杜甫堂弟,有宅位于曲江池畔,杜甫曾有诗《杜位宅守岁》记述在其宅第除夕守岁一事。杜甫上元二年(761)在青城作《寄杜位》曰:

  近闻宽法离新州,想见怀归尚百忧。逐客虽皆万里去,悲君已是十年流。干戈况复尘随眼,鬓发还应雪满头。玉垒题书心绪乱,何时更得曲江游。

此诗可作为一封家书,回忆往事,慨叹今昔。顾宸曰:"是一纸家书,率直摅写,不待致饰。曰近闻、曰想见、曰虽皆、曰已是、曰况复、曰还应、曰何时更得,只此数虚字中,情文历乱,俱写出心乱之故。骨肉真情,溢于言表矣。"①

顾戒奢,为著名书法家,杜甫长安时期并未存留关于此人的诗歌,大历三年(768),杜甫有《送顾八分文学适洪吉州》怀念之,曰:

> 文学与我游,萧疎外声利。追随二十载,浩荡长安醉。高歌卿相宅,文翰飞省寺。视我扬马间,白首不相弃。骅骝入穷巷,必脱黄金辔。一论朋友难,迟暮敢失坠。古来事反复,相见横涕泗。向者玉珂人,谁是青云器。才尽伤形骸,病渴污官位。故旧独依然,时危话颠跻。

诗中充满二人长安交游的美好回忆,"视我扬马间,白首不相弃"的相知应是杜甫视顾戒奢为挚友的根本原因。"通篇无一字虚饰,可知其相与之情;至末而爱民之真恳,规友之直谅,两见之矣。"②

杜诗中怀念安史之乱时期在长安交游人物有王维、李八秘书、李常侍、吴十侍御、贾司马。《解闷十二首》其八怀念王维,曰:

> 不见高人王右丞,蓝田丘壑蔓寒藤。最传秀句寰区满,未绝风流相国能。

王维蓝田有辋川别业,杜甫乾元二年(759)曾造访但未得见,有《崔氏东山草堂》记之,而"蓝田丘壑蔓寒藤"即是描述王维别业之景,"最传秀句寰区满",亦可见出杜甫对王维诗歌的推崇。

忆贾司马,诗曰"月分梁汉米,春给水衡钱。内蕊繁于缬,宫莎软胜绵。恩荣同拜手,出入最随肩。晚著华堂醉,寒重绣被眠。谮齐兼秉

---

① 仇兆鳌:《杜诗详注》卷一〇,中华书局1979年版,第828页。
② 王嗣奭:《杜臆》卷一〇,上海古籍出版社1983年版,第362页。

烛，书柁满怀笈"（《寄岳州贾司马六丈巴州严八使君两阁老五十韵》）；忆吴十侍御，诗曰"昔在凤翔都，共通金闺籍。天子犹蒙尘，东郊暗长戟。兵家忌间谍，此辈常接迹。台中领举劾，君必慎剖析"（《两当县吴十侍御江上宅》）；忆李八秘书，诗曰"寇盗方归顺，乾坤欲宴如。不才同补衮，奉诏许牵裾。鸳鹭叨云阁，骐驎滞石渠。文园多病后，中散旧交疏。飘泊哀相见，平生意有馀。风烟巫峡远，台榭楚宫虚。触目非论故，新文尚起予"（《赠李八秘书别三十韵》）；忆李常侍，诗曰"青琐陪双入，铜梁阻一辞。风尘逢我地，江汉哭君时"（《哭李常侍峄二首》其二）。对这些友人的怀念多注重于作为朝中同僚之谊，较之盛唐时期郑虔辈，感情稍有逊色。

无论是诗篇的数量，还是诗中表现的感情深厚的程度，都以盛唐时期交游人物为先。在对友人的怀恋中，其中不仅有对谈论诗文的回忆、患难中真情的追念，亦有对自己才学赏识的感激，而对同受恩遇的朝中同僚的回忆中则是充满昔日荣宠的自得。杜甫怀念长安交游之诗中真情的深挚，突出了杜诗作为至情至性之文的特征，同时也说明了杜甫被誉为"情圣"的原因之一。

第二节 对长安经历的回顾

杜甫在长安的活动可分为两个时期：盛唐时期和安史之乱时期。盛唐时期指天宝五载（746）杜甫入长安至天宝十四载安史之乱爆发前期，安史之乱时期指天宝十四载十一月安史之乱爆发至乾元二年（759）秋杜甫弃官华州司功参军离秦。前期杜甫在长安的主要活动是求仕，后期在长安则是追随肃宗。对献赋一事的回味、对干谒之举的反思、对任职左拾遗的留恋与无悔是杜甫晚年诗中对长安经历回顾的主要表现。

一 对献赋一事的回味

盛唐时期杜甫在长安的求仕经历充满悲愤，不仅应制下第，而且颇受人格受辱之耻，干谒无门。虽然最终获得右卫率府胄曹参军，但此职与杜甫之君尧舜的理想距离较远，杜甫无奈受之。杜甫在这一时期唯一感到自豪之事即是因献三大礼赋而待制集贤院。

杜甫献三大礼赋的时间史料记载说法不一，现今学界多认为是在天宝十载（751），今且采用这种说法。《资治通鉴·玄宗天宝十载》记载："春，正月，壬辰，上朝献太清宫；癸巳，朝享太庙；甲子（当作'甲午'），合祭天地于南郊，赦天下，免天下今载地税。"① 杜甫此时献赋《朝献太清宫赋》《朝享太庙赋》《有事于南郊赋》，"帝奇之，使待制集贤院，命宰相试文章"。② 杜甫文章受到玄宗赏识，命待制集贤院，宰相试其文章，之后酌情授予官职。杜甫感觉唯有此时尚能"扬眉吐气"，在《奉留赠集贤院崔于二学士》诗中就用"气冲星象表，词感帝王尊"来形容自己受到玄宗恩遇的自豪。杜甫远离长安后对此亦有叙述，《莫相疑行》曰：

> 男儿生无所成头皓白，牙齿欲落真可惜。忆献三赋蓬莱宫，自怪一日声烜赫。集贤学士如堵墙，观我落笔中书堂。往时文采动人主，此日饥寒趋路旁。晚将末契托年少，当面输心背面笑。寄谢悠悠世上儿，不争好恶莫相疑。

"忆献三赋蓬莱宫，自怪一日声烜赫"是久不知遇下忽达圣主的欣喜与释放，"集贤学士如堵墙，观我落笔中书堂"充满对自身才学的肯定与自豪。"往时文采动人主"与"此日饥寒趋路旁"的今昔对比可以见出杜甫对玄宗知遇之恩的怀念与感激。杜甫晚年自传性质的诗作《壮游》中亦曰：

> 快意八九年，西归到咸阳。许与必词伯，赏游实贤王。曳裾置醴地，奏赋入明光。天子废食召，群公会轩裳。脱身无所爱，痛饮信行藏。黑貂宁免敝，斑鬓兀称觞。杜曲晚耆旧，四郊多白杨。坐深乡党敬，日觉死生忙。朱门任倾夺，赤族迭罹殃。国马竭粟豆，

---

① 司马光：《资治通鉴》卷二一六，中华书局1956年版，第6902页。
② 欧阳修、宋祁：《新唐书》卷二〇一，中华书局1997年版，第5736页。

官鸡输稻粱。举隅见烦费，引古惜兴亡。

此诗叙述了杜甫在长安的生活，其中"曳裾置醴地，奏赋入明光。天子废食召，群公会轩裳。脱身无所爱，痛饮信行藏"即是对献赋一事的描述。尽管待诏集贤院的结果是"脱身无所爱，痛饮信行藏"，当时无果而终，杜甫并未授予任何官职，但玄宗是废食而诏，群公是云集轩裳，其中隐藏的不仅是得到君主赏识的荣宠之意，更多的是自我价值得到肯定的欣慰。

杜甫对献赋一事眷恋不舍的重要原因还在于此事符合杜甫心中理想的君臣关系模式。儒家提倡"君使臣以礼，臣事君以忠"①，玄宗的废食召之举正符合儒家对君主的要求，即"尊贤使能，俊杰在位，则天下之士皆悦，而愿立于其朝矣"。② 杜甫"事君，能致其身"③，自然期望君主礼贤下士，使人尽其才，才尽其用。

这种君明臣贤的君臣关系，是杜甫心中的理想模式。献赋无果而终使杜甫对这种关系的感受如昙花一现，但这种感受如此强烈，在经年不遇的杜甫心中犹如久旱逢甘霖。纵然最后杜甫得一微官，并未实现致君尧舜之志，但杜甫晚年诗中仍然多流露出对玄宗的不舍，似乎以此可以得到说明。

二 对干谒之举的反思

杜甫天宝六载（747）参加制举，因为李林甫玩弄权术而下第后，即开始了悲苦的干谒生涯。投诗干谒之人有韦济、张垍、田梁丘、哥舒翰、田澄、韦见素等。杜甫在长安时期的干谒生活可以用其干谒诗《奉赠韦左丞丈二十二韵》来概括："骑驴十三载，旅食京华春。朝扣富儿门，暮随肥马尘。残杯与冷炙，到处潜悲辛。"尽管如此，杜甫长安求仕活动是失败的，最终获右卫率府胄曹参军，但杜甫并不认为此职能致君尧舜，

---

① 杨伯峻：《论语译注》，中华书局1980年版，第30页。
② 杨伯峻：《孟子译注》，中华书局1960年版，第77页。
③ 杨伯峻：《论语译注》，中华书局1980年版，第5页。

得官后作《官定后戏赠》曰:"耽酒须微禄,狂歌托圣朝。故山归兴尽,回首向风飙。"即可说明这一问题。

干谒对杜甫而言,是一种对自我真性情的伤害,是一种自我人格的压抑与贬低,故其在安史之乱爆发前夕所作《自京赴奉先县咏怀五百字》中曰:"以兹悟生理,独耻事干谒。"杜甫晚年诗中亦对此事进行了反思,《狂歌行赠四兄》曰:

> 与兄行年校一岁,贤者是兄愚者弟。兄将富贵等浮云,弟窃功名好权势。长安秋雨十日泥,我曹鞴马听晨鸡。公卿朱门未开锁,我曹已到肩相齐。吾兄睡稳方舒膝,不袜不巾踏晓日。男啼女哭莫我知,身上须缯腹中实。今年思我来嘉州,嘉州酒重花绕楼。楼头吃酒楼下卧,长歌短咏迭相酬。四时八节还拘礼,女拜弟妻男拜弟。幅巾鞶带不挂身,头脂足垢何曾洗。吾兄吾兄巢许伦,一生喜怒长任真。日斜枕肘寝已熟,啾啾唧唧为何人。

"长安秋雨十日泥,我曹鞴马听晨鸡。公卿朱门未开锁,我曹已到肩相齐",是杜甫对当初干谒的描述,也是对"朝扣富儿门,暮随肥马尘"的进一步解释。在泥泞的长安道上,拥挤着朝拜公卿侯门的士子,歌舞席宴中,布满士子乞求引荐的笑脸,而其中桀骜不驯的杜甫显得何其醒目。杜甫"白鸥没浩荡,万里谁能驯"的人格与李白"安能摧眉折腰事权贵,使我不得开心颜"能相差几何?但为求一官,杜甫压抑着自己的自尊,隐藏着自己的真性。在梓州的杜甫在赠四兄的诗歌中,道出了对干谒之举的深以为耻,认为干谒是一种对自己"真"性的伤害。《杜诗攟》曰:"《狂歌行赠四兄》,语语村朴,直作家书读。所谓掇皮皆真,'兄将富贵等浮云,弟窃功名好权势',谁肯自言好权势者,一生喜怒常任真,真人前自难说假话。他日又云'畏人嫌我真',云'知余懒是真',云'于我见子真颜色',时时拈一'真'字,不独人贵真,诗亦如之,文而伪不若朴而真也。"[①] 此诗中杜甫对四兄率真的赞扬亦可反衬出杜甫对屈辱干谒

---

① 唐元竑:《杜诗攟》卷二,《四库全书》本。

的否定。

如果说《狂歌行赠四兄》对干谒的反思是隐而不显，那么《早发》中对干谒的态度就显得更为明了，诗曰：

> 侧闻夜来寇，幸喜囊中净。艰危作远客，干请伤直性。薇蕨饿首阳，粟马资历聘。贱子欲适从，疑误此二柄。

"艰危作远客，干请伤直性"是杜甫针对旅居潭州而发，"干请"即干谒请求之意。仇兆鳌评之曰："末乃早发伤感。艰危作客，不得不干请，一涉干请，自惭非本性，此所以有求常百虑也。下文正申明此意，言不能抗节高隐，如夷齐之穷饿；又不屑屈己逢人，如仪秦之历聘。"①《碧溪诗话》亦曰："杜诗'许身一何愚，自比稷与契'，其平居趋向，自是唐虞上人。有时自方仪秦，似不可晓。'飘飘苏季子，六印佩何迟'，'敝裘苏季子，历国未知还'，'季子黑貂敝，得无瘦嫂欺'，战国奸民，苏张为渠，此老不应未喻。及观'薇蕨饿首阳，粟马资历聘。贱子欲适从，疑误此二柄'，其意甚明，前言盖戏耳。"② 由此可以看出杜甫对干谒行为的态度的变化，晚年诗中表现出对干谒坚决的反对。

杜甫晚年对干谒的反思还体现在对他人干谒的评价中。《寄狄明府博济》曰："汝曹又宜列鼎食，身使门户多旌荣。胡为飘泊岷汉间，干谒侯王颇历抵。况乃山高水有波，秋风萧萧露泥泥。虎之饥，下巉岩，蛟之横，出清泚。早归来，黄土污衣眼易眯。"读之，干谒之害有甚于猛虎蛟螭，劝其早日归来。《别李义》曰："愿子少干谒，蜀都足戎轩。误失将帅意，不如亲故恩。"诗中"愿子少干谒"是遍尝干谒辛酸的杜甫对友人的规劝。

自从在《自京赴奉先县咏怀五百字》诗中表现出"以兹悟生理，独耻事干谒"之后，杜甫再无干谒之诗。长安时期纵然杜甫因为理想的实现而屈辱干谒，但之后对此毫不避讳，对自己干谒行为进行了深刻的反

---

① 仇兆鳌：《杜诗详注》卷二二，中华书局1979年版，第1967页。
② 同上书，引黄彻语，第1968页。

思。晚年诗中对干谒坚定的反对态度是对自己十年干谒行为的否定与批判，同时也是一种自我人格的维护与完善。

三 对任职左拾遗的留恋与无悔

与献赋、干谒经历相比较，杜甫晚年言及任职左拾遗经历的诗篇更多。这是因为左拾遗之职不仅使杜甫得到了做皇帝近臣的机会，而且也使杜甫为致君尧舜的理想付出了实际的努力，如疏救房琯、举荐岑参为右补阙等。杜甫至德二载（757）五月被授左拾遗，乾元元年（758）六月被贬为华州司功参军，前后约一年，左拾遗经历尽管如此短暂，留给杜甫晚年的回忆却是无尽的留恋和无怨无悔。

左拾遗之职是杜甫一生中唯一实现理想的机会，在杜甫晚年诗中充满了对任职经历的不舍与留恋。《寄岳州贾司马六丈巴州严八使君两阁老五十韵》描述了任职左拾遗的宫中生活，曰：

> 月分梁汉米，春给水衡钱。内蕊繁于缬，宫莎软胜绵。恩荣同拜手，出入最随肩。

"分米给钱，朝官之俸。内蕊宫莎，禁庭之物。拜手随肩，并为近臣"[①]，荣宠之意俱现。《惜别行送向卿进奉端午御衣之上都》写再次目睹宫莎而忆昔日端午赐衣，诗曰：

> 尚书勋业超千古，雄镇荆州继吾祖。裁缝云雾成御衣，拜跪题封贺端午。向卿将命寸心赤，青山落日江湖白。卿到朝廷说老翁，漂零已是沧浪客。

杜甫曾于乾元元年（758）作《端午日赐衣》曰："宫衣亦有名，端午被恩荣。细葛含风软，香罗叠雪轻。自天题处湿，当暑著来清。意内称长短，终身荷圣情。"御衣何其软，何其轻，穿上身，"终身荷圣情"的感

[①] 仇兆鳌：《杜诗详注》卷八，中华书局1979年版，第647页。

激之意溢于言表。"卿到朝廷说老翁,漂零已是沧浪客"则包含了杜甫对朝廷无尽的留恋。

《野人送朱樱》则是目睹蜀地樱桃而思昔日朝赐,曰:

> 西蜀樱桃也自红,野人相赠满筠笼。数回细写愁仍破,万颗匀圆讶许同。忆昨赐沾门下省,退朝擎出大明宫。金盘玉箸无消息,此日尝新任转蓬。

此诗"句句笔歌墨舞,字字珠圆玉润"①,被誉为"通体清空一气,刷肉存骨,宋江西派之祖"②。通过对眼前蜀地樱桃的精微描绘引出对昔日宫中朝赐的回忆,"公一见朱樱,遂想到在省中拜赐之时,故'也自红'、'愁仍破'、'讶许同',俱唤起'忆昨'二句,而归宿于'金盘玉箸无消息',通篇血脉融为一片"③。

《秋兴八首》其五是借对长安宫殿的回忆抒发久违的朝廷的思念,诗曰:

> 蓬莱宫阙对南山,承露金茎霄汉间。西望瑶池降王母,东来紫气满函关。云移雉尾开宫扇,日绕龙鳞识圣颜。一卧沧江惊岁晚,几回青琐点朝班。

此诗雄浑大气,前半部分写长安宫殿的壮丽,后半部分写朝仪的威严,尾联"一卧沧江惊岁晚,几回青琐点朝班"点出左拾遗之事。《读杜心解》曰:"此溯宫阙朝仪之盛,首帝居也,而意却重在曾列朝班,是为'所思'之一。"④ 而"赋长安景事,自当以宫殿为首,所谓'不睹皇居壮,安知天子尊'也。公以布衣召见,感荷主知,故追忆入朝觐君之事,

---

① 赵臣瑗辑注:《山满楼笺注唐诗七言律》,清康熙山满楼刻本,陈伯海编《唐诗汇评》,浙江教育出版社1995年版,第1156页。
② 浦起龙:《读杜心解》卷四,中华书局1961年版,第626页。
③ 王嗣奭:《杜臆》卷四,上海古籍出版社1983年版,第144页。
④ 浦起龙:《读杜心解》,中华书局1961年版,第654页。

没齿不忘"。①

在任职左拾遗的一年时间内，杜甫恪遵职守，疏救房琯是其尽谏诤之职责的第一件事情，也是其仕途通塞、命运攸关的大事。房琯因门客董庭兰纳贿一事被罢免宰相之职，杜甫认为"罪细，不宜免大臣"②，而坚决上疏为房琯求情，由此触怒肃宗，诏三司推问，幸得张镐等搭救才幸免于难，"然帝自是不甚省录"③。一年后被视为房琯党遭贬华州司功参军。疏救房琯一事，是杜甫仕途中的转折点，也最终造成了杜甫长安生活的终结。纵然如此，杜甫晚年诗中表现出的却是对此事的无怨无悔，甚至以不死为恨。

杜甫多首诗中皆言及此事，如：

> 备员窃补衮，忧愤心飞扬。上感九庙焚，下悯万民疮。斯时伏青蒲，廷诤守御床。君辱敢爱死，赫怒幸无伤。（《壮游》）
>
> 卧疾淹为客，蒙恩早厕儒。廷争酬造化，朴直乞江湖。（《大历三年春白帝城放船出瞿唐峡久居夔府将适江陵漂泊有诗凡四十韵》）
>
> 昔承推奖分，愧匪挺生材。迟暮宫臣忝，艰危衮职陪。扬镳随日驭，折槛出云台。罪戾宽犹活，干戈塞未开。（《秋日荆南述怀三十韵》）

"廷争"与"折槛出云台"皆指杜甫为房琯而谏诤肃宗。"折槛出云台"使用了朱云的典故，《汉书·朱云传》载："臣（云）愿赐尚方斩马剑，断佞臣一人，以厉其余。上问：'谁也？'对曰：'安昌侯张禹。'上大怒……御史将云下。云攀殿槛，槛折。"④ 此后，以"朱云折槛"形容敢于直言进谏。因疏救房琯而造成仕途蹇塞，对此诗中没有抱怨之词，相反，杜甫却因能向君主直言进谏而发出"君辱敢爱死"之语。

杜甫在《寄岳州贾司马六丈巴州严八使君两阁老五十韵》和《建都

---

① 仇兆鳌：《杜诗详注》卷一七，中华书局1979年版，第1492页。
② 欧阳修、宋祁：《新唐书》卷二〇一，中华书局1975年版，第5737页。
③ 同上书，第5737页。
④ 班固：《汉书》卷六七，中华书局1962年版，第2915页。

十二韵》两首诗中明确表达以谏诤不死为恨，曰：

> 每觉升元辅，深期列大贤。秉钧方咫尺，铩翮再联翩。禁掖朋从改，微班性命全。青蒲甘受戮，白发竟谁怜？
>
> 牵裾恨不死，漏网辱殊恩。永负汉庭哭，遥怜湘水魂。穷冬客江剑，随事有田园。风断青蒲节，霜埋翠竹根。

诗中对疏救房琯一事用"青蒲甘受戮""牵裾恨不死"来形容，"申涵光曰：人亦有一时感激，事过辄悔者。公以不死为恨，真谏臣也"。[①] 如果因为诗歌文体的特征，无法从简练的诗句中窥得更多的信息，那么广德元年（763）杜甫在阆州作《祭故相国清河房文公》一文，可作为对此事的进一步描述，曰：

> 公初罢印，人实切齿。甫也备位此官，盖薄劣耳；见时危急，敢爱生死。君何不闻，刑欲加矣；伏奏无成，终身愧耻。乾坤惨惨，豺虎纷纷。苍生破碎，诸将功勋；城邑自守，鼙鼓相闻。山东虽定，灞上多军；忧恨展转，伤痛氤氲。

"伏奏无成，终身愧耻"言虽然廷诤上疏，但终无法为房琯开脱，心存愧疚。"乾坤惨惨，豺虎纷纷。苍生破碎，诸将功勋"则是交代了杜甫"牵裾恨不死"的根本原因，而儒家深沉的忧患意识和社会责任感使杜甫义无反顾地履行自己的职责，虽死无恨。

无论是"遂阻云台宿，常怀《湛露》诗。翠华森远矣，白首飒凄其"（《夔府书怀四十韵》）诗中对左拾遗经历的怀念，还是对房琯一事"青蒲甘受戮"的无悔，"上感九庙焚，下悯万民疮"（《壮游》）为国为民的思想是杜甫行为的内在驱动力。谏诤是杜甫为实现理想在现实社会中的实际行动，期望以此能使君主成为尧舜之君，进而实现"德治"理念下的万民归顺的治世。左拾遗经历给予了杜甫"致君尧舜"的机会，对儒

---

① 仇兆鳌：《杜诗详注》卷九，中华书局1979年版，第776页。

家思想的坚守使其对自己的行为无怨无悔，但最终被贬也使杜甫对现实政治有了更为清醒的认识，也为其一定程度上超越自己的阶级属性打下了基础。

第三节　对长安理想的执著

长安是君、国一体的象征，是士子实现理想之地，也是杜甫长安情结之根本所在。即使杜甫与长安远隔千里，但其对致君尧舜的理想追求却矢志不渝。对君主的关切、对长安时局的回忆与关注、梦回长安是杜甫晚年诗中对长安理想执著的主要表现。

一　对君主的关切

一国之"君"在杜甫理想中处于核心的地位，对于儒学之士来说，个体的理想不管是自身价值的实现，还是尧舜社会的建立、王道之治的实行，其中最为关键的一个环节即是封建君主。"致君尧舜"是士子在现实中实现理想更为实际的行动，故"君"是士子关注的焦点，一生笃于儒学的杜甫更是如此。远离长安后，杜甫对君主的关切有增无减，以至于被后世称为"一饭不忘君恩"。出现于杜甫晚年诗中的君主有玄宗、肃宗、代宗。

唐玄宗是唐代盛世的创造者，同时也是其一手导致了安史之乱。杜甫晚年诗中对玄宗的感情是复杂的，杜诗既对玄宗任用直臣、开创盛世进行了热烈的赞扬，对其幸蜀蒙尘表示同情，同时也对其耽于游乐、荒淫误国给予了无情的批判。

《折槛行》作于大历元年（766），"娄公不语宋公语，尚忆先皇容直臣"中"先皇"即指玄宗。昔日玄宗任用直臣姚崇、宋璟作相，勤政爱民，开创了开元盛世，《忆昔》其二诗曰：

　　忆昔开元全盛日，小邑犹藏万家室。稻米流脂粟米白，公私仓廪俱丰实。九州道路无豺虎，远行不劳吉日出。齐纨鲁缟车班班，男耕女桑不相失。宫中圣人奏云门，天下朋友皆胶漆。百余年间未灾变，叔孙礼乐萧何律。

此诗成为描述开元盛世的经典之作，其时既庶而富，盗息民安，刑政平，风俗厚，制礼作乐，几于贞观之治。仇兆鳌曰："古今极盛之世，不能数见，自汉文景、唐贞观后，惟开元盛时，称民熙物阜。考柳芳《唐历》，开元二十八年，天下雄富，京师米价斛不盈二百，绢亦如之。东由汴宋，西历岐凤，夹路列店，陈酒馔待客，行人万里，不持寸刃。呜呼，可谓盛矣！"①

开元十七年（729）以玄宗诞辰为千秋节，大历四年（769）杜甫在潭州作《千秋节有感二首》其二曰：

> 御气云楼敞，含风彩仗高。仙人张内乐，王母献宫桃。罗韈红蕖艳，金羁白雪毛。舞阶衔寿酒，走索背秋毫。圣主他年贵，边心此日劳。桂江流向北，满眼送波涛。

此诗记述了昔日宫中节日游乐之盛，即此耽于游乐，才致使安史之乱。仇兆鳌曰："御楼受贺，彩仗迎风，于是梨园奏乐，太真献桃，舞阶之白马，衔酒前来，走索之宫人，红蕖高露，当年可谓恣情尊贵矣，岂知边忧即从此日而生乎。至今目送波涛，不胜北望伤神也。"②《宿昔》曰：

> 宿昔青门里，蓬莱仗数移。花娇迎杂树，龙喜出平池。落日留王母，微风倚少儿。宫中行乐秘，少有外人知。

"此追叙明皇逸豫之事。上四叙游幸，下四叙女宠。昔于青门城内，见仙仗数移，自蓬莱而往曲江南苑也。花迎龙出，景物亦若增新矣。日将落而留连王母，贵妃专宠也。风微起而凭倚少儿，秦虢得幸也。当时

---

① 仇兆鳌：《杜诗详注》卷一三，中华书局1979年版，第1165页。
② 仇兆鳌：《杜诗详注》卷二二，中华书局1979年版，第2000页。

恣意行乐，不令人知，今果安在哉？"① 玄宗宠贵妃之甚，有荔枝为证："侧生野岸及江蒲，不熟丹宫满玉壶。云壑布衣骀背死，劳人害马翠眉须。"（《解闷十二首》其十二）"荔枝生于远僻，不植宫中，而偏满玉壶，以其所好在此，不惮多方致之也。岂知抱道布衣，老丘壑而不征，独于一荔，乃劳人害马，以给翠眉之须。噫，远德而好色，此所以成天宝之乱欤。"②

杨妃专宠，玄宗与之游宴无度，荒于国政。在安史之乱爆发之时，明皇贵妃尚在骊山游乐。杜甫《斗鸡》诗曰：

斗鸡初赐锦，舞马既登床。帘下宫人出，楼前御曲长。仙游终一阕，女乐久无香。寂寞骊山道，清秋草木黄。

此诗再现了玄宗与杨贵妃骊山游乐的场景。《容斋随笔》曰："杜公诗命意用事，旨趣深远，若随口一读，往往不能晓解，姑纪一二篇以示好事者。……又一篇云：'斗鸡初赐锦……清秋草木黄'，先忠宣公在北方，得唐人画《骊山宫殿图》一轴，华清宫居山巅，殿外垂帘，宫人无数，穴帘隙而窥，一时伶官戏剧，品类杂沓，皆列于下。杜一诗真所谓亲见之也。"③"世乱郁郁久为客，路难悠悠常傍人。酒阑却忆十年事，肠断骊山清路尘"（《九日》），亦是叹明皇荒游无度，以致盛世不再，战乱不息。

长安陷落，玄宗蒙尘幸蜀，杜甫有《洛阳》记之，曰：

洛阳昔陷没，胡马犯潼关。天子初愁思，都人惨别颜。清笳去宫阙，翠盖出关山。故老仍流涕，龙髯幸再攀。

此诗以简练的语言高度概括了玄宗幸蜀至还京之事。"上四，叙幸蜀之

---

① 仇兆鳌：《杜诗详注》卷一七，中华书局1979年版，第1521页。
② 同上书，第1518页。
③ 洪迈撰，孔凡礼点校：《容斋随笔·三笔》卷六，中华书局2005年版，第495页。

由。下四,记还京之事。别颜流涕,上下相应。禄山于天宝十四年(载)十二月,陷东京,所谓洛阳没也。次年六月七日,灵宝败绩,贼入潼关,所谓犯潼关也。是夕,平安火不至,明皇惧而谋幸蜀,所谓初愁思也。十三日,帝出延秋门,至咸阳驿,而从宫骇散,所谓惨别颜也。至德二年九月,郭子仪收复西京,贼众夜遁,所谓去宫阙也。十月,肃宗入长安,上皇发蜀郡,所谓出关山也。十二月,上皇至自蜀,百姓舞抃路侧曰:'不图今日,复见二圣。'所谓故老流涕,龙髯再扳也。"① 此诗充分显示出"诗史"的特征,其中蕴含的是对天子蒙尘的痛惜之情。

肃宗和代宗时期动乱频仍,盛世不再,期待帝王成为中兴主是杜甫晚年诗中对肃宗、代宗的主要态度。"衣冠空穰穰,关辅久昏昏。愿枉长安日,光辉照北原"(《建都十二韵》)是借议建都规劝肃宗当以长安日普照中原,以兴唐室。《忆昔二首》其二曰:

岂闻一绢直万钱,有田种谷今流血。洛阳宫殿烧焚尽,宗庙新除狐兔穴。伤心不忍问耆旧,复恐初从乱离说。小臣鲁钝无所能,朝廷记识蒙禄秩。周宣中兴望我皇,洒泪江汉身衰疾。

此诗是记述开元盛世的《忆昔》其二的后半部分,"岂闻"一词陡转,从盛世引出乱离景象。田流血,民不聊生,宫殿烧焚,王室衰败,与开元盛世形成强烈对比,此痛乱离而思兴复。"周宣中兴望我皇,洒泪江汉身衰疾"期望代宗中兴,"明皇当丰亨豫大时,忽盈虚消息之理,致开元变为天宝,流祸两朝,而乱犹未已。此章于理乱兴亡之故,反覆痛陈,盖亟望代宗拨乱反治,复见开元之盛焉"。② 杜甫在《秋日夔府咏怀奉寄郑监李宾客一百韵》中"侧听中兴主,长吟不世贤"之句表达的亦是此意。

因为渴望君主中兴,故对其行为进行了规劝。《有感五首》曰:

洛下舟车入,天中贡赋均。日闻红粟腐,寒待翠华春。莫取金

---

① 仇兆鳌:《杜诗详注》卷一七,中华书局1979年版,第1526页。
② 仇兆鳌:《杜诗详注》卷一三,中华书局1979年版,第1165页。

汤固,长令宇宙新。不过行俭德,盗贼本王臣。(其三)

　　胡灭人还乱,兵残将自疑。登坛名绝假,报主尔何迟。领郡辄无色,之官皆有词。愿闻哀痛诏,端拱问疮痍。(其五)

此二首诗为劝谏代宗而作,写于广德元年(763),顾辰曰:"是年天兴圣节,诸道节度使献金饰器用、珍玩骏马,共值缗钱二十四万。常衮上言请却之,不听。代宗渐有奢侈之志,故以俭德规之。"① "愿闻哀痛诏,端拱问疮痍"即是愿、代宗能以"俭德"治国,关心民瘼,再创盛世。

广德元年(763)十月,吐蕃攻陷长安,代宗幸陕(今河南境内)。《资治通鉴》记载:"吐蕃之入寇也,边将告急,程元振皆不以闻。冬,十月,吐蕃寇泾州,刺史高晖以城降之,遂为之乡导,引吐蕃深入;过邠州,上始闻之。辛未,寇奉天、武功,京师震骇。……戊寅,吐蕃入长安,高晖与吐蕃大将马重英等立故邠王守礼之孙承宏为帝,改元,置百官,以前翰林学士于可封等为相。吐蕃剽掠府库市里,焚闾舍,长安中萧然一空。"②《冬狩行》即是针对此事而发,曰:

　　飘然时危一老翁,十年厌见旌旗红。喜君士卒甚整肃,为我回辔擒西戎。草中狐兔尽何益,天子不在咸阳宫。朝廷虽无幽王祸,得不哀痛尘再蒙。呜呼,得不哀痛尘再蒙!

玄宗天宝十四载(755)幸蜀,今代宗幸陕,故曰尘再蒙。王洙曰:"代宗在陕,诏征天下兵,时程元振用事,无一人应召者,故章末感激言之。"③ 哀痛之情,不仅是对天子出奔的悲愤,亦有对国家中兴艰难的忧虑。"胡夏客曰:《冬狩行》因校猎之盛,思外清西戎,内匡王室,视他题他篇之忧国者,尤为切贴矣。"④《伤春五首》其四:"再有朝廷乱,难知消息真。近传王在洛,复道使归秦。夺马悲公主,登车泣贵嫔。萧关

---

① 仇兆鳌:《杜诗详注》卷一一,中华书局1979年版,第973—974页。
② 司马光:《资治通鉴》卷二二三,中华书局1956年版,第7150—7152页。
③ 仇兆鳌:《杜诗详注》卷一二,中华书局1979年版,第1058页。
④ 同上。

迷北上,沧海欲东巡。敢料安危体,犹多老大臣。岂无嵇绍血,沾洒属车尘。"亦是伤朝廷之乱,悲乘舆播越。"无穷悲愤,一片忠恳,《大雅》之后,绝无而仅有,论诗至此,可以表乾里坤,与天地始终。"①

由上可见,杜诗中对君主的关切,主要是期望玄宗、肃宗、代宗成为尧舜之君。尧与舜是儒家思想中君主的典范,是勤政爱民者的象征,《论语》曰:"巍巍乎!舜禹之有天下也而不与焉。""大哉尧之为君也!巍巍乎!唯天为大,唯尧则之。"② 在肃宗、代宗身上寄托着杜甫期望国家中兴的愿望,再现大唐盛世是杜甫晚年心之所系,杜诗中无论是对帝王无情的批判,还是微讽的规劝,皆渴望其成为唐代的"中兴主"。把国家兴复完全系于帝王一身,体现了杜甫忠君爱国的思想,同时也显示出其处于当时社会所具有的思想局限性。

二　对长安时局的关注

长安是君、国一体的象征,长安的安危关系到国家的兴衰,同时也决定杜甫能否北归实现致君尧舜的理想。在杜甫晚年诗中,关于长安时局的描写再现了肃宗、代宗时期的长安时事的变迁。

杜诗中对安史之乱的展现有多处,《壮游》曰:

> 河朔风尘起,岷山行幸长。两宫各警跸,万里遥相望。崆峒杀气黑,少海旌旗黄。禹功亦命子,涿鹿亲戎行。翠华拥吴岳,貙虎啖豺狼。爪牙一不中,胡兵更陆梁。大军载草草,凋瘵满膏肓。

河朔句,言安禄山起兵;岷山句,言明皇幸蜀;两宫句,言玄宗肃宗父子处于巴蜀、灵武两地;崆峒少海,言东西皆用兵;禹功句,言玄宗禅位;涿鹿句,言肃宗亲征;翠华貙虎,言灵武君臣抗击叛军;大军句,言陈涛青坂之败;凋瘵句,言民生困顿。诗句参差变化,自成部署。《夔

---

① 清高宗弘历敕编:《唐宋诗醇》,清光绪七年浙江巡抚谭钟麟刻本,陈伯海编《唐诗汇评》,浙江教育出版社1995年版,第1185页。

② 杨伯峻:《论语译注》,中华书局1980年版,第83页。

府书怀四十韵》《诸将》《秋日荆南送石首薛明府辞满告别奉寄薛尚书颂德叙怀裴然之作三十韵》等诗中亦有对安史之乱的回忆,在杜甫诗集中言及安史之乱事有数十处,但无有重复。

广德元年(763),长安再次沦陷,《伤春五首》其一曰:

> 天下兵虽满,春光日自浓。西京疲百战,北阙任群凶。关塞三千里,烟花一万重。蒙尘清路急,御宿且谁供。殷复前王道,周迁旧国容。蓬莱足云气,应合总从龙。

吐蕃陷长安,谓之"西京疲百战","蒙尘清路急,御宿且谁供";代宗蒙尘幸陕,"应合总从龙",臣子应护驾报国。当长安收复,杜甫喜而作《收京》曰:"复道收京邑,兼闻杀犬戎。衣冠却扈从,车驾已还宫。克复诚如此,安危在数公。莫令回首地,恸哭起悲风。"

《往在》作于大历元年(766),是一首综合表现长安时事的诗歌,历叙从安史之乱至代宗还京之事,可谓详尽,曰:

> 往在西京日,胡来满彤宫。中宵焚九庙,云汉为之红。解瓦飞十里,繐帷纷曾空。疚心惜木主,一一灰悲风。合昏排铁骑,清晓散锦幪。贼臣表逆节,相贺以成功。是时妃嫔戮,连为粪土丛。当宁陷玉座,白间剥画虫。不知二圣处,私泣百岁翁。
> 车驾既云还,楹桷欻穹崇。故老复涕泗,祠官树椅桐。宏壮不如初,已见帝力雄。前春礼郊庙,祀事亲圣躬。微躯忝近臣,景从陪群公。登阶捧玉册,峨冕聆金钟。侍祠恧先路,掖垣迩灌龙。天子惟孝孙,五云起九重。镜奁换粉黛,翠羽犹葱胧。
> 前者厌羯胡,后来遭犬戎。俎豆腐膻肉,罘罳行角弓。安得自西极,申命空山东?尽驱诣阙下,士庶塞关中。
> 主将晓逆顺,元元归始终。一朝自罪己,万里车书通。锋镝供锄犁,征戍听所从。冗官各复业,土著还力农。君臣节俭足,朝野欢呼同。中兴似国初,继体如太宗。端拱纳谏诤,和风日冲融。赤墀樱桃枝,隐映银丝笼。千春荐灵寝,永永垂无穷。京都不再火,

泾渭开愁容。归号故松柏，老去苦飘蓬。

第一段，言天宝末安史陷京之事；第二段，言肃宗收京之事；第三段，言吐蕃陷京之事；第四段，言永泰后代宗还京。此诗可谓记述详尽的长安时事变迁史，充分显示出杜诗作为"诗史"的特征。"卢元昌曰：此章历叙肃、代两朝，经禄山、吐蕃之乱，以见幸蜀之辙，不鉴于前，奔陕之驾，相寻于后。故于肃宗收复处，略其治具；于代宗收复处，详陈保安图治之道，正见肃宗不能自振，沿至代宗，再有吐蕃之祸。乃代宗收京后，又不思省躬罪己，节俭裕民，听言纳谏，且冗官失职，兵不归农，朝政之阙失多矣。政治无具，祸乱相因，未几，德宗又有奉天之幸，内寇外夷，竟与唐相终始矣。至篇中血脉，以孝治为重，故详言宗庙废兴之由，于肃宗曰'天子唯孝孙'，于代宗曰'继体如太宗'，因以'归号故松柏'，自述己意终焉。"[①] 往在西京，今遭丧乱，老去飘蓬，终远长安，首尾无限悲酸感慨。

长安战乱频仍，时局变幻莫测，故杜甫有"闻道长安似弈棋，百年世事不胜悲"（《秋兴八首》其四）之叹，"长安一破于禄山，再乱于朱泚，三陷于吐蕃，如弈棋之迭为胜负，而百年世事，有不胜悲者"。[②]

三 梦回长安

在晚年描写长安时局的诗中，杜甫忧愤悲酸的感情贯穿始终。长安作为唐代国都，却频繁遭遇外敌入侵，致使天子蒙尘。残酷的现实浇熄了杜甫当初逃归凤翔时兴复唐室的一腔热情，使其对国家中兴充满忧虑。尽管如此，杜甫对致君尧舜的追求却愈加强烈。在杜甫晚年诗中表现梦回长安的诗篇有百首左右，在长安情结诗歌总数中居首位。

夔州所作《江上》曰：

江上日多雨，萧萧荆楚秋。高风下木叶，永夜揽貂裘。勋业频

[①] 仇兆鳌：《杜诗详注》卷一六，中华书局1979年版，第1434—1435页。
[②] 王嗣奭：《杜臆》卷八，上海古籍出版社1983年版，第275页。

看镜,行藏独倚楼。时危思报主,衰谢不能休。

"勋业频看镜,行藏独倚楼"含蓄中蕴藏壮心不已,"逢时之危,思报主恩,故身虽老而志不能休耳"。① 杜甫忠爱之心如此。

《客堂》亦作于夔州,曰:

上公有记者,累奏资薄禄。主忧岂济时,身远弥旷职。修文庙算正,献可天衢直。尚想趋朝廷,毫发裨社稷。形骸今若是,进退委行色。

此思北归长安以报主,"自严公奏授一官,常以主忧为念,惜乎身远而职旷耳。今庙堂正直,欲还京以图裨益,其如形骸衰罢何"。②

此类表达不胜枚举:"恋阙劳肝肺,抡材愧杞柟"(《楼上》),"恋阙丹心破,沾衣皓首啼"(《散愁二首》其二),"报主身已老,入朝病见妨"(《入衡州》),"泊舟楚宫岸,恋阙浩酸辛"(《敬寄族弟唐十八使君》),"死为星辰终不灭,致君尧舜焉肯朽"(《可叹》),"冯唐虽晚达,终觊在皇都"(《续得观书迎就当阳居止正月中旬定出三峡》),"我多长卿病,日夕思朝廷"(《同元使君舂陵行》)。杜甫流寓巴蜀,晚景凄凉,但未尝一念不思北归长安以致君尧舜,甚至在赠送友人的诗中亦有"叹君能恋主,久客羡归秦"(《巴西闻收京阙送班司马入京二首》其二),甚至"此生那老蜀,不死会归秦"(《奉送严公入朝十韵》)。

但战乱不息,欲归不得的悲愁充斥杜诗,如"何年灭豺虎,似有故园归"(《伤秋》),"羯胡事主终无赖,词客哀时且未还"(《咏怀古迹五首》其一),"南渡桂水阙舟楫,北归秦川多鼓鼙"(《暮归》),"云白山青万馀里,愁看直北是长安"(《小寒食舟中作》),等等。

长安是杜甫实现理想之地,无论是对君主的关切,还是对长安时局的忧虑,其中蕴含的皆是对长安理想的执著。这是一种不计个人穷达、

---

① 王嗣奭:《杜臆》卷八,上海古籍出版社1983年版,第272页。
② 仇兆鳌:《杜诗详注》卷一五,中华书局1979年版,第1269页。

为国为民的执著，它使杜诗昂扬、奋进的精神，这也是杜甫一生潦倒，诗歌充满悲苦之音，却永远激励人心的重要原因之一，同时，它也是中国传统文化精神的重要组成部分。

第四节　杜诗中长安情结的意义

"情结"，是荣格心理学的一个重要概念，其产生缘起是某种早期经验反复持续强化，而又没有得到合理的内外消解的契机。这种因社会的或人为的原因所造成的创伤性体验与心理积淀构成一种长期的情绪，"就像磁石一样，这种情绪具有巨大的引力，它从无意识、从那个我们一无所知的黑暗王国吸取内容；它也从外部世界吸取各种印象，当这些印象进入自我并与自我发生联系，它们就成为意识"[1]，从而形成精神心理的兴奋点和思维的定势。杜甫一生对"长安"欲求而不得的缺失是其具有长安情结的心理原因。漂泊巴蜀时期，杜甫与长安在空间上的隔离使其长安情结愈加强烈，愈加深厚。故其望蜀江而思长安渭水，遇节日而思长安挚友，睹宫衣而思肃宗朝廷，眼前一切事物皆成为杜甫思念长安的外在诱因。杜甫长安情结反映的是"死为星辰终不灭，致君尧舜焉肯朽"（《可叹》）的执著，是一种强烈的恋阙心态。

从以上几点论述中可以看出，杜甫晚年长安情结具有以下几个特征：

首先，眷恋与反思并存。诗中对长安风物充满美好的回忆，对长安献赋的荣耀，对任职左拾遗的无悔，梦回长安，这些构成了杜甫长安情结的主旋律。同时，也可看出，杜甫长安情结的内涵不仅仅是对长安的正面表现，也有对长安的冷静思考，主要体现在对长安在政治上走向衰败的痛惜，对君主的谏诤匡邪，以及对自身长安干谒的冷静反思与否定。

其次，杜甫晚年的长安情结与君、国、民相融合。杜甫的长安情结与其政治理想密切相关，他把目光聚焦在君主行为、国家兴复的同时，对长安时局的关注中也融入了对民生疾苦的关切。"上感九庙焚，下悯万

---

[1] 荣格著，成穷、王作虹译：《分析心理学的理论与实践——塔维斯托克讲演》，生活·读书·新知三联书店1991年版，第8页。

民疾"(《壮游》)是杜甫晚年长安情结的重要组成部分。这方面杜甫之长安情结与其他唐人有着显著的不同。李白的长安回望在抒写梦回长安的同时,更多表现的是其名扬京师的荣耀,以及赐金放还的遗弃感[①],与其相比,杜甫的长安情结显得更为深广。

再次,深厚性。无论是眷恋、赞美,还是冷静的思考,反映的都是杜甫对长安的关注,长安成为杜甫生命的一部分,最终表现的都是杜甫"此生那老蜀,不死会归秦"(《奉送严公入朝十韵》)的执著,其执著之深,至死不渝。杜甫与长安的心理距离是最为贴近的,换言之,杜甫长安情结的深厚表现在杜甫心理上与长安的融合。王维被放逐之时,也有回望长安的诗作,但王维与长安的关系是融合与疏离并存。"从步入长安的那一刻起,王维就本能地开始了与这个流光溢彩的大都市的心理对峙,他以他的才华为屏障、以其宗教的修持为武器,固执地与这个城市保持着心理距离。"[②]

由此,长安情结在杜甫生活及其诗歌中就具有一定的意义,以下就三点论之:

第一,长安情结成为杜甫晚年创作的主要内驱力之一。

杜甫晚年随着与长安的空间距离的加大,距离"致君尧舜"更加遥远,这种极度的渴望与极度的失望"使他的缺失性体验达到某种极限,这样就必然导致他的心理能量蓄积到饱和的状态,而产生心里失衡或严重失衡。如何释放饱和的心理能量,以恢复心理平衡呢?这有多种多样的途径,而诗歌创作作为一种审美创造活动,就是释放、宣泄人的被压抑的心理能量,降低紧张水平,恢复人的心理平衡的一条途径"[③]。于是,诗歌创作就成为杜甫展现长安之思的最佳途径,长安情结成为杜甫晚年诗歌创作的强大动力,成为一种灵感和创造力的源泉,从而使其达到创作的巅峰时期,夔州诗的成就即是一证明。

[①] 魏耕原:《李白心系长安论》,《陕西师范大学学报(哲学社会科学版)》2013年第1期。

[②] 陆平:《王维诗歌中的长安及其文化意义》,《江西师范大学学报(哲学社会科学版)》2007年第5期。

[③] 童庆炳:《中国古代心理诗学与美学》,中华书局1992年版,第32页。

杜甫在夔州居住两年多时间，期间共作诗467首，占现存诗歌的1/3，其中关于长安情结之作几乎占夔州诗歌总量的1/3，而且亦出现了《秋兴八首》《八哀诗》《诸将五首》《壮游》《夔府书怀四十韵》等优秀之作。其中《秋兴八首》不仅是杜甫晚年长安情结的代表作，更是杜甫诗歌在思想内容和艺术成就上臻至化境的巅峰之作。杜甫在长安之思中融合了入世救国的精神、致君理想的追求、辉煌盛世的眷恋等复杂的感情，而这些皆通过卓越的艺术手法表现出来。故仇兆鳌在《杜诗详注》中引张綖语并评之曰："'《秋兴八首》，皆雄浑丰丽，沉着痛快，其有感于长安者，但极摹其盛，而所感自寓于中。徐而味之，则凡怀乡恋阙之情，慨往伤今之意，与夫外夷乱华，小人病国，风俗之非旧，盛衰之相寻，所谓不胜其悲者，固已不出乎意言之表矣。'卓哉一家之言，复然百世之上，此杜子所以为诗人之宗仰也。"[①]

第二，日趋深厚的长安情结更加突出了杜诗的沉郁之风。

现学界对杜诗"沉郁顿挫"风格的解读有不同的见解，或指杜诗思想内容的博大深厚，或指意境的开阔壮大，或指感情的悲慨深沉，等等。但是这些不同见解的背后有一个共同点，就是杜诗"沉郁"产生的心理基础。"沉郁"强调的是含蓄深沉，怨妇之怀，逐臣之心，身世飘零之意，去国怀君之思，皆以"忧愤"为主要的心理基调。心理忧愤之深方郁结，郁结之久方深厚，可见，忧愤的浓郁、深厚，是产生"沉郁"的心理基础。

不可否认，杜甫在长安后期的诗作已经呈现出沉郁的特征，但日趋深厚的长安情结使杜甫晚年的诗歌更加突出了沉郁之风。忧愤、浓郁、深厚是杜甫长安情结的核心要素。这种复杂的感情在杜甫心里郁结之深，忧愤之深，随着与长安空间距离的加大、时间的推移，愈加浓厚。《登岳阳楼》是杜甫晚年长安情结著名代表作之一，诗曰："昔闻洞庭水，今上岳阳楼。吴楚东南坼，乾坤日夜浮。亲朋无一字，老病有孤舟。戎马关山北，凭轩涕泗流。""昔闻"与"今上"，在这平淡无奇的两个词中，蕴含着杜甫老病孤愁、身世飘零、怀才不遇，诸多复杂难言的情感俱在

[①] 仇兆鳌：《杜诗详注》卷一七，中华书局1979年版，第1498—1499页。

其中。"吴楚东南坼,乾坤日夜浮",洞庭湖的宏阔浩大更加突出杜甫"亲朋无一字,老病有孤舟"的忧愤形象。"戎马关山北,凭轩涕泗流。"北望长安战乱频仍,杜甫的忧国之思,不得回归长安之痛,在营造的阔大意境中缠绵郁结,可谓杜诗沉郁之风的典型代表。

此类作品不胜枚举,融合着个人理想、忧国恋阙的长安情结,在杜甫心中无法释怀,并没有因为诗歌创作使其郁结的长安情结有所消解,反而如蝴蝶陷于蛛网,愈挣扎陷之愈深,从而使杜诗更多一份厚重感,并具有一种水石相激的悲壮美,使沉郁风格的表现更加酣畅淋漓。

第三,深挚的长安情结塑造了杜甫光辉的人格美。

杜甫晚年长安情结中对个人理想不计穷达的追求、谏诤不隐恶的忠君态度、对个体尊严的自觉反省的维护,共同构成了杜甫独特的人格美。当后世士子奔走于追求理想的坎坷路上时,杜甫给予他们的是心灵的慰藉;当他们面对君主的昏聩何去何从时,杜甫的行为早已为此做了最好的注解;当士子面对权势彷徨犹豫之时,杜甫的行为早已给出了最好的答案。杜甫成为后世士子安身立命的典范,所以王安石能对其吟咏"推公之心古亦少,愿起公死从之游"(王安石《杜甫画像》),甚至被朱熹尊为"五君子"之一,其原因在于"求其心,则皆所谓光明正大,疏畅洞达,磊磊落落而不可掩者也"。[①] 正如林继中先生所言:"老杜卓尔不群处,就在于他一直是在人伦秩序中捍卫着个体人格的尊严,取嵇、阮之狂狷而不流于诞,取陶潜之质性自然而不避现实,以真性情为'独化',知其不可为而为之,成就了一部沉郁顿挫、风格独特的杜诗。"[②]

[①] 华文轩编:《古典文学研究资料汇编·杜甫卷》引朱熹语,中华书局1964年版,第655页。

[②] 林继中:《天地境界——杜诗中的人伦、人道、人格》,《东南大学学报(哲学社会科学版)》2010年第5期。

结 语

　　本书是从长安文化的角度探讨杜甫及其诗歌。可以说，在杜甫一生的创作中，长安文化精神都作为主要的驱动力而存在。本书把长安文化精神定位于浪漫精神、世俗精神、执著精神的融合。虽然这三种精神在杜诗每一阶段皆有体现，但不同时期长安文化具体内涵的影响使不同的精神在杜诗中占主导地位。盛唐时期，长安文化的浪漫精神使杜诗具有盛唐气象，杜甫在长安文化的影响下吸收了当时的诗歌精华，为以后杜诗的飞跃奠定了基础。杜甫一生有两个创作高峰：安史之乱时期与夔州时期，其创作最主要的动力都来自长安文化。安史之乱时期，乱世引起的长安思想格局的变化——儒学的兴起使世俗精神在杜甫思想中占主导地位，逃归凤翔之举即是一证明，反映在文学中即是这一时期反映时事的诗篇剧增，卓越的艺术成就使杜诗确立了"诗史"的地位。长安文化的向心力使执著精神在杜甫晚年诗中占主要地位，长安情结不仅是杜甫晚年创作的内驱力，使杜甫实现了最后一次创作的辉煌，夔州诗的成就即是一证明，而且长安情结的深挚更加突出了杜诗的沉郁之风。

　　在现有的杜诗研究成果中，关于艺术成就的研究成果颇多，且质量很高，所以本书未把杜诗艺术成就的分析作为重点，而是重在杜诗与长安文化之间的联系。杜诗博大精深，由于本人学识有限，本研究只是在人地关系方面就杜诗与长安文化的关系作一粗浅的探讨，乞各位专家学者给予宝贵的批评和建议。

附　　录

杜甫长安时期诗歌年表①

公元纪年	帝王年号	杜甫事迹	作品
746年	唐玄宗天宝五载	杜甫35岁，自齐鲁归长安，和汝阳王琎、驸马郑潜耀交游。	《郑驸马宅宴洞中》《冬日有怀李白》《今夕行》
747年	唐玄宗天宝六载	杜甫36岁，在长安，与元结应诏参加制举，李林甫故意增加考试难度，使无一人及第。	《赠特进汝阳王二十韵》《赠比部萧郎中十兄》《奉寄河南韦尹丈人》《春日忆李白》《送孔巢父谢病归游江东，兼呈李白》
748年	唐玄宗天宝七载	杜甫37岁，在长安，屡次上诗韦济，请求汲引。	《赠韦左丞丈济》《奉赠韦左丞丈二十二韵》
749年	唐玄宗天宝八载	杜甫38岁，在长安。冬日，归洛阳，因谒玄元皇帝庙，观吴道子所画壁。	《高都护骢马行》《冬日洛城北谒玄元皇帝庙》
750年	唐玄宗天宝九载	杜甫39岁，来长安，初遇郑虔。	《赠翰林张四学士垍》《故武卫将军挽词三首》

---

① 长安时期，指天宝五载杜甫入长安，至天宝十四载十一月安史之乱爆发之前。

续表

公元纪年	帝王年号	杜甫事迹	作品
751年	唐玄宗天宝十载	杜甫41岁，在长安。进《三大礼赋》，玄宗奇之，命待制集贤院。秋大病，友人魏君冒雨见访，因作《秋述》赠之。病后，见王倚，王以酒馔相待，感激作歌赠之。是年，在杜位宅守岁。	《乐游园歌》《病后过王倚饮赠歌》《投简咸华两县诸子》《示从孙济》《杜位宅守岁》
752年	唐玄宗天宝十一载	杜甫41岁，在长安。召试文章，送隶有司参列选序。暮春，暂归东都。冬，高适随哥舒翰入朝，与杜甫暂时相聚，不久，高适归哥舒翰幕，杜甫有诗送之。	《奉留赠集贤院崔国辅于休烈二学士》《敬赠郑谏议十韵》《贫交行》《玄都坛歌寄元逸人》《白丝行》《曲江三章章五句》《兵车行》《前出塞九首》《送高三十五书记十五韵》《送韦书记赴安西》《奉赠鲜于京兆二十韵》《同诸公登慈恩寺塔》
753年	唐玄宗天宝十二载	杜甫42岁，在长安。夏天，同郑虔游何将军山林。	《丽人行》《醉歌行》《投赠哥舒开府翰二十韵》《寄高三十五书记》《九日曲江》
754年	唐玄宗天宝十三载	杜甫43岁，在长安。进《封西岳赋》。自东都移家至长安。因田梁丘投诗河西节度使哥舒翰。岁中，张垍自卢溪召还，再迁为太常卿，杜甫又上诗请求引荐。秋后，淫雨不止，庄稼无收，物价暴贵，杜甫生计益艰，遂携家往奉先。	《陪诸贵公子丈八沟携妓纳凉晚际遇雨二首》《醉时歌》《重游何氏五首》《城西陂泛舟》《与鄠县源大少府宴渼陂》《渼陂行》《渼陂西南台》《夏日李公见访》《送张十二参军赴蜀州因呈杨五侍御》《九日寄岑参》《承沈八丈东美除膳部员外郎阻雨未遂驰贺奉寄此诗》《苦雨奉寄陇西公兼呈王征士》《秋雨叹三首》《上韦左相二十韵》《奉赠太常张卿垍二十韵》《赠田九判官梁丘》《赠献纳使起居田舍人澄》《骢马行》《天育骠图歌》《沙苑行》《魏将军歌》《桥陵诗三十韵因呈县内诸官》《奉先刘少府新画山水障歌》

续表

公元纪年	帝王年号	杜甫事迹	作品
755年	唐玄宗天宝十四载	杜甫44岁，在长安。岁中往白水县，省舅氏崔十九翁。九月，同崔至奉先。十月，归长安，授河西尉，不拜，改右卫率府胄曹参军。十一月，又赴奉先探妻子，作《自京赴奉先咏怀五百字》。岁暮，丧幼子。	《送蔡希鲁都尉还陇右因寄高三十五书记》《夜听许十一诵诗爱而有作》《戏简郑广文虔兼呈苏司业源明》《后出塞五首》《去矣行》《白水明府舅宅喜雨得过字》《九日杨奉先会白水崔明府》《官定后戏赠》《奉同郭给事汤东灵湫作》《自京赴奉先县咏怀五百字》
756年	唐玄宗天宝十五载 唐肃宗至德元载	杜甫45岁，岁初在长安。五月至奉先避难，携家往白水，寄居舅氏崔少府高斋。六月，又自白水，取道华原，赴鄜州，至三川县同家洼，寓故人孙宰家。闻肃宗即位灵武，即留妻子于鄜州，孑身从芦子关奔行在所。途中为贼所擒，遂至长安。九月，于长安路隅遇宗室子弟，乞舍身为奴，感恸作《哀王孙》。	《晦日寻崔戢李封》《送率府程录事还乡》《白水崔少府十九翁高斋三十韵》《三川观水涨二十韵》《避地》《得舍弟消息二首》《哀王孙》《悲陈陶》《悲青坂》《对雪》《月夜》
757年	唐肃宗至德二载	杜甫46岁。春陷贼中，在长安，时从赞公、苏端游。四月，自金光门出，间道窜归凤翔。五月十六日，拜左拾遗。是月，	《苏端薛复筵简薛华醉歌》《元日寄韦氏妹》《忆幼子》《一百五日夜对月》《遣兴》《塞芦子》《哀江头》《雨过苏端》《喜晴》《郑驸马池台喜遇郑广文同饮》《大云寺赞公房四首》《自京窜至凤翔喜达行在所》《述怀》《得家书》《送樊二

续表

公元纪年	帝王年号	杜甫事迹	作品
		房琯得罪，公抗疏救之，肃宗怒，诏三司推问，张镐、韦陟等救之仍放就列。六月，同裴荐等四人荐岑参，闰八月，放还鄜州省家。于是徒步出凤翔，至邠州，始从李嗣业借马。归家，卧病数日。作《北征》。十一月，自鄜州至京师。	十三侍御赴汉中判官》《送韦十六评事充同谷防御判官》《送长孙九侍御赴武威判官》《送从弟亚赴河西判官》《奉送郭中丞兼太仆卿充陇右节度使三十韵》《送杨六判官使西蕃》《送灵州李判官》《奉赠严八阁老》《留别贾严二阁老两院补阙》《月》《晚行口号》《独酌成诗》《徒步归行》《九成宫》《玉华宫》《羌村三首》《北征》《行次昭陵》《彭衙行》《喜闻官军已临贼境二十韵》《收京三首》《重经昭陵》《送郑十八虔贬台州司户，伤其临老陷贼之故，阙为面别，情见于诗》《腊日》
758年	唐肃宗至德三载 唐肃宗乾元元年	杜甫47岁，任左拾遗。春，贾至、王维、岑参皆在谏省，共酬唱。时毕曜亦在京师，居公之邻舍。四月，唐肃宗亲享九庙，杜甫得陪祀。六月，房琯因贺兰进明谮，贬为邠州刺史；杜甫坐琯党，出为华州司功参军。是秋，尝至蓝田县访崔兴宗、王维。冬末，以事归东都陆浑庄，尝遇孟云卿于湖城县城东。	《奉和贾至舍人早朝大明宫》《宣政殿退朝晚出左掖》《紫宸殿退朝口号》《春宿左省》《晚出左掖》《洗兵马》《题省中院壁》《送贾阁老出汝州》《送翰林张司马南海勒碑》《曲江陪郑八丈南史饮》《曲江二首》《曲江对酒》《曲江对雨》《奉陪郑驸马韦曲二首》《奉答岑参补阙见赠》《奉赠王中允维》《送许八拾遗归江宁觐省》《甫昔时尝客游此县》《于许生处乞瓦棺寺维摩图样，志诸篇末》《因许八奉寄江宁旻上人》《题李尊师松树障子歌》《得舍弟消息》《送李校书二十六韵》《逼侧行赠毕曜》《赠毕四曜》《题郑十八著作丈故居》《义鹘行》《画鹘行》《端午日赐衣》《瘦马行》《酬孟云卿》《至德二载，甫自京金光门出，间道归凤翔，乾元初，从左拾遗移华州掾，与亲故别，因出此门，有悲往事》《早秋苦热，堆案相仍》《寄高三十五詹事》《题郑县亭子》

续表

公元纪年	帝王年号	杜甫事迹	作品
			《望岳》《观安西兵过赴关中待命二首》《留花门》《九日蓝田崔氏庄》《崔氏东山草堂》《独立》《遣兴三首》《至日遣兴奉寄北省旧阁老,两院故人二首》《冬末,以事之东都,湖城东遇孟云卿,复归刘颢宅宿,宴饮散,因为醉歌》《阌乡姜七少府设脍戏赠长歌》《戏赠阌乡秦少府短歌》《李鄠县丈人胡马行》《观兵》《路逢襄阳杨少府入城戏呈杨四员外绾》
759年	唐肃宗乾元二年	杜甫48岁,春,自东都归华州,途中作"三吏"、"三别"六首。时属关辅饥馑。遂于七月弃官西去,度陇右,赴秦州。此后杜甫再未至长安。	《忆弟二首》《得舍弟消息》《不归》《重题郑氏东亭》《新安吏》《潼关吏》《石壕吏》《新婚别》《垂老别》《无家别》《赠卫八处士》《夏日叹》《夏夜叹》《立秋后题》《遣兴三首》《贻阮隐居》《佳人》《遣兴五首》《梦李白二首》《有怀台州郑十八司户》《遣兴二首》《遣兴五首》

参考文献

一　古籍文献

（汉）班固：《汉书》，中华书局1962年版。

（汉）司马迁：《史记》，中华书局1959年版。

（汉）王褒撰，陈晓捷辑注：《关中佚志辑注》，三秦出版社2006年版。

（汉）赵岐：《三辅决录　三辅故事　三辅旧事》，三秦出版社2006年版。

（南朝宋）范晔：《后汉书》，中华书局1965年版。

（晋）葛洪：《西京杂记》，三秦出版社2006年版。

（梁）萧统：《文选》，上海古籍出版社1986年版。

（唐）崔令钦等：《教坊记·北里志·青楼集》，古典文学出版社1957年版。

（唐）杜佑：《通典》，中华书局1988年版。

（唐）封演撰，赵贞信校注：《封氏闻见记校注》，中华书局2005年版。

（唐）令狐德棻：《周书》，中华书局1971年版。

（唐）司空图著，郭绍虞集解：《诗品集解》，人民文学出版社1963年版。

（唐）韦述撰，辛德勇辑校：《两京新记辑校　大业杂记辑校》，三秦出版社2006年版。

（唐）魏征：《隋书》，中华书局1973年版。

（唐）殷璠撰，王克让注：《河岳英灵集注》，巴蜀书社2006年版。

（唐）朱景玄撰，温肇桐注：《唐朝名画录》，四川美术出版社1985年版。

（五代）刘昫：《旧唐书》，中华书局1975年版。

（五代）王仁裕等：《开元天宝遗事十种》，上海古籍出版社1985年版。

（宋）程大昌撰，黄永年点校：《雍录》，中华书局2002年版。

（宋）葛立方：《韵语阳秋》，上海古籍出版社1984年版。

（宋）何汶撰，常振国、绛云点校：《竹庄诗话》，中华书局 1984 年版。

（宋）洪迈，孔凡礼点校：《容斋随笔》（续笔），中华书局 2005 年版。

（宋）胡仔纂集，廖德明校点：《苕溪渔隐丛话》（前集），人民文学出版社 1962 年版。

（宋）计有功：《唐诗纪事》，上海古籍出版社 1985 年版。

（宋）欧阳修、宋祁：《新唐书》，中华书局 1997 年版。

（宋）钱易：《南部新书》，中华书局 2002 年版。

（宋）司马光：《资治通鉴》，中华书局 1956 年版。

（宋）宋敏求：《长安志》，景印文渊阁四库全书本。

（宋）王谠：《唐语林》，中华书局 1997 年版。

（宋）王溥：《唐会要》，中华书局 1955 年版。

（宋）张礼撰，史念海、曹而琴校注：《游城南记校注》，三秦出版社 2006 年版。

（元）方回撰评，李庆甲集评校点：《瀛奎律髓汇评》，上海古籍出版社 1986 年版。

（元）骆天骧：《类编长安志》，三秦出版社 2006 年版。

（明）胡应麟：《诗薮》，上海古籍出版社 1958 年版。

（清）毕沅：《关中胜迹图志》，台湾商务印书馆 1983 年版。

（清）仇兆鳌：《杜诗详注》，中华书局 1979 年版。

（清）董诰等编：《全唐文》，中华书局 1983 年版。

（清）何文焕辑：《历代诗话》，中华书局 1981 年版。

（清）洪亮吉著，陈迩冬校点：《北江诗话》，人民文学出版社 1983 年版。

（清）刘熙载：《艺概》，上海古籍出版社 1978 年版。

（清）彭定求编：《全唐诗》，中华书局 1999 年版。

（清）浦起龙：《读杜心解》，中华书局 1961 年版。

（清）钱谦益：《钱注杜诗》，上海古籍出版社 1958 年版。

（清）王嗣奭：《杜臆》，上海古籍出版社 1983 年版。

（清）徐松：《唐两京城坊考》，三秦出版社 2006 年版。

（清）杨伦：《杜诗镜铨》，上海古籍出版社 1962 年版。

（清）赵绍祖：《新旧唐书互证》，广雅书局 1891 年版。

二 今人著作

蔡仲德：《中国音乐美学史资料注译》，人民音乐出版社 1990 年版。
岑仲勉：《隋唐史》，河北教育出版社 2000 年版。
常乃惪：《中国思想小史》，上海古籍出版社 2005 年版。
畅广元编：《文学文化学》，辽宁人民出版社 2000 年版。
陈伯海编：《唐诗汇评》，浙江教育出版社 1995 年版。
陈瑶玑：《杜工部生平及其诗学渊源和特质》，台北弘道文化事业有限公司 1980 年版。
陈贻焮：《杜甫评传》，北京大学出版社 2003 年版。
陈寅恪：《隋唐制度渊源略论稿》，生活·读书·新知三联书店 2004 年版。
戴伟华：《地域文化与唐代诗歌》，中华书局 2006 年版。
丁福保：《历代诗话续编》，中华书局 2006 年版。
冯友兰：《中国哲学简史》，天津社会科学院出版社 2007 年版。
冯至：《杜甫传》，人民文学出版社 1980 年版。
傅璇琮：《唐代科举与文学》，陕西人民出版社 1986 年版。
傅璇琮主编：《唐才子传校笺》，中华书局 1987 年版。
葛晓音：《诗国高潮与盛唐文化》，北京大学出版社 1998 年版。
葛兆光：《中国思想史》，复旦大学出版社 2004 年版。
龚鹏程：《唐代思潮》，商务印书馆 2007 年版。
华文轩：《古典文学研究资料汇编·杜甫卷》，中华书局 2001 年版。
黄永年：《唐史史料学》，上海书店出版社 2002 年版。
李泽厚：《美学三书》，安徽文艺出版社 1999 年版。
李泽厚：《新版中国古代思想史》，天津社会科学院出版社 2008 年版。
李泽厚：《中国美学史》（魏晋南北朝编），安徽文艺出版社 1999 年版。
李志慧：《杜甫与长安》，陕西人民出版社 1986 年版。
李炳武、刘锋焘主编：《长安学丛书·文学卷》，陕西师范大学出版社、三秦出版社 2009 年版。
林庚：《唐诗综论》，人民文学出版社 1987 年版。
刘安琴：《长安地志》，西安出版社 2007 年版。

罗根泽：《乐府文学史》，东方出版社1996年版。
罗宗强：《隋唐五代文学思想史》，中华书局2003年版。
敏泽：《中国美学思想史》，齐鲁书社1989年版。
缪钺：《诗词散论》，陕西师范大学出版社2008年版。
莫砺锋：《杜甫评传》，南京大学出版社1993年版。
钱穆：《中国历代政治得失》，生活·读书·新知三联书店2001年版。
丘琼荪：《燕乐探微》，上海古籍出版社1989年版。
山东大学《杜甫全集》校注组：《访古学诗万里行》，人民文学出版社1982年版。
上海古籍出版社编：《唐五代笔记小说大观》，上海古籍出版社2000年版。
史念海：《河山集》第五集，山西人民出版社1999年版。
孙昌武：《道教与唐代文学》，人民文学出版社2000年版。
陶敏：《隋唐五代文学史料学》，中华书局2000年版。
童庆炳：《中国古代心理诗学和美学》，中华书局1992年版。
王大华：《崛起与衰落——古代关中的历史变迁》，陕西人民出版社1987年版。
王明居：《唐代美学》，安徽大学出版社2005年版。
闻一多：《杜甫年谱》，《闻一多全集》，湖北人民出版社1993年版。
闻一多：《唐诗杂论》，上海古籍出版社1956年版。
萧涤非：《杜甫研究》，山东人民出版社1956年版。
辛德勇：《隋唐两京丛考》，三秦出版社1991年版。
杨伯峻：《论语译注》，中华书局1980年版。
杨伯峻：《孟子译注》，中华书局2000年版。
叶嘉莹：《杜甫〈秋兴八首〉集说》，河北教育出版社2000年版。
余英时：《士与中国文化》，上海人民出版社2003年版。
余英时：《中国艺术精神》，广西师范大学出版社2007年版。
赵昌平：《赵昌平自选集》，广西师范大学出版社1997年版。
赵睿才：《唐诗与民俗关系研究》，上海古籍出版社2008年版。
周绍良主编：《唐代墓志汇编》，上海古籍出版社1992年版。
朱东润：《杜甫叙论》，人民文学出版社1981年版。

宗白华：《美学散步》，上海人民出版社1998年版。

［奥］爱杜阿德·汉斯立克：《论音乐的美》（中译本），人民音乐出版社1978年版。

［美］J. R. 坎托，王亚南、刘薇译：《文化心理学》，云南人民出版社1991年版。

三　期刊论文

邓乔彬：《长安文化与王维诗》，《文学评论》2001年第4期。

钱志熙：《群体的影响与个体的超越》，《江海学刊》1996年第1期。

史念海：《中国古都的变迁与文化融通》，《陕西师大学报（哲学社会科学版）》1994年第4期。

四　学位论文

姜玉芳：《我诗故我在——杜甫与唐代文化》，博士学位论文，山东大学，2005年。

康震：《长安文化和初盛唐诗歌》，博士学位论文，陕西师范大学，2000年。

魏景波：《唐代长安与文学》，博士学位论文，复旦大学，2005年。

谢遂联：《都市文化与唐代诗人心态》，博士学位论文，扬州大学，2008年。

郑元准：《杜甫长安期之诗研究》，硕士学位论文，高雄师范大学，1985年。

后　　记

　　这本小书，是对我博士论文的修订而成，也是我学习唐诗的一个小结。八年倏忽而过，回首往昔写论文的情景，如在目前。我初接触这个题目，内心充满惶恐。杜甫研究向来是热点，成果斐然。虽然杜甫与长安的研究成果相对少些，但创新难度依然很大。在我的博士导师刘锋焘教授的反复鼓励下，终决定以此为题。写作中，感觉颇为艰难。至今每想起，心中便涌起无限感激。感谢我的导师在写作中给予的指导，以及对论文细致的修改，感谢张新科教授、魏耕原教授对论文提出宝贵的建议。感谢家人对我毫无保留的关爱和支持。也感谢我亲爱的同学们，总忘不了那茶余饭后的探讨，那充满欢声笑语的秉烛夜谈。

　　毕业后，诸事繁杂，至今才重拾旧作付梓。其间多有想法，终未做大的变动，只是修改了部分章节。此书即将出版，我内心却是浓浓的愧疚。愧对导师的期望，此书研究还存在诸多不足，没有达到预期的理想状态。愧对家人和朋友的关爱，没有给他们交上一份满意的答卷。

　　人生之路漫长，从博士毕业到如今已为人师，我不断思考自己在唐诗学习中的擅长点及不足，希望取长补短。终在2017年9月，至复旦大学访学，希望在唐诗文献学的研究方面弥补自己的缺憾，也希望这个思路和学习对自己以后研究杜甫能有所裨益。

　　本书的出版，要特别感谢西安建筑科技大学文学院、西安建筑科技大学"地域文化与文学研究"创新团队基金的资助，感谢中国社会科学出版社编校人员的审稿、编辑。回首一路走来，在人生的关节点总会有师长、朋友无私的帮助，才助我走到今天，感激之情铭记于心。借这本小书，对关爱帮助我的师长、朋友表达我的深挚的谢意！感谢！感恩！

张倩

2019 年 7 月 15 日于古都西安